Claves Bíblicas para la Consejería

Volumen 3

La violencia y sus víctimas

June Hunt

ESPERANZA para el Corazón

A menos que se indique lo contrario, todas las citas bíblicas están tomadas de la Versión Reina Valera Revisión 1960

Traducción: Elizabeth Cantú de Márquez, Puebla, México

Las claves bíblicas para consejería no deben sustituir a la consejería personal basada en Jesucristo.

Para pedir libros y otras Claves Bíblicas, acerca de temas relacionados, escriba a:

Esperanza para el Corazón
P.O. Box 7 • Dallas, TX • 75221 • USA
www.esperanzaparaelcorazon.org
www.hopefortheheart.org

ISBN: #1-931734-10-0

Contenido

Abuso sexual infantil

El torbellino interior

Talentosa, atlética, hermosa y aun así, conserva el atractivo de una chica sencilla, como tal vez lo tiene nuestra vecina. Marilyn Van Derbur caminó por la pasarela de un teatro de Atlantic City como la ganadora del certamen Miss América 1958. Después de reinar durante un ajetreado año en que hizo multitud de presentaciones estelares, terminó sus estudios e inició su destacada carrera de conferencista. Como la expresión máxima de confianza en sí misma y compostura, esta anfitriona de 23 programas especiales de televisión fungió por 16 años como la única portavoz femenina de una afamada empresa. Después de treinta y tres años, Marilyn volvió a subir a un escenario muy distinto, con objeto de proclamar un mensaje muy diferente: "Esta noche rompo el silencio... significa que voy a mencionar lo inmencionable[1]... Después continuó haciendo su confidencia: "desde los cinco años hasta que cumplí dieciocho y salí de mi hogar para ir a la universidad, mi padre abusó sexualmente de mí".[2]

Como conferencista motivacional, Marilyn tenía un nuevo objetivo, la pasión de ayudar a otras víctimas a romper el silencio, a rehacer sus vidas y a vivir en plenitud. Al compartir su horrendo secreto, ayudó a otras personas a que hablaran de sus propios secretos y pudieran sobrevivir a la vergüenza. Pero todavía hay muchas víctimas que viven en medio de una tormenta oculta y que lloran para sus adentros.

"Mi corazón está dolorido dentro de mí, y terrores de muerte sobre mí han caído. Temor y temblor vinieron sobre mí, y terror me ha cubierto".
(Salmos 55:4-5)

DEFINICIONES

Nada llega tan profundamente al ser interior de un infante que el abuso sexual. Sus largos tentáculos penetran hasta lo más hondo de su ser... se enroscan en su alma... y estrangulan y matan su inocencia y confianza. Para muchos, el terror es tan espantoso, que ni una sola parte del corazón del niño escapa de su maligna presencia. Como sucedió con Marilyn Van Derbur, aun después de muchos años de la violación, su degradante impacto siguió corroyendo su dignidad personal y deformando su percepción de los demás. Ella, al igual que otras víctimas, se puede identificar con el sufrimiento de Job: los ataques de terror, la pérdida de su dignidad, y la falta de seguridad.

"Se han revuelto turbaciones sobre mí; combatieron como viento mi honor, y mi prosperidad pasó como nube".
(Job 30:15)

¿Qué es el abuso sexual infantil?

- Es cualquier interacción sexual indebida ya sea física, visual o verbal de un adulto con un menor, que se realiza con el propósito de obtener estímulo o satisfacción sexual.
- También significa maltrato; equivale a usar algo o a alguien en forma inapropiada.[3]
- El abuso es intencional, no accidental.
- El abuso sexual provoca daño emocional, mental y/o físico.
- La palabra *abuso* es traducción del término hebreo *alal*, que significa "dañar o profanar".[4]
- El abuso sexual de un infante casi siempre lo comete algún conocido del niño o una persona con quien tiene una relación continua, como:[5]

— pariente cercano
— amigo de la familia
— cuida niños
— maestro
— médico
— empleado de una
— vecino
— entrenador
— líder religioso
— amigo mayor
— familiar mayor de un amigo
— trabajador de guardería institución
— novio permanente o casual de la madre

La Biblia no guarda silencio acerca de las interacciones sexuales inapropiadas:

Declaración Bíblica

"Acecha en oculto, como el león desde su cueva; acecha para arrebatar al pobre; arrebata al pobre trayéndolo a su red".
(Salmos 10:9)

¿Qué es incesto?

Es la interacción sexual de un adulto con un infante o adolescente que es miembro de su familia: pariente consanguíneo, padre adoptivo o alguien relacionado con la víctima por medio de un segundo matrimonio.[6]

- A menudo, el incesto es una progresión que va de toques sutiles, seguidos de caricias sexuales, hasta llegar a la actividad sexual completa.[7]

- Generalmente la relación incestuosa se repite y prolonga por un largo período de tiempo.[8]
- El incesto se da principalmente en las siguientes relaciones (en orden de importancia):

  — Niña con padre o padrastro

  — Niña con abuelo, tío o primo

  — Hermana con su hermano, medio hermano o hermanastro

  — Hijo con su padre o padrastro

  — Hijo con su abuelo, tío o primo

  — Hijo con su madre

  — Hija con su madre

La Biblia no guarda silencio en cuanto al incesto:

CENSURA BÍBLICA

"Ningún varón se llegue a parienta próxima alguna, para descubrir su desnudez. Yo Jehová".
(Levítico 18:6)

Lea Levítico 18:6-18

¿Qué diferencia hay entre abuso sexual y violación?

- El abuso es cualquier contacto sexual ilícito, pero generalmente no incluye penetración.
- La violación es un acto impulsivo y forzado que resulta en penetración sexual.[9]
- Generalmente la violación es un acto único, mientras que el abuso puede continuar por un período de tiempo.
- La violación y el abuso sexual pueden cometerlos tanto extraños como personas conocidas por las víctimas.
- Aun cuando el agresor sea un miembro de la familia, a veces se usan los términos abuso y violación en vez de incesto.
- La violación y el abuso sexual pueden ocurrir en alguno de los siguientes lugares:

  —patio de juegos o parque

  —cancha pública

  — gimnasio

  — el hogar del infante

  — la casa de la cuida niños

  — casa del vecino

— bosques cercanos
— alberca
— baños públicos
— teatro
— tienda departamental
— guardería
— templo
— consultorio médico
— autobús escolar o de uso público
— salón de clases o local

La Biblia no guarda silencio en cuanto a la gravedad de la violación:

Consecuencia Bíblica

"Mas si un hombre hallare en el campo a la joven desposada, y la forzare aquel hombre, acostándose con ella, morirá solamente el hombre que se acostó con ella; mas a la joven no le harás nada; no hay en ella culpa de muerte".
(Deuteronomio 22:25-26)

¿Cuál es el alcance del abuso sexual infantil?

El abuso sexual de un menor es un término muy amplio que abarca una gran variedad de acciones sexuales inapropiadas, directas o indirectas, que se cometen con niños para el placer sexual de un niño mayor o de un adulto. Esa explotación es como una violenta tempestad que deja horrendas secuelas de temor y ruina.[10]

Lista de comprobación para detectar el Abuso sexual en la infancia

Abuso sexual indirecto

Cuando era niño(a), usted...

- ¿Era observado(a) por alguien cuando se desvestía, se bañaba u orinaba? (fisgonería)
- ¿Estuvo expuesto(a) intencionalmente a la desnudez de otra persona, o fue obligado(a) a bañarse con alguien mucho mayor que usted? (exhibicionismo)
- ¿Se le obligaba a escuchar pláticas sexuales? (obscenidad)
- ¿Tuvo que mirar fotografías, revistas o películas que mostraban actos sexuales? (pornografía)
- ¿Fue obligado(a) a posar para fotografías o películas sexuales? (pornografía infantil)
- ¿Fue obligado(a) a estimularse sexualmente mientras otra persona lo(a) observaba? (masturbación)

- ¿Lo molestaron o ridiculizaron por causa de su cuerpo o le hicieron sentir que usted era un objeto sexual? (abuso sexual psicológico)

Abuso sexual directo

Cuando era niño(a) usted...

- ¿Fue tocado(a) o acariciado(a) en zonas erógenas o lo bañaban de tal forma que se sentía incómodo(a)? (caricias)
- ¿Lo(a) besaban de tal modo que se sentía sexualmente incómodo(a)? (besos íntimos)
- ¿Fue obligado(a) a tocar los órganos sexuales de otra persona? (caricias)
- ¿Se le obligó a practicar el sexo oral con otra persona? (contacto genital oral)
- ¿Fue convencido(a) u obligado(a) a tener relaciones sexuales o sexo anal forzado? (violación/penetración)
- ¿Fue obligado(a) a realizar rituales satánicos de abuso y tortura sexual? (abuso sexual ritual satánico, SRA por sus siglas en inglés)
- ¿Se utilizaron en usted objetos que le causaban dolor en los genitales? (sadismo)

La Biblia promete justicia y esperanza:

Compromiso Bíblico

"Lo que el impío teme, eso le vendrá; pero a los justos les será dado lo que desean. Como pasa el torbellino, así el malo no permanece; mas el justo permanece para siempre".
(Proverbios 10:24-25)

¿Quién es víctima del abuso sexual infantil?

- Una víctima infantil del abuso sexual es cualquier niño o niña menor de dieciocho años que ha sufrido de una o muchas experiencias de ataque sexual.
- En términos legales un niño se llama "menor".
- Un (menor) se define como una persona de menos de 18 años.[11]
- Un menor que ha sufrido abuso sexual se siente abrumado por la impotencia.

  — El menor no puede decidir en cuanto al abuso.

  — La víctima no tiene la capacidad de detener el abuso.

  — El menor está indefenso contra el dolor emocional.

— La víctima se siente totalmente impotente y sola.

La Biblia no guarda silencio en cuanto a la preocupación de Dios por las víctimas:

Consuelo Bíblico

"Tú lo has visto; porque miras el trabajo y la vejación, para dar la recompensa con tu mano; a ti se acoge el desvalido... Tú eres el amparo del huérfano. El deseo de los humildes oíste, oh Jehová; tú dispones su corazón, y haces atento tu oído". (Salmos 10:14, 17)

¿Quién es el agresor en el abuso sexual infantil?

Agresores

- **Violador adulto de niños**

  — ***Familiar***

  El agresor más frecuente de los niños dentro de su propia familia son los padres y padrastros. Ellos prefieren tener sexo con niños o utilizar a sus propios hijos simplemente porque están a su alcance.

  — ***Preferencial***

  Se les llama pedófilos. Son personas bastante mayores que el niño(a). Demuestran una preferencia compulsiva por los niños que están en la prepubertad y poca o nula atracción por personas de su edad. Generalmente, los pedófilos atacan a niños fuera de su círculo familiar. En promedio, éstos llegan a tener hasta 90 víctimas, mientras que los pedófilos que atacan a sus familiares tienen un promedio de dos víctimas.

  — ***Situacional***

  Este tipo de atacante sexual no tiene una preferencia definida por los niños, pero los usa sexualmente sólo porque están disponibles o porque busca vengarse. Este agresor está enojado, aburrido o se siente impotente, por lo que anda buscando alguien a quien violar. A menudo, un menor es quien llena los requerimientos de la situación.

- **Violador adulto de niños**

  El violador de menores es considerado el más peligroso. Generalmente es bastante mayor que el niño(a) y comete actos violentos y crueles. La violación de un niño determinado sucede una sola vez.

- **Abusador de niños**

  Generalmente es un menor que viola a un niño menor que él. Típicamente, estos atacantes fueron violados en su infancia y como resultado, han aprendido a abusar de otros niños en la misma forma.

La Biblia revela las intenciones de los agresores:

Condena bíblica

"El que odia disimula con sus labios; mas en su interior maquina engaño. Cuando hablare amigablemente, no le creas; porque siete abominaciones hay en su corazón. Aunque su odio se cubra con disimulo, su maldad será descubierta en la congregación".
(Proverbios 26:24-26)

- **Padres permisivos**

  Una de las principales responsabilidades de los padres es proteger a sus hijos de cualquier amenaza. Los padres permisivos fallan en este deber básico. No sólo permiten que se abuse de sus hijos, sino que aparentemente protegen al culpable en vez de al inocente. Es sorprendente que a menudo la víctima sienta más enojo con su padre permisivo que con el agresor.

- **Padre pasivo**

  Generalmente es la madre la que pasivamente consiente con el abuso guardando silencio o ignorándolo. La mayoría de las veces se siente impotente para protegerse a sí misma y a sus hijos. Hace víctima a su hijo(a) al no protegerlo(a) físicamente y lo hace víctima doble al retirarle su apoyo emocional.

- **Padre preocupado**

  Estos padres están tan absortos en sus asuntos o en sus problemas emocionales, que fallan al no proteger a sus hijos. Carecen de la sensibilidad o discernimiento necesarios para detectar las señales que manifiesta un menor cuanto está pasando por graves problemas.

- **Padre orgulloso**

  El padre orgulloso se niega o no puede creer que exista tal atrocidad dentro de su "familia perfecta" como él la concibe. Su orgullo egoísta le impide creer en las palabras de su propio hijo cuando denuncia la monstruosidad de que ha sido víctima.

La Biblia condena a quienes solapan al culpable y a quienes fallan al no proteger al inocente:

Castigo bíblico

"Tener respeto a la persona del impío, para pervertir el derecho del justo, no es bueno".
(Proverbios 18:5)

¿Cuál es el proceso típico del abuso sexual infantil?

Típicamente, el abuso sexual no es un incidente único o aislado, sino resultado de un plan premeditado y repetido por el agresor. Aunque los detalles de tal abuso son diferentes, los agresores siguen un comportamiento típico: intencionalmente seducen, estimulan, silencian y después reprimen a la víctima. Una vez que llega a esta etapa, el menor pierde toda esperanza.[12]

- **Seducción**

  El violador seduce emocionalmente al menor desarrollando intimidad con él, ganándose su confianza progresivamente y proporcionándole algo de placer. Logra esto fingiendo ser su atento amigo, mostrándole trato preferencial, dándole dinero, regalos, dulces, sobornos o premios.

- **Estimulación**

  El menor siente placer con el contacto físico que parece correcto, seguro y cálido (como luchas juguetonas y toques tiernos como abrazos y masaje suave en la espalda). Con el paso del tiempo, el niño se insensibiliza y queda expuesto a un aumento de actividad sexual cada vez más atrevida. Aunque el aumento de contacto físico no sea muy agradable, de todos modos sigue siendo estimulante. (Por diseño divino, el cuerpo responde en forma natural al estímulo físico. Aunque a menudo el menor se siente confundido por una mezcla de dolor y placer, nunca debe culparse al niño, la culpa sólo es del agresor.)

- **Silencio**

  El agresor se asegura que el menor guarde silencio coaccio-nándolo o haciendo amenazas que le provocan miedo. Previamente ha cultivado en el niño un sentido torcido de lealtad, que obtiene prodigándole atención especial, regalos y privilegios. Aunque el crimen sea una sola vez o continúe por muchos años, pocas víctimas lo delatan. El destructivo secreto permanece arraigado durante mucho tiempo produciendo un torbellino de sentimientos encontrados como amor y odio, placer y vergüenza. Sienten ira por la relación malsana y también por la posibilidad de perderla. En todo esto, los agresores están conscientes del poder que tienen sobre la víctima inocente.

- **Represión**

  Si nadie rescata al menor de la trampa de la relación abusiva, éste se siente doblemente traicionado. Pierde la esperanza de ser "rescatado", aun por Dios. El niño, que no tiene otra alternativa que someterse al poder superior del agresor, se convierte silenciosamente en un esclavo. Cuando se llena de desesperanza, reprime su alma y pierde la luz que había en su espíritu.

La Biblia describe los caminos del engañador:

ADVERTENCIA BÍBLICA

"La iniquidad del impío me dice al corazón: no hay temor de Dios delante de sus ojos. Se lisonjea, por tanto, en sus propios ojos, de que su iniquidad no será hallada y aborrecida. Las palabras de su boca son iniquidad y fraude; ha dejado de ser cuerdo y de hacer el bien. Medita maldad sobre su cama; está en camino no bueno, el mal no aborrece".
(Salmos 36:1-4)

¿Cuál es el desafío después del abuso sexual infantil?

Si usted experimentó abuso sexual en la infancia, su reto como el de cualquier víctima es dejar de ser una víctima para convertirse en sobreviviente y finalmente, en un vencedor por medio del poder de Cristo que mora en el creyente.

- **Víctima**

  La persona que sigue sintiéndose como una víctima aun en la edad adulta, vive con la mentalidad de víctima sintiéndose impotente y por lo tanto, actuando con esa impotencia. Típicamente, esas personas van de una relación de abuso a otra, viviendo en negación porque se rehúsan a enfrentar el secreto de su pasado y desconocen que pueden recibir ayuda y sanidad.

- **Superviviente**

  Está consciente de su necesidad de enfrentar el pasado. Con total honestidad, da los pasos necesarios para resolver los debilitantes aspectos de la culpa falsa y la vergüenza, la ira y rencor, soledad y dolor, pecado personal y arrepentimiento.

- **Vencedor**

  Es la persona que ha vencido el pasado y ya no está esclavizada por los recuerdos del agresor y del abuso. En una relación íntima con Jesucristo, le entrega el control de su vida y empieza a tener una saludable autoestima, mayor sensibilidad y la capacidad de experimentar un amor e intimidad verdaderos con otras personas. En última instancia, se hace realidad en ella el deseo de alcanzar a los demás y ministrarles.

La Biblia nos revela cuál es la esperanza que tenemos para vencer:

DESAFÍO BÍBLICO

"Antes, en todas estas cosas somos más que vencedores por medio de aquel que nos amó".
(Romanos 8:37)

SÍNTOMAS DEL ABUSO SEXUAL INFANTIL

"Para sobrevivir, me dividí en dos personalidades. Durante el día sonreía y jugueteaba, y en la noche era otra niña que no podía dormir, que permanecía en posición fetal, temiendo el momento en que mi padre entrara en mi recámara para forzarme. Hasta que cumplí 24 años, la niña de día no estaba consciente de la niña de noche. Durante el día, mi padre y yo jamás intercambiábamos miradas de enojo o de vergüenza. No sentía odio hacia él porque no estaba plenamente consciente de lo que me estaba haciendo. Los que me conocieron en esa época dirían que fui la niña más feliz. Yo creía ser feliz... Pero el incesto me marcó para el resto de mi vida".[13]

Aunque las circunstancias pueden cambiar de una víctima a otra, estas palabras de MarilynVan Derbur reflejan la experiencia emocional de muchas víctimas jóvenes. Demasiado pronto en la vida aprenden a desconectarse de sus emociones para poder sobrevivir. La pérdida de memoria puede ser la forma en que Dios protege sus pequeños corazones de este hecho aterrador: Aquellos que se supone debieran protegerlos ¡son los perpetradores del crimen sexual! Pero en última instancia, Jehová nuestro Dios es *Jehová-rafah*, "el Señor sana". Él sabe cómo traer a la superficie los recuerdos reprimidos... Él sabe cuál es el momento correcto para que cada persona reciba salud de su dolor emocional.[14]

"Porque yo soy Jehová tu sanador".
(Éxodo 15:26)

¿Cuáles son los síntomas emocionales de abuso sexual infantil?

Típicamente, la víctima muestra algunos de los siguientes síntomas:

- Ansiedad o ataques de pánico
- Apatía
- Confusión en su identidad sexual
- Depresión
- Excesiva necesidad de amor y atención
- Introversión, separación emocional
- Culpa falsa
- Temor a las personas que ejercen la autoridad

- Temor de ir a acostarse, pesadillas o desórdenes del sueño
- Temor a la intimidad
- Incapacidad de concentrarse en la escuela
- Baja autoestima
- Desconfianza
- Psiconeurosis (histeria, fobias, obsesiones, compulsiones)
- Regresión a una etapa previa de desarrollo (recién nacido) o seudo madurez (adulto)
- Incómodo consigo mismo e inferioridad
- Decisiones autodestructivas
- Separarse en distintas personalidades (Desorden disociativo de identidad DID por sus siglas en inglés)
- Vergüenza
- Cambios de humor sin explicación
- Estallidos impredecibles de ira, agresión o rabia.

Pregunta:

"Si se abusa sexualmente de un menor a edad temprana, ¿No borra el tiempo el recuerdo de lo sucedido?"

Respuesta:

El daño emocional que se hace al alma del niño(a) puede durar toda la vida. Aun cuando no exista recuerdo del evento en la memoria y sin entender por qué, las víctimas de abuso sexual siempre tienen una baja autoestima muy dañina, una abrumadora vergüenza y una perspectiva de la vida y las relaciones basada en el temor.

"Escucha mi clamor, porque estoy muy afligido. Líbrame de los que me persiguen, porque son más fuertes que yo. Saca mi alma de la cárcel, para que alabe tu nombre". (Salmos 142:6-7)

¿Cuáles son los síntomas físicos que manifiestan las víctimas de abuso sexual infantil?

Generalmente, las víctimas muestran algunas de las siguientes señales que caracterizan al abuso sexual infantil.

- Dolor abdominal
- Orinarse en la cama o cambios en los hábitos de ir al baño

- Quejas frecuentes de enfermedad o dolor de cabeza
- Incapacidad de cumplir tareas sencillas
- Comezón en los genitales o infección de las vías urinarias
- Desorden en sus hábitos (comerse la uñas en forma severa, chuparse el dedo pulgar, mecerse)
- Pérdida de memoria
- Masturbación excesiva o en público
- Limpieza obsesiva
- Dolor al orinar
- Embarazo antes del matrimonio
- Expresión facial de tristeza o llanto frecuente
- Auto mutilación (hacerse daño con navaja)
- Dificultad para caminar o sentarse
- Amenazas de suicidio
- Ropa interior rota, sucia o manchada de sangre
- Apariencia desnutrida
- Dolor vaginal o rectal, hinchazón, moretones o sangrado
- Descargas vaginales o del pene
- Enfermedad venérea

¿Cuáles son las manifestaciones sociales del abuso sexual infantil?

Generalmente, las víctimas tienen problemas para desarrollar hábitos y relaciones saludables, y siempre tienen que luchar en varias de las siguientes áreas:

- Expresión anormal de su sexualidad ya sea por escrito, en dibujos o juegos
- Abuso de alcohol o drogas
- Comportamiento antisocial o desafiante, problemas con la autoridad y las reglas
- Llega demasiado temprano o sale demasiado tarde de la escuela o de otro lugar seguro
- Evita encontrarse con determinadas personas o situaciones
- Un profundo temor a decir no a los adultos
- Reacciona agresivamente cuando alguien lo toca

- Comportamiento dependiente o pegajoso
- Desórdenes en la alimentación
- Excesiva conformidad (incapacidad de poner sus límites)
- Relación exclusiva con una persona mayor
- Excesiva vergüenza, negarse a cambiarse ropa frente a otros
- Temor a personas que se quedan a dormir en su casa
- Malas relaciones con sus pares
- Conocimiento o comportamiento sexual prematuro
- Promiscuidad o comportamiento seductor con hombres adultos
- Escapar del hogar
- Reserva excesiva
- Abuso sexual de otro menor
- Descenso imprevisto en el aprovechamiento escolar
- Asumir el papel de padre o madre

Pregunta:

"¿Tiene problemas de promiscuidad el niño(a) que fue víctima de abuso sexual?"

Respuesta:

Las experiencias sexuales tempranas a veces provocan la promiscuidad en los adolescentes. Pero no todos los niños reaccionan al abuso de esa manera. No obstante, una vez que se despiertan los deseos sexuales, pueden derrumbarse los límites para expresarlos. En su deseo de ser amadas, muchas víctimas endurecen su corazón hacia Dios y deciden practicar la promiscuidad. Puesto que desconfían de Dios, "buscan el amor en el lugar equivocado".

"Yo anduve errante como oveja extraviada". (Salmos 119:176)

¿Cuáles son las manifestaciones espirituales del abuso sexual infantil?

Los niños que han sido víctimas de abuso, generalmente luchan con algunos de los siguientes obstáculos que impiden su crecimiento espiritual:

- Tiene una idea torcida y negativa de Dios
- Siente ira contra Dios porque no impidió el abuso
- Desconfía de Dios por permitir el abuso

- Se siente rechazado e indigno de Dios
- Teme la ira y desaprobación de Dios
- Proyecta en Dios los atributos del agresor
- Posee un conocimiento de Dios pero poca experiencia en el amor y gracia divinos
- Tiene dificultades para edificar una relación íntima con Dios
- Rechaza a Dios o busca su aprobación tratando de alcanzar altos niveles de productividad en las actividades de la iglesia

PREGUNTA:

"¿Por qué es tan difícil que confíen en Dios los niños que sufren de abuso sexual?"

RESPUESTA:

Los niños tienden a creer que su padre terrenal es un reflejo del Padre celestial. Si su padre terrenal es abusivo e indigno de confianza, llegan a creer que el Padre celestial también es abusivo y que no pueden confiar en él.

"Jehová es bueno, fortaleza en el día de la angustia; y conoce a los que en él confían". (Nahum 1:7)

CAUSAS

¿Qué clase de padre traicionaría a su propio hijo? ¿Qué clase de depravación lo impulsa a robar la inocencia de un pequeño? "Mi padre era un hombre guapo e inteligente, pero tenía una parte muy oscura y secreta dentro de él".[15] Las palabras de Marilyn revelan lo engañoso que es el pecado. La maldad no se observa sólo en los callejones oscuros de la vida, también ¡puede anidarse secretamente en el corazón de cualquier persona! Pero no es correcto atribuir ese comportamiento perverso al "pecado original". Existen causas comunes al comportamiento de cualquier abusador, y generalmente, éste desconoce lo que provoca su agresión y mucho menos sus bajos deseos.

"El camino de los impíos es como la oscuridad; no saben en qué tropiezan". (Proverbios 4:19)

¿Cómo es el perfil de un agresor?

La gran mayoría de atacantes fueron víctimas de abuso sexual. Este hecho revela que algunos pecados pueden ser generacionales. Aquello que los niños observan en su infancia con frecuencia lo repiten posteriormente. Por supuesto que esto no justifica el abuso de un menor. Sin importar cuán profundamente haya tocado la maldad nuestras vidas, Dios nos hace responsables de nuestra conducta. Pero tenemos la seguridad de que el poder redentor de Dios puede poner fin a cualquier maldición familiar.

"Jehová, tardo para la ira y grande en misericordia, que perdona la iniquidad y la rebelión, aunque de ningún modo tendrá por inocente al culpable; que visita la maldad de los padres sobre los hijos hasta los terceros y hasta los cuartos".
(Números 14:18)

Generalmente, los agresores manifiestan alguna o varias de las siguientes características:

Adicción sexual y a la pornografía

Gran falta de madurez emocional

Reprimen su ira no resuelta

Excesivo consumo de alcohol y drogas

Sufrió el divorcio de sus padres y tiene padrastro o madrastra

Objeto de abuso sexual en la infancia

Rígidos antecedentes religiosos

¿Por qué abusan de los niños?

Los agresores son artistas manipuladores de su propia conciencia. Ellos justifican su razonamiento perverso y comportamiento sexual. Pero la Biblia dice:

"Hay camino que al hombre le parece derecho; pero su fin es camino de muerte".
(Proverbios 14:12)

- Se sienten víctimas con la imperiosa necesidad de controlar a otro.
- Consideran que sus acciones sexuales son la solución a sus problemas.
- Utilizan a los niños para aumentar su sentido de significancia.
- Utilizan el sexo para sentirse amados.
- Tienen dificultades para tener relaciones adultas saludables.

- Tienen problemas para comunicarse con su cónyuge.
- Utilizan las siguientes justificaciones:
  — "Mi esposa es fría e indiferente es culpa de ella".
  — "Mi deber es dar educación sexual a (la víctima)".
  — "Considero que el sexo es amoroso y suave".
  — "Es mejor que yo la prepare a que lo haga otro".
  — "Sólo es un juego, no es coito".
  — "No puedo controlar mis impulsos".
  — "Necesito librarme del estrés".
  — "Ella me está provocando".

"Todos los caminos del hombre son limpios en su propia opinión; pero Jehová pesa los espíritus".
(Proverbios 16:2)

¿Cómo es el perfil de la víctima?

Típicamente, los agresores buscan características específicas en sus víctimas potenciales que indican que son susceptibles al abuso. En este sentido, las víctimas del abuso no sólo lo son por casualidad, sino porque son elegidas por el victimario.

"Se sienta en acecho (el victimario) cerca de las aldeas; en escondrijos mata al inocente. Sus ojos están acechando al desvalido".
(Salmos 10:8)

Típicamente, las víctimas tienen varias de las siguientes características:

Vulnerable

Inseguro

Condescendiente

Tiene miedo

Ingenuo

Manipulable

Acepta la represión

¿Por qué los niños no dicen nada?

Por distintas razones, la mayoría de los niños nunca hablan con nadie del "secreto" del abuso. Y cuando finalmente hablan... generalmente es después de muchos años.[16]

- Por un falso sentido de culpabilidad (culpabilidad falsa). Llegan a creer que el abuso es culpa de ellos.
- Sienten lealtad y amor por el agresor.
- Temen que la persona que los escuche reaccione con incredulidad y negación, o bien, con horror y condenación.
- No sienten necesidad de decirlo porque el trauma le causó disociación, creando una pérdida de memoria del abuso.
- Tienen miedo de la autoridad y poder del agresor.
- Están amenazados por el agresor.
- Tienen miedo de lo que pueda pasarle a su agresor.
- Se sienten obligados con el agresor.
- Sienten que a nadie le importa ¡porque nadie les pregunta nada!

"El corazón del entendido adquiere sabiduría;
y el oído de los sabios busca la ciencia".
(Proverbios 18:15)

Después de una agresión sexual, el abusador teme ser descubierto. Por eso trata de culpar a la víctima echando sobre ella toda la culpa. Esta estrategia es un juego perverso.

El juego de la culpa

La mayoría de los juegos son divertidos, y casi todos requieren un cierto nivel de estrategia. En el caso del abuso sexual infantil, los agresores usan una de las estrategias más poderosas que existen, la culpabilidad. De hecho, la mayoría de los agresores son expertos en ese juego... un juego de mentiras. Para las víctimas, el juego no es divertido, sino una gran maldad.

"Engaño hay en el corazón de los que piensan el mal; pero
alegría en el de los que piensan el bien".
(Proverbios 12:20)

- "Si hablas de nuestro secreto, me romperás el corazón".
- "Si hablas de nuestro secreto, tu madre sufrirá mucho"
- "Si hablas de nuestro secreto, no me dejarán verte otra vez".

- "Si hablas de nuestro secreto, mami no lo entenderá y nos abandonará".
- "Si hablas de nuestro secreto, tu madre se divorciará de mí".
- "Si hablas de nuestro secreto, nuestra familia quedará destrozada".
- "Si hablas de nuestro secreto, yo les diré que tú también lo querías hacer"
- "Si hablas de nuestro secreto, yo les diré que lo empezaste todo, que es tu culpa".
- "Si hablas de nuestro secreto, no volveré a quererte".
- "Si hablas de nuestro secreto, te mataré".

¿Cuál es la raíz del problema del abuso sexual infantil?

- **En cuanto al agresor**

  Para entender lo que sucede en las emociones del que abusa de un niño, debemos saber que Dios nos creó a todos con las necesidades internas de ser amados, ser importantes para los demás y vivir seguros.[17] Las víctimas del abuso sexual desarrollan un abrumador sentido de insignificancia e inferioridad de tal modo que repiten el abuso cometido con ellos para sentirse importantes. Cuando llegan a adultos, abusan de los niños para sentir el control, comportamiento que les da significancia. Sustituyen con una sensación de poder la sensación infantil de impotencia porque no tuvieron control de las circunstancias cuando fueron agredidos.

  CREENCIA FALSA (DEL AGRESOR):

  > "Cuando tengo relaciones con un infante, lleno mis necesidades. Tengo derecho a llenarlas, y esto me hace sentir que tengo poder y significancia y me libera de la excesiva tensión y enojo que siento".

  CREENCIA CORRECTA (DEL AGRESOR):

  > "No necesito ejercer poder sobre un niño(a) para llenar mis necesidades. Mi necesidad de sentirme importante ya está cubierta porque Dios decidió crearme y tiene un plan y propósito para mí. Al entregar a Cristo Jesús el control de mi vida, veo a los niños como sus preciosas criaturas y deseo proteger a los niños a toda costa".

  "De cierto os digo que en cuanto lo hicisteis a uno de estos... a mí lo hicisteis" (Mateo 25:40)

- **En cuanto al agredido**

  Aun los niños pequeños tienen un instinto para reconocer el comportamiento inadecuado. La gran necesidad que tiene el niño de amor y seguridad queda gravemente amenazada por miedo a la desaprobación y el rechazo. Los corazones jóvenes y sensibles creen que "guardar el secreto" es la forma más segura de ser amado y aceptado.

Creencia falsa (de la víctima):

"No puedo impedir lo que está pasando y no lo diré a nadie. Debo mantenerlo en secreto. Dios debe odiarme mucho porque soy tan malo(a). Yo sé que es mi culpa, estoy tan sucio(a)... nunca volveré a estar limpio(a).

Creencia correcta (de la víctima):

"Lo que está pasando es malo, pero Dios no me considera malo(a). Es bueno que diga la verdad a alguien en quien puedo confiar para detener este mal y evitar que vuelva a pasar. Dios ama a todos los niños y también a mí. Confiaré en él para que me limpie y me cuide".

"He aquí, tú amas la verdad en lo íntimo, y en lo secreto me has hecho comprender sabiduría. Purifícame con hisopo, y seré limpio; lávame, y seré más blanco que la nieve. (Salmos 51:6-7)

PASOS PARA ENCONTRAR LA SOLUCIÓN

"Después de graduarme del bachillerato en 1955, me inscribí en la Universidad de Colorado. A fin de año, fui a casa a pasar las vacaciones de Navidad. Una noche, entré en la recámara de mis padres para darles las buenas noches. Mi padre me atrajo hacia sí con fuerza, pero yo me retiré de él con mucho coraje. Esa reacción fue de la "niña de día", que todavía no sabía que existía la "niña de noche". Él nunca volvió a violarme".[18]

No fue sino hasta varios años después de esa ocasión, que Marilyn volvió a recordarlo todo. Una sola palabra fue suficiente para desencadenar su reacción emocional con abundantes lágrimas. Esa palabra reveló su secreto escondido, y empezó recordar cosas que había mantenido bloqueadas por muchos años. La palabra fue incesto. Pero a pesar de haber sufrido la experiencia del bloqueo emocional, la Biblia nos ofrece ésta promesa:

"Cercano está Jehová a los quebrantados de corazón; y salva a los contritos de espíritu".
(Salmos 34:18)

Versículo clave para memorizar

"He aquí Dios es salvación mía; me aseguraré y no temeré; porque mi fortaleza y mi canción es JAH Jehová, quien ha sido salvación para mí". (Isaías 12:2)

Pasaje clave para leer y meditar

Salmos 55

ORACIÓN PARA OBTENER CONFIANZA

- "Escucha, oh Dios, mi oración .... v. 1
- Clamo en mi oración, y me conmuevo .... v. 2
- A causa de la voz del enemigo, y con furor me persiguen. .... v. 3
- Mi corazón está dolorido, y terrores de muerte sobre mí han caído........ v. 4
- Temor y temblor vinieron sobre mí, y terror .... v. 5
- ¡Quién me diese alas como de paloma! Me apresuraría a escapar del viento borrascoso, de la tempestad........ vv. 6-8
- Porque he visto violencia y rencilla .... v. 9
- Iniquidad y trabajo .... v. 10
- Maldad hay y el fraude y el engaño no se apartan .... v. 11
- Porque no me afrentó un enemigo, sino tú, hombre, al parecer íntimo mío, mi guía, y mi familiar vv.12-14
- Que la muerte les sorprenda .... v. 15
- En cuanto a mí, a Dios clamaré; y Jehová me salvará. .... v. 16
- Oraré y en un clamaré, y él oirá mi voz........ v. 17
- Él redimirá mi alma, aunque contra mí haya muchos. .... v. 18
- Dios los quebrantará por cuanto no cambian........ v. 19
- Extendió el inicuo sus manos contra los que estaban en paz con él; violó su pacto. .... v. 20
- Los dichos de su boca son más blandos que mantequilla, pero son espadas desnudas .... v. 21
- Echa sobre Jehová tu carga, y él te sustentará .... v. 22

- No dejará para siempre caído al justo.. v. 22
- Harás descender aquellos al pozo de perdición.................................... v. 23
- Pero yo en ti confiaré".. v. 23

Síes y noes de estar alertas

No sea usted como el avestruz, que esconde la cabeza en las arenas de la negación. Aunque es muy doloroso, enfrentar la verdad de que existe el abuso infantil es el primer paso para obtener la salud.

"Alegría es para el justo el hacer juicio; mas destrucción a los que hacen iniquidad".
(Proverbios 21:15)

SÍ[19]

- Esté alerta...el abuso infantil es ilegal, se considera un crimen y debe denunciarse.
- Esté alerta...generalmente los niños sufren el abuso de parte de gente que conocen.
- Esté alerta...generalmente los niños no mienten acerca del abuso sexual.
- Esté alerta... a menudo, el abuso físico es violento, pero el abuso sexual no lo es.
- Esté alerta...es posible que los niños nieguen o cambien la historia por miedo.
- Esté alerta... el abuso sexual es progresivo y empeorará si no se detiene.

NO

- Niegue la situación, sin importar cuán difícil sea creerla.
- Crea que porque sólo sucedió una vez no es grave.
- Minimice el abuso.
- Permita que el agresor se salga con la suya, enfréntelo.
- Culpe a otros miembros de la familia.
- Permita que el abuso se considere como un "secreto de familia".

¿Qué debe hacer usted?

Si usted sospecha de abuso sexual...

Busque a un profesional que tenga entrenamiento para trabajar con niños.

Para confirmar o desechar sus sospechas...

- Comuníquese con los servicios de defensa de la niñez y discuta con ellos su preocupación en privado.
- Pregunte si alguien puede evaluar al infante y dar recomendaciones en cuanto a los siguientes pasos a dar.

Para obtener más información (sin la presencia del infante)

- Comuníquese con los servicios de protección al menor.
- Comuníquese con un abogado de lo familiar.
- Comuníquese con algún refugio para mujeres y niños.
- Comuníquese con un pastor o líder espiritual.
- Llame a la policía o a otra fuerza de seguridad.
- Comuníquese con la oficina del procurador de distrito.

"El hombre sabio es fuerte, y de pujante vigor el hombre docto. Porque con ingenio harás la guerra, y en la multitud de consejeros está la victoria".
(Proverbios 24:5-6)

Si el niño denuncia el abuso...

- Mantenga la clama
- Invierta tiempo para contestar con amor y paciencia a las preguntas del menor
- Permanezca disponible en todo tiempo para el menor
- Permanezca junto al menor, sólo déjelo con otro adulto en quien usted y él confíen
- Respete la privacidad del menor. Sólo informe a quien debe saberlo
- No prometa algo que no pueda cumplir, como "tu madre no se enojará", o "el ofensor no sufrirá ningún daño".
- Explíquele que se debe denunciar a las instancias policíacas y lo que puede suceder después.
- Dispóngase a proveerle protección, solicitar un examen médico y obtener ayuda profesional.

"También os rogamos, hermanos, que alentéis a los de poco ánimo, que sostengáis a los débiles, que seáis pacientes para con todos".
(1 Tesalonicenses 5:14)

Si usted observa señales sospechosas en el cuerpo de un menor...

- Lleve al menor para que sea examinado de inmediato por un pediatra del servicio de emergencia de un hospital para que se documente la agresión.
- Informe por qué sospecha del posible abuso sexual y declare que cualquier caso de abuso debe denunciarse a un trabajador social.
- Pida copia del informe médico por escrito y copias de las fotografías en caso de que se tomen. (Un abogado puede darle un citatorio.)
- Conserve documentos de todos los contactos que usted haga: llamadas, informes, fotografías, etc.
- Ofrezca sus copias o fotografías e informes en caso de que desaparezca el archivo del trabajador social
- Siga informándose con el trabajador social en forma regular, preguntando en qué etapa se encuentran y ofrezca su ayuda
- Apele a las autoridades superiores o a una instancia estatal si las autoridades locales no responden.

"Por causa del Señor someteos a toda institución humana, ya sea al rey, como a superior, ya a los gobernadores, como por él enviados para castigo de los malhechores y alabanza de los que hacen bien".
(1 Pedro 2:13-14)

Descubra el secreto

Las víctimas de abuso sexual infantil son esclavas del "secreto". Descubrir la verdad es la única estrategia viable para eliminar el poder del disimulo. Para ganarse la confianza del menor y que abra su corazón, ofrézcale el cuidado amoroso y la compasión que provienen del Espíritu de Dios.[20]

- Pida la sabiduría sobrenatural de Dios.
- Provea al menor de una atmósfera segura.
- Pregunte al menor si se siente incómodo o confundido.
- Escuche, observe y reflexione con cuidado.
- Tenga cuidado de no hacer preguntas "dirigidas". Deje que las autoridades hagan la mayoría de ellas para descubrir la verdad.
- Asegure al menor que cree en él.
- Afirme que el ofensor es culpable.
- Asegure al menor que él no tiene la culpa.

- Confírmele que denunciar es la alternativa correcta.
- Muéstrele amor y preocupación genuinos y provéale de un ambiente seguro.

"Como aguas profundas es el consejo en el corazón del hombre; mas el hombre entendido lo alcanzará".
(Proverbios 20:5)

El poder de la protección

Muchos niños desconocen que les es permitido tomar algunas medidas para protegerse a sí mismos. No se dan cuenta de lo que está sucediendo y se asustan demasiado como para reaccionar con rapidez y sabiduría. Puesto que a la mayoría de los menores se les enseña a obedecer a las figuras de autoridad, deben recibir el poder de protegerse. Las siguientes declaraciones pueden darles la confianza y firmeza y ayudarles a resistir cualquier comportamiento sexual abusivo.

El permiso de decir ¡NO!

- "Dios te ama e hizo tu cuerpo con un plan y propósito especiales".
- "Si alguien te pide que hagas algo que consideras malo, espero que digas NO aunque se trate de un pariente mayor o amigo de la familia". (Dramatice lo anterior diciendo NO con una voz segura y firme.)
- "Tu cuerpo te pertenece, y tú decides quién quieres que te toque".
- "Las partes de tu cuerpo que cubre el traje de baño son privadas".
- "Nunca dejes que nadie toque tus partes privadas, excepto tu médico y sólo por razones médicas".
- "Si alguien trata de tocar tus partes privadas, grita y corre a un lugar seguro".
- "Si alguien toca tus partes privadas y dice que está bien, ¡no es cierto! Debes decírmelo o a alguna persona en quien tengas confianza".
- "Si una persona no deja de tocarte, di: 'Te voy a acusar si no te detienes'. Después, avisa a otra persona cuando estés a salvo".
- "Si alguien te amenaza, no tengas miedo. De todos modos acúsalo".
- "Si te pide que mantengas en secreto sus toques, de todos modos acúsalo".
- "Si no te cree la persona con quien lo acusas, sigue acusándolo sin importar cuánta vergüenza tengas... sigue diciéndolo hasta que alguien te crea".
- "Pide a Dios que mande a un adulto en quien puedas confiar y te pueda ayudar y que no es miembro de tu familia".

"Hijo mío, si los pecadores te quisieren engañar, no consientas".
(Proverbios 1:10)

¿Debe avisar a los padres?

Muchas personas se sienten incómodas por "llevar el chisme"... y revelar las cosas malas que otros les hicieron. Sin embargo, si usted sabe que un agresor infantil va a ocupar un cargo de autoridad sobre los niños, diga lo que sabe, aun si nadie atiende su advertencia. Todos los adultos responsables se sienten inclinados a proteger a los menores. Por eso, si usted actúa basándose en la Regla de Oro, es posible que salve la vida emocional de un menor.

"Así que todas las cosas que queráis que los hombres hagan con vosotros, así también haced vosotros con ellos".
(Mateo 7:12)

Pregunta:

"Cuando era niña, fui violada por un pariente mayor que yo. Ahora, él planea casarse con una mujer que tiene hijos pequeños. ¿Es correcto expresar mi preocupación?"

Respuesta:

Sí. Primero acuda con su pariente y pregúntele si ya resolvió sus problemas desde que la violó a usted. Si no recibe una respuesta satisfactoria, dígale que está muy preocupada por el riesgo físico y emocional de esos niños. Explíquele que siente la obligación moral de hablar de su violación con la madre de ellos. Pregunte a la madre: "¿Te ha hablado mi pariente [diga el nombre] acerca del pasado?" Si no es así, entonces diga: "Me siento moralmente obligada a compartir contigo un recuerdo muy doloroso". Después de contar brevemente lo que pasó, diga: "Si él no ha recibido ayuda especial de consejería para entender tanto sus ideas incorrectas como su conducta, y tampoco ha aprendido a reconocer que hay límites correctos con los niños, entonces, hay razones de peso para preocuparte por tus hijos".

"El testigo verdadero libra las almas; mas el engañoso hablará mentiras". (Proverbios 14:25)

A salvo de la tormenta

Los niños que han experimentado el trauma del abuso sexual no sólo requieren un refugio para estar seguros, también requieren de un refugio para su corazón herido. Hábleles del amor incondicional de Dios y sea un ejemplo de él. Ayúdelos a confiar en los brazos amorosos de Jesucristo para que encuentren apoyo emocional y seguridad.

"Y tomándolos [Jesús a los niños] en los brazos,
poniendo las manos sobre ellos, los bendecía".
(Marcos 10:16)

Pida al menor que repita las siguientes declaraciones todos los días:

- "Nada me hará perder el amor de Dios".

  "Jehová se manifestó a mí hace ya mucho tiempo, diciendo: Con amor eterno te he amado; por tanto, te prolongué mi misericordia". (Jeremías 31:3)

- "Aunque algún familiar me rechace, Dios me sigue aceptando".

  "Aunque mi padre y mi madre me dejaran, con todo, Jehová me recogerá". (Salmos 27:10)

- "Yo diré a Dios lo que siento verdaderamente, y él me entenderá".

  "Echando toda vuestra ansiedad sobre él, porque él tiene cuidado de vosotros". (1 Pedro 5:7)

- "Cuando me acerco a Dios pidiendo ayuda, él sana mi corazón".

  "Jehová Dios mío, a ti clamé, y me sanaste". (Salmos 30:2)

- "Dejaré que Jesús viva en mi corazón y seré una nueva criatura".

  "De modo que si alguno está en Cristo, nueva criatura es; las cosas viejas pasaron; he aquí todas son hechas nuevas". (2 Corintios 5:17)

- "Dios tiene un plan maravilloso para mi vida".

  "Porque yo sé los pensamientos que tengo acerca de vosotros, dice Jehová, pensamientos de paz, y no de mal, para daros el fin que esperáis". (Jeremías 29:11)

El secreto —saber que el niño no dirá nada—
es el arma más poderosa del agresor que comete
el abuso sexual. La estrategia de Dios es sacarlo
a la luz para permitir que la VERDAD traiga
LIBERTAD al menor.
—June Hunt

EL PODER DEL JUEGO

La mayoría de los menores nunca denuncian la violación. Generalmente se debe a que temen el castigo o simplemente no entienden lo que sucedió. La observación de la forma en que juegan los niños es un método valioso para detectar la verdad cuando se sospecha de maltrato. Estas sencillas interacciones con los niños también sirven para enseñarles los métodos más eficaces para que se protejan a sí mismos.

Detección

"Aun el muchacho es conocido por sus hechos,
Si su conducta fuere limpia y recta".
(Proverbios 20:11)

- Sea muy cuidadoso si descubre juegos o comportamiento sexuales. Pregunte al niño: "¿Dónde aprendiste a hacer eso?" (Recuerde las palabras exactas del niño y regístrelas posteriormente para pasarlas a las autoridades que trabajan con niños que han sido violados.) No pida más detalles.
- Esté alerta cuando vea a un niño que consistentemente está triste o retraído. Pregunte al niño: "¿Te ha pasado algo que te gustaría borrar?" O, "¿tienes algún secreto que te entristece?"
- Advertencia: Nunca sugiera nada que "pudiera haber pasado" o usted podría ser acusado de plantar pensamientos en la mente del niño y así impedir que una víctima reciba justicia.

Protección

"La discreción te guardará; te preservará la inteligencia,
(Proverbios 2:11)

- Diga al menor que está bien que diga con firmeza: "Detente, esto es malo", o bien, que corra o grite y lo diga a un adulto en quien confíe.
- Practique con él las reacciones correctas a los avances incorrectos.
- Dibuje o dramatice cuáles son los lugares seguros a donde puede correr cuando sea perseguido.

Dramatice historias bíblicas

La oveja perdida

(Utilícela para detectar el abuso)

- Lea a los niños el pasaje de Mateo 18:10-14.
- Deje que los niños dramaticen la historia. Represente el papel de Jesús, el buen pastor, que anda en busca de una de sus ovejitas que está perdida. El niño debe hacer el papel de la oveja.
- Explique que Dios los ama aun cuando ellos se esconden o alguien les hace cosas malas.
- Pregunte: "¿Te han pasado algunas cosas malas y tienes miedo de hablar de ellas?"

Jesús calma la tempestad

(Úsela para detectar el abuso)

- Lea a los niños el pasaje de Mateo 8:23-27.
- Haga que los niños representen la historia actuando como los discípulos que van en una barca y Jesús calma la tempestad.
- Explíqueles que nunca deben tener miedo de hablar acerca de las cosas que les suceden y les causan miedo, porque Jesús puede calmar la tempestad.
- Pregunte: "¿Qué cosas malas te podrían pasar que es muy difícil hablar de ellas?"

Aplique las verdades bíblicas

Las siguientes ilustraciones deben usarse con el consentimiento de los padres, tomando en cuenta la edad y madurez de los niños.

José

(Úsela para protección)

Lea Génesis 39:2-12 a los niños mayores y adolescentes.

- Enfatice que la esposa de Potifar trató de hacerle algo malo a José.
- Pregunte: "¿Qué harías si alguien tratara de hacerte algo malo?" Haz como José, di que no, escapa y huye".
- Invente una situación actual parecida y haga una representación de lo que el menor debe hacer.

Noé

(Úsese para protección)

Lea Génesis 9:18-27 a los niños mayores y adolescentes.

- Comparte la historia de Noé, que se quedó dormido sin la ropa puesta.
- Pregunte: "¿Qué debes hacer si ves a alguien sin ropa?" (Al igual que los dos hijos de Noé, no sigues viendo. Retírate, e informa a alguien de lo sucedido).
- Hable de otras situaciones en que no es bueno ver.

SEMBRANDO SEMILLAS DE SEGURIDAD

Los padres, abuelos, maestros, y trabajadores con niños que actúan con sabiduría, conocen la importancia del entrenamiento temprano en cuanto a la seguridad personal. La mejor defensa que tiene un menor contra el abuso sexual es la prevención.21 Diga a los niños que Dios les da un gran valor. Sus palabras prepararán la tierra del pequeño corazón y sembrará las primeras semillas de su seguridad personal. A su vez, esas semillas les producirán confianza y sabiduría para protegerse a sí mismos.[22]

"Oye, hijo mío, la instrucción de tu padre, y no desprecies la dirección de tu madre; porque adorno de gracia serán a tu cabeza, y collares a tu cuello. Hijo mío, si los pecadores te quisieren engañar, no consientas".
(Proverbios 1:8-10)

- **NO** salgas a buscar a tus padres si te separas de ellos en un lugar público. Acude a un guardia o policía, a una cajera, o al departamento de cosas perdidas y diles que necesitas ayuda para encontrarlos.

- **NO** salgas de tu jardín o del patio de juegos sin permiso.

- **NO** aceptes ninguna invitación a ir en el auto de alguien a ningún lado, aunque lo conozcas, a menos que tus padres te digan que lo hagas.

- **NO** te acerques a alguien que te vaya siguiendo a pie, en bicicleta o en un auto.

- **NO** aceptes ir con alguien que te pide ayuda para encontrar a su mascota (un truco muy común).

- **NO** te acerques al auto de alguien que te pide una dirección.

- **NO** vayas con alguien que te dice que un familiar tuyo está en problemas y que lo enviaron a buscarte.

- **NO** tengas secretos con gente mayor que tú, y si alguien te pide que guardes un secreto, de inmediato dilo a tus padres o a otro adulto en quien confíes.

- **NO** dejes que un extraño te tome una fotografía.

- **NO** dudes en gritar tan fuerte como puedas: "¡Ayúdenme! ¡Este hombre/mujer quiere llevarme!" O: "¡Ayúdenme! ¡Este no es mi padre/madre!" Grita fuerte y sigue gritando.

"Mejor es el pobre que camina en su integridad, que el de perversos caminos y rico".
(Proverbios 28:26)

DESHAGA EL DAÑO

PARA SOBREVIVIENTES DEL ABUSO SEXUAL INFANTIL

La anterior Miss América Marilyn Van Derbur, no recordaba la relación incestuosa que su padre tuvo con ella. Como muchas víctimas de los traumas, ella sepultó sus dolorosos recuerdos bajo varios mantos de incredulidad y negación. Posteriormente, cuando su propia hija llegó a la misma edad que ella tenía cuando comenzó el abuso, Marilyn empezó a tener ataques de ansiedad y dolores en el pecho. Ver a su hijita en esa edad disparó en ella los recuerdos del abuso del pasado.23 Esa es una experiencia común a muchos de los que han sobrevivido al incesto. Confíe en el tiempo de Dios. Él sabe cuándo y cómo hacer que la verdad salga a la superficie para traer salud al corazón herido.

"Mas yo haré venir sanidad para ti, y sanaré tus heridas, dice Jehová".
(Jeremías 30:17)

Cómo resolver la negación

- Decídase a ser completamente honesto(a) con usted y con otros.
- Decida creer la verdad: usted no fue responsable del abuso.
- Haga un diario personal para enfrentar el daño que sufrió su corazón.
- Identifique cualquier ira reprimida.
- Esté dispuesto(a) a llorar por la pérdida de su inocencia.

"Enséñame, oh Jehová, tu camino; caminaré yo en tu verdad".
(Salmos 86:11)

Cómo recuperar la pureza de corazón

- Reconozca que desea cambiar
- Admita que su deseo de controlar las cosas y sus estrategias para protegerse a sí misma son excesivos.
- Reconozca que vivir en temor y vergüenza revelan que no confía en Dios completamente.

- Arrepiéntase sinceramente de cualquier pecado conocido en su vida.
- Reconozca su necesidad del Salvador y confíe sólo en él.

"Mi pecado te declaré, y no encubrí mi iniquidad. Dije: Confesaré mis transgresiones a Jehová; y tú perdonaste la maldad de mi pecado".
(Salmos 32:5)

Cómo aumentar el amor hacia los demás

- Procure crecer en semejanza al carácter de Cristo.
- Confíe sólo en Jesucristo para que haga lo que usted no puede hacer.
- Decida perdonar a su ofensor.
- Acérquese a otros, en especial a quienes son víctimas.
- Entregue su futuro a Dios.

"En el amor no hay temor, sino que el perfecto amor echa fuera el temor; porque el temor lleva en sí castigo. De donde el que teme, no ha sido perfeccionado en el amor".
(1 Juan 4:18)

Comience cada día en oración y estudio bíblico.

"Nosotros le amamos a él, porque él nos amó primero".
(1 Juan 4:19)

NOTAS

1. "Extracto del discurso de Marilyn Van Derbur Atler," The Denver Post, jueves, 9 de mayo de 1991.

2. Marilyn Van Derbur Atler, The Darkest Secret, "El secreto más oscuro" People, 10 de junio de 1991, 88.

3. Vea Merriam-Webster's Collegiate Dictionary "Diccionario Colegial Merriam-Webster" 2001.

4. Vea James Strong, Strong's Hebrew Lexicon "Léxico Hebreo", ed. electrónica (Timnathserah Inc., julio 6, de 2002).

5. Maxine Hancock y Karen Burton Mains, Child Sexual Abuse: Hope for Healing, "Abuso sexual infantil: Esperanza de sanar", ed. rev. (Wheaton, Ill.: Harold Shaw, 1997), 19, 22.

6. Vea Hancock y Mains, Child Sexual Abuse, "Abuso sexual infantil", 16-17.

7. Hancock and Mains, Child Sexual Abuse, 19 "Abuso sexual infantil".

8. Hancock and Mains, Child Sexual Abuse, 19 "Abuso sexual infantil".

9. Merriam-Webster's Collegiate Dictionary, "Diccionario Colegial".

10. Para esta sección vea Alice Huskey, Stolen Childhood: What You Need to Know about Sexual Abuse, "La niñez robada: Lo que usted necesita saber del abuso sexual" (Downers Grove, Ill.: InterVarsity, 1990), 28-30.

11. Grant L. Martin, Counseling for Family Violence and Abuse, "Consejería para la violencia y abuso familiar" ed. Gary R. Collins, vol. 6 (Dallas: Word, 1987).

12. Para esta sección vea Martin, Counseling for Family Violence and Abuse, "Consejería para la violencia y abuso familiar", 165-171.

13. Atler, The Darkest Secret, "El secreto más oscuro".

14. Para esta sección vea Huskey, Stolen Childhood, "Niñez robada" 76-81.

15. Atler, The Darkest Secret, "El secreto más oscuro", 88

16. Para esta sección vea Kay Marshall Strom, Helping Women in Crisis: A Handbook for People Helpers, "Ayudando a mujeres en crisis: Manual para los que ayudan a otros" (Grand Rapids: Zondervan,1986), 43.

17. Acerca de las tres necesidades dadas por Dios, vea Lawrence J. Crabb, Jr., Understanding People: Deep Longings for Relationship, "Entendiendo a la gente, el anhelo de relacionarse", Ministry Resources Library (Grand Rapids: Zondervan, 1987), 15-16; Robert S. McGee, The Search for Significance, "La búsqueda de reconocimiento", 2a ed. (Houston, Tex.: Rapha, 1990), 27-30.

18. Atler, The Darkest Secret, "El secreto más oscuro" 90.

19. Para esta sección vea Grant Martin, Please Don't Hurt Me "Por favor, no me lastimes" (Wheaton, Ill.: Victor, 1987), 52-3.

20. Para esta sección vea Martin, Please Don't Hurt Me, "Por favor, no me lastimes", 51-59.

21. Martin, Please Don't Hurt Me, "Por favor, no me lastimes", 96.

22. Para esta sección vea Martin, Please Don't Hurt Me, "Por favor, no me lastimes" 90-93.

23. Atler, The Darkest Secret, "El secreto más oscuro", 92.

BIBLIOGRAFÍA

Allender, Dan B. The Wounded Heart. "Corazón herido" Colorado Springs, Colo.: NavPress, 1990.

Atler, Marilyn Van Derbur. The Darkest Secret , "El secreto más oscuro", People, 10 de junio de 1991, 88-92.

Barshinger, Clark E., Lojan E. LaRowe, y Andres T. Tapia. Haunted Marriage: Overcoming the Ghosts of Your Spouse's Sexual Abuse, "Matrimonio con fantasmas: Cómo superar los fantasmas del abuso sexual de su cónyuge", Downers Grove, Ill.: InterVarsity, 1995.

Crabb, Lawrence J., Jr. Understanding People: Deep Longings for Relationship, "Entendiendo a la gente: el anhelo de relacionarse". Ministry Resources Library. Grand Rapids: Zondervan, 1987.

Frank, Jan. Door of Hope, "Puerta de esperanza". Rev. ed. Nashville: Thomas Nelson, 1995.

Hancock, Maxine, y Karen Burton Mains. Child Sexual Abuse: Hope for Healing, "Abuso sexual infantil: Esperanza de sanar" ed. rev. Wheaton, Ill.: Harold Shaw, 1997.

Huskey, Alice. Stolen Childhood: What You Need to Know about Sexual Abuse, "La niñez robada: Lo que usted debe saber acerca del abuso sexual". Downers Grove, Ill.: InterVarsity, 1990.

Martin, Grant. Please Don't Hurt Me, "Por favor, no me lastimes". Wheaton, Ill.: Victor, 1987.

Martin, Grant L. Counseling for Family Violence and Abuse, "Consejería para la violencia y abuso familiar". Resources for Christian Counseling, ed. Gary R. Collins, vol. 6. Dallas: Word, 1987.

McGee, Robert S. The Search for Significance, "En busca de reconocimiento". 2a ed. Houston, Tex.: Rapha, 990.

Shellenberger, Susie. When Someone You Know Is Sexually Abused, "Cuando algún conocido ha sido violado" Colorado Springs, Colo.: Focus on the Family, 1996.

Some excerpts from speech by Marilyn Van Derbur Atler ."Extractos del discurso de Marilyn Van Derbur", The Denver Post, jueves 9 de mayo de 1991.

Strom, Kay Marshall. Helping Women in Crisis: A Handbook for People Helpers, "Ayudando a mujeres en crisis: Manual para los que ayudan a otros". Grand Rapids: Zondervan, 1986.

Versículos bíblicos para memorizar

Salmos 27:12

Isaías 43:18-19

Efesios 4:32

Jeremías 29:11

Salmos 30:2

2 Corintios 5:17

Lamentaciones 3:22-23

1 Corintios 13:11

Romanos 12:19

Salmos 34:18

Abuso verbal y emocional

El lenguaje del control

"¡No vales nada!"... "¡Nunca serás nadie!"... "¡Desearía que nunca hubieras nacido!" Palabras como estas en la infancia pueden herir el

corazón por el resto de nuestros días.

Esas heridas de profundizan en la edad adulta cuando se nos somete al juego del "control". Amenazas como: "Si me dejas, ¡me desquitaré con nuestros hijos!" o "Tengo las llaves en mi poder, ¡no puedes ir a ninguna parte!"... son tanto emocional como verbalmente violentas y abusivas y se usan para mantener el control de una relación.

El maltrato también puede ejercerse sin decir una sola palabra, ya sea por medio de miradas degradantes, gestos obscenos o comportamiento amenazador. Esas acciones provocan un dolor intenso e impiden el crecimiento emocional. Usted no debe permitir que alguien le haga sentirse menos. Jesucristo dijo que usted tiene un valor inmenso dado por Dios...

"¿No se venden cinco pajarillos por dos cuartos? Con todo, ni uno de ellos está olvidado delante de Dios. Pues aun los cabellos de vuestra cabeza están todos contados. No temáis, pues; más valéis vosotros que muchos pajarillos".
(Lucas 12:6-7)

DEFINICIONES

¿Qué es el maltrato emocional?

Es la consecuencia ineludible de todas las otras formas de violencia abusiva, ya sea física, mental, verbal, sexual y hasta espiritual. Con frecuencia, las personas minimizan la importancia de las emociones. Pero cuando los sentimientos han sido heridos profundamente, pueden ser los que dirigen las decisiones. En ese momento, las emociones se usan para preservar la vida. El abuso o violencia emocional afecta al centro mismo de lo que somos... aplasta nuestra confianza... nos roba nuestra auto estima. En determinado momento de su vida, Job tuvo esta misma experiencia.

"¿Hasta cuándo angustiaréis mi alma, y me moleréis con palabras?"
(Job 19:2)

- **El maltrato emocional es** cualquier conducta negativa, sistemática y constante que se utiliza para controlar o herir a otra persona. No es un acto único ni poco frecuente, sino que es una práctica que va desde la indiferencia hasta el menosprecio continuo del carácter del otro.
  - —Todas las formas de violencia o maltrato, sea emocional, verbal, mental, físico, espiritual o sexual, dañan el sentido de dignidad de la persona y el valor que Dios le ha dado.
  - —Todas las formas de violencia hieren el espíritu de la persona y por lo tanto, son emocionalmente abusivas. Proverbios, el libro de la sabiduría, dice:

"El ánimo del hombre soportará su enfermedad;
mas ¿quién soportará al ánimo angustiado?"
(Proverbios 18:14)

- **El maltrato emocional** o "violencia psicológica" produce cicatrices en el espíritu del que lo recibe.
  - —El daño que provoca permanece mucho más tiempo que cualquier otra clase de maltrato. Un brazo roto sana con prontitud; pero un corazón destrozado no sana con facilidad.
  - —Después de recibir el abuso emocional por mucho tiempo, la víctima pierde la esperanza y siente que no vale la pena vivir.

"La esperanza que se demora es tormento del corazón;
pero árbol de vida es el deseo cumplido".
(Proverbios 13:12)

- **El maltrato emocional** puede ser pasivo-agresivo.

  Este siempre es indirecto y a trasmano, de ahí que se le califique como ***pasivo-agresivo***.
  - —**Los abusadores pasivo-agresivos** expresan su ira por medio de un comportamiento encubierto. Con frecuencia se ponen en una posición de dependencia y después, motivados por el enojo subyacente, se convierten en críticos acérrimos de las personas de quienes dependen.[1]
  - —Las víctimas de los abusadores pasivo-agresivos se sienten perplejas y descorazonadas por ser el blanco de su comportamiento castigador y manipulador. Los amigos de los abusadores pasivo-agresivos a menudo se ven envueltos en el conflicto tratando de consolar y apoyar a estos últimos cuando les dicen que reciben un tratamiento injusto y que no pueden dirigir su propia vida.

    Los abusadores pasivo-agresivos deben reconocer y resolver su ira subyacente y tomar en serio la advertencia de Dios que dice:

"No te apresures en tu espíritu a enojarte; porque el enojo reposa en el seno de los necios".
(Eclesiastés 7:9)

- ***El maltrato emocional*** puede manifestarse en ***rechazo abierto o rechazo encubierto***.[2]
  — ***El rechazo abierto*** se define como un comportamiento evidente que transmite el mensaje de que no se ama o se desea tener cerca a la persona (desprecio por su propio hijo[a]).
  — ***El rechazo encubierto*** se realiza en formas sutiles que pueden o no ser intencionales por parte del perpetrador (descuidando el pasar tiempo de calidad con su hijo[a]).

Ejemplo Bíblico

De rechazo tanto evidente como encubierto: Tamar

(Lea 2 Samuel capitulo 13.)

Rechazo evidente:

Tamar fue violada y rechazada por su medio hermano Amnón.

Rechazo encubierto:

Su padre, el rey David, no castigó a su hijo por la violación de su hija.

Pregunta:

"¿Qué dice la Biblia acerca del abuso emocional?"

Respuesta:

La Biblia no usa el término abuso emocional, pero sí nos instruye en cuanto a cómo debemos tratarnos unos a otros. Las Escrituras hablan en detalle de numerosas actitudes y acciones que debemos tener con los demás. Si seguimos sus instrucciones, nunca abusaremos de otras personas.

"Nada hagáis por contienda o por vanagloria; antes bien con humildad, estimando cada uno a los demás como superiores a él mismo; no mirando cada uno por lo suyo propio, sino cada cual también por lo de los otros". (Filipenses 2:3-4)

¿Qué es el maltrato verbal?

Es una forma de abuso emocional abierto. Un leñador eficiente utiliza el hacha con cuidado, golpeando en repetidas ocasiones en determinado punto hasta que el árbol cae. Ese trabajador se siente orgulloso de que se controla a sí mismo y a su herramienta, porque nunca da un golpe fuera de lugar. Por el contrario, el que abusa verbalmente de otro(a), tiene una lengua descontrolada y golpea a la otra persona deliberadamente. Esa clase de abusador es muy eficaz en su intención de herir, afectando tanto el alma como el corazón.

"Has amado toda suerte de palabras perniciosas, engañosa lengua".
(Salmos 52:4)

- ***El maltrato verbal*** es el uso sistemático de tonos o palabras hirientes que se usan para controlar o dominar a otra persona.
  — ***El maltrato*** incluye malos tratos; es el mal uso intencional de algo o alguien.
  — ***El maltrato verbal*** siempre es destructivo.

"Agravios maquina tu lengua; como navaja afilada hace engaño".
(Salmos 52:2)

- ***El abuso verbal*** hiere los sentimientos de otros porque utiliza palabras ultrajantes, deshonrosas o despectivas.
  — La palabra hebrea para ultrajar es ***gadaph***, cuya raíz significa "cortar" o "herir".[3]

  David, que fue ultrajado por Saúl, expresó su dolor por el trato injusto diciendo:

"Cada día mi vergüenza está delante de mí, y la confusión de mi rostro me cubre, por la voz del que me vitupera y deshonra, por razón del enemigo y del vengativo".
(Salmos 44:15-16)

- ***El abuso verbal*** a menudo trata de lastimar la reputación de los demás...
  — usando tácticas como hablar a sus espaldas, criticarlos o despreciarlos
  — usando estrategias como difamación, murmuración o mentira

"Amaste el mal más que el bien, la mentira más que la verdad".
(Salmos 52:3)

¿Qué significa "lavar el cerebro"?

Muchos prisioneros de guerra han sido víctimas del lavado de cerebro, que es una táctica muy eficaz de la guerra psicológica. Este término se refiere a un adoctrinamiento sistemático y forzado que obliga al prisionero a olvidar sus creencias y a aceptar las opuestas. Infortunadamente, no tenemos que estar en un campo de prisioneros para recibir un lavado de cerebro. Su carcelero puede ser un miembro importante de su familia o de un nuevo grupo de conocidos. En cualquier circunstancia en que se da el lavado de cerebro, el daño puede ser devastador... porque elimina sistemáticamente su sentido de valía y confianza en sí mismo... haciendo que desconfíe de usted mismo y hasta hacer que pierda contacto con la realidad.

"Tienen celo por vosotros, pero no para bien, sino que quieren apartaros de nosotros para que vosotros tengáis celo por ellos".
(Gálatas 4:17)

TÁCTICAS VERBALES Y EMOCIONALES QUE SE USAN EN EL LAVADO DE CEREBRO

- ***Lavado de cerebro verbal***

— Intimidación	convencerlo de que si no se ajusta a las exigencias y adopta las actitudes y creencias del abusador, se acarreará graves consecuencias
— Adoctrinamiento	implantar repetidamente mensajes contrarios a los que usted sostiene
— Desacreditar	menospreciando a su familia y amigos que difieren con el abusador
— Degradar	usar apodos, insultos, ridiculizar y humillar
— Etiquetar	diciendo que sus ideas son infantiles, estúpidas o locuras

"Porque no hablan paz; y contra los mansos de la tierra piensan palabras engañosas".
(Salmos 35:20)

- ***Lavado de cerebro emocional***

—Aislamiento	evitar que tenga cualquier apoyo emocional o social del exterior
— Agotamiento inducido	hacer que se desvele, o interrumpa su sueño, o evitar que se duerma
— Exigir obediencia	forzándolo a cumplir demandas triviales
— Ignorar	no dar apoyo emocional y después negar que lo hizo
— Olvidar	falta intencional del cumplimiento de las promesas y acuerdos
— Explotación	utilizarlo a usted o a alguien cercano a usted por ganancia o interés egoísta

"Con arrogancia el malo persigue al pobre; será atrapado en los artificios que ha ideado".
(Salmos 10:2)

CARACTERÍSTICAS DE UNA RELACIÓN ABUSIVA

Las palabras tienen un poder inmenso. Con ellas, Dios creó al mundo. A través del Verbo que se *"hizo carne"* (Juan 1:14), él salvó al mundo. Las palabras pueden dar vida o amenazar la vida. Nos dan vida cuando nos inspiran a ser lo que Dios quiere que seamos... amenazadoras cuando destruyen nuestra esperanza y nuestros anhelos. En última instancia, las palabras cambian de ser positivas a ser abusivas cuando lastiman nuestro corazón y dañan nuestras relaciones. La Biblia dice:

"La muerte y la vida están en poder de la lengua, y el que la ama comerá de sus frutos".
(Proverbios 18:21)

¿Qué está diciendo realmente con sus palabras?

Las palabras tienen la capacidad de edificar a otros o hacerlos pedazos.

"Ninguna palabra corrompida salga de vuestra boca, sino la que sea buena para la necesaria edificación, a fin de dar gracia a los oyentes".
(Efesios 4:29)

Palabras que dañan

- **Ataque a la identidad de la persona**
  - Tú ***estás*** mal.
  - Tú ***eres*** intrínsecamente malo.
- **Gritos**
  - "¡Cállate!"
  - "Te ves horrible".
- **Apodos**
  - "¡Eres un idiota estúpido!"
  - "¡Eres un loco y tonto!"
- **Insultos**
  - "¡No vales nada!"
  - "¡Me das asco!"

Palabras que sanan

- **Hablan de las acciones de la persona**
  - Tú hiciste algo mal.
  - Tú ***hiciste*** algo malo.
- **Discusión**
  - "Por favor escucha, debemos hablar de ________________".
  - "Debemos analizar qué vestido es lo más apropiado para la reunión familiar".
- **Dar nueva visión**
  - "Eres bueno para ___________".
  - "Eres muy creativo".
- **Reconocimiento**
  - "Tu vida vale mucho".
  - "¡Veo áreas en que eres atractivo!"

- **Un cuadro negativo del pasado**
  - "¡Ojalá no hubieras nacido".
  - "¡Debí abortarte!
- **Un cuadro positivo del pasado**
  - "Me alegro que hayas nacido".
  - "Yo sabía que Dios tenía un propósito para ti cuando naciste".
- **Un cuadro negativo del presente**
  - "No haces nada bien".
  - "¡Retírate!"
- **Un cuadro positivo del presente**
  - "Haces muchas cosas bien".
  - "Siempre tendrás un lugar en mi corazón".
- Un cuadro negativo del futuro
  - "¡Nunca serás exitoso".
  - "¡No tienes remedio!"
- **Un cuadro positivo del futuro**
  - "Dios tiene un plan maravilloso para tu vida".
  - "Dios te ha preparado un futuro de esperanza".

"Porque yo sé los pensamientos que tengo acerca de vosotros, dice Jehová, pensamientos de paz, y no de mal, para daros el fin que esperáis".
(Jeremías 29:11)

Características del comportamiento pasivo-agresivo

Este comportamiento es una forma disfrazada de maltrato emocional. Las formas más obvias de la violencia como los golpes, improperios, o apodos son fáciles de identificar, pero las más encubiertas como el comportamiento pasivo-agresivo no se detectan con facilidad, aunque son igualmente abusivas. Las personas pasivo-agresivas expresan su ira indirectamente y pretenden satisfacer sus necesidades en forma evasiva, a trasmano o engañosamente. Hay algunas personas que practican inconscientemente ese tipo de conducta, pero otras lo hacen con toda intención.

"Porque él conoce a los hombres vanos; ve asimismo la iniquidad, ¿y no hará caso?"
(Job 11:11)

- Las tácticas que se usan en esta clase de abuso emocional pueden incluir las siguientes:
  - ***Invalidar*** Negarse a admitir la realidad diciendo: "Nunca dije eso". O, "no sé de qué me hablas".
  - ***Minimizar*** "Eres demasiado sensible". O, "Eres muy exagerado", o, "estás haciendo una montaña de algo sin importancia".

— ***Negar***	"No es posible que te sientas así".
— ***Trivializar***	"Si de verdad hubieras estudiado, habrías sacado 100 en la prueba en vez de 98".

Métodos de sabotaje

Para ganar el control y poder encubiertos, la persona emocionalmente abusiva-pasiva puede utilizar algunos de los siguientes métodos:[4]

• ***Provocar caos***	dejar trabajos o proyectos inconclusos en forma intencional
• ***Mentiras o medias verdades***	dar "razones" (excusas) por no haber cumplido sus compromisos
• ***Procrastinar***	opera con un sentido del tiempo singular e individual que le impiden cumplir las fechas límite, da la impresión de que le importa muy poco la forma en que afecta a los demás
• ***Tardanza crónica***	impone su control haciendo que los demás lo esperen
• ***Ambigüedad***	envía mensajes confusos, dejando a los demás dudando de lo que se dijo o quiso decirse
• ***Instruir***	da consejos no solicitados en forma continua
• ***Atención pasiva***	da la impresión de que escuchó y entendió sus ideas, pero las hace a un lado
• ***Protege y ayuda***	extiende su ayuda de tal modo que deja a los demás en deuda con él
• ***Artista del cambio***	cambia el tema y distrae la atención que considera amenazadores
• ***No da afirmación***	ejerce poder emocional evitando dar los halagos mínimos y felicitaciones merecidas
• ***No respeta los límites***	se aprovecha de los que ponen límites débiles o mal desarrollados

"Por el pecado de su boca, por la palabra de sus labios, sean ellos presos en su soberbia, y por la maldición y mentira que profieren. Acábalos con furor, acábalos, para que no sean; y sépase que Dios gobierna en Jacob hasta los fines de la tierra. (Salmos 59:12-13)

Tipos de rechazo emocionalmente abusivo

El rechazo es común a todos nosotros. Hemos sido rechazados por un posible empleador, por el capitán de un equipo que no nos escogió, por una persona que nos dio una cita, o por algún conocido que nos ignoró. Pero aunque hirieron nuestros sentimientos o nuestro ego, ese rechazo no duró mucho tiempo ni dejó cicatrices permanentes. Sin embargo, hay algunas clases de rechazo que pueden cortarnos como un cuchillo o asaetearnos como una flecha en el corazón.

"Porque en la boca de ellos no hay sinceridad; sus entrañas son maldad, sepulcro abierto es su garganta, con su lengua hablan lisonjas". (Salmos 5:9)

Ejemplos de rechazo abusivo abierto

- El padre que abandona a su familia.
- El padre que dice a su hijo: "Desearía que no hubieras nacido".
- El padre que dice a su hijo: "Eres una desgracia para la familia".
- La madre que dice a su hijo: "Eres igual que tu triste padre".
- El padre que dice a su hijo: "Ojalá fueras como tu hermano".
- El padre que dice a su hijo: "Nunca lograrás nada".
- El padre que dice a su hijo: "Fuiste un error... un accidente... yo quería que fueras niña".

Ejemplos de rechazo abusivo encubierto

- El padre que siempre exige más y hace demandas excesivas
- El padre que exige más de lo que el hijo puede dar
- El padre que retiene su amor
- El padre consentidor
- El padre sobreprotector
- El padre que se divorcia
- El padre que se suicida

¿Cuál es el costo del maltrato?

Siempre hay un precio que debe pagarse por el dolor... una pérdida que debe cubrir el que recibe las palabras abusivas y gestos amenazadores. A menudo ese costo no se ve... Es una privación interna y profunda que puede seguir dañando el alma por toda la vida.

"La lengua apacible es árbol de vida; mas la perversidad de ella es quebrantamiento de espíritu".
(Proverbios 15:4)

Las víctimas del maltrato pueden experimentar...

- pérdida de auto estima y dudas inacabables
- pérdida de confianza en sí mismo, inferioridad
- pérdida de auto percepción, excesiva auto crítica
- infelicidad, apatía emocional
- pérdida de libertad, demasiado sensible
- falta de paz interna, busca "la paz a toda costa"
- falta de seguridad, mayor ansiedad e inseguridad, deseos de escapar
- falta de identidad sexual, confusión
- falta de conciencia clara, excesiva culpa o vergüenza
- pérdida de amistades, aislamiento
- falta de fe, mayor temor
- pérdida de auto respeto, tendencia a la auto destrucción
- falta de optimismo, mayor pesimismo
- pérdida de orgullo, odio a sí mismo
- pérdida de esperanza, desesperación

Declaraciones equivocadas de las víctimas de abuso.

Revise si algunas de estas se aplican a usted:

- "Soy defectuoso".
- "Soy malo si me enojo".
- "Nunca daré el ancho".
- "Soy malo porque tengo necesidades".

- "Si soy bueno, me amarán".
- "Un mal amor es mejor que no tener ningún amor".
- "Soy una persona sin valor, nadie me ama".
- "Mis errores confirman que no valgo nada".
- "Necesito la aprobación de los demás para sentirme feliz".
- "Los sentimientos de los demás son más importantes que los míos".
- "Puesto que me rechazan los que amo, entonces no merezco ser amado".
- "Debo ser independiente porque no puedo confiar en nadie".
- "No dejaré que nadie se me acerque para que no me hieran otra vez".
- "Soy responsable del comportamiento y sentimientos de quienes me rodean".
- "Soy responsable de cambiar a otros cuando sea necesario".
- "Debo confiar en los que son más sabios y fuertes que yo".
- "Todo lo que hago está mal. No puedo hacer nada bien".
- "No me importa nada. La vida es decepcionante".
- "Lo que tú quieras me hace feliz".
- "No encuentro la salida".

Pregunta:

"¿Hay esperanza para los que han sido afectados por el abuso?"

Respuesta:

Para esas personas, Dios ofrece esperanza, la cual está en él. Empiece por aumentar su dependencia del Señor y busque consuelo en su sanidad.

"Bienaventurado aquel cuyo ayudador es el Dios de Jacob, cuya esperanza está en Jehová su Dios, el cual hizo los cielos y la tierra, el mar, y todo lo que en ellos hay; que guarda verdad para siempre". (Salmos 146:5-6)

"Cercano está Jehová a los quebrantados de corazón; y salva a los contritos de espíritu". (Salmos 34:18)

¿Producen buenos frutos sus relaciones?

¿Se encuentra usted en una relación abusiva? ¿Ha experimentando una dinámica enfermiza entre usted y alguien cercano a usted? Muchas personas no pueden definir si están en esa clase de relación porque el abuso ha "sido normal" por mucho tiempo. Si lo analiza con cuidado, usted puede evaluar si alguna de sus relaciones no es saludable observando la clase de fruto que produce, si es bueno o malo. Jesucristo dijo:

"No puede el buen árbol dar malos frutos, ni el árbol malo dar frutos buenos. Todo árbol que no da buen fruto, es cortado y echado en el fuego. Así que, por sus frutos los conoceréis". (Mateo 7:18-20)

La prueba del fruto

Para ayudarle a evaluar correctamente una relación con alguien cercano, resuelva "La prueba del fruto". A la izquierda de cada marca del "fruto" marque sí o no en relación con usted y a la derecha, marque sí o no para la otra persona.

Haga un círculo alrededor de S para sí y de N para no.

El fruto del espíritu abusivo

(lo que produce el pecado)

"Pero si os mordéis y os coméis unos a otros, mirad que también no os consumáis unos a otros. Y manifiestas son las obras de la carne, que son: ...enemistades, pleitos, celos, iras, contiendas, disensiones, herejías". (Gálatas 5:15,19-20)

Usted		El otro
S/N	**Morderse** Hablar con lengua afilada que hiere al corazón	S/N
S/N	**Comerse** Ser controlador como para destruir la identidad del otro	S/N
S/N	**Enemistades** Mostrar desprecio o enemistad hacia el otro	S/N
S/N	**Pleitos** Iniciar discusiones que provocan tensión y disgusto	S/N
S/N	**Celos** Ver a los otros como rivales y tratar de asilarlos posesivamente	S/N

S/N **Iras** S/N
Mostrar ira descontrolada

S/N **Contiendas** S/N
Tratar de satisfacer los deseos egoístas pasando sobre los demás

S/N **Disensiones** S/N
Estar en desacuerdo y mostrar desaprobación constantemente

S/N **Herejías** S/N
Causar divisiones con otros en vez de procurar la unidad

El fruto del Espíritu Santo

(lo que produce el Espíritu)

"Mas el fruto del Espíritu es amor, gozo, paz, paciencia, benignidad, bondad, fe, mansedumbre, templanza; contra tales cosas no hay ley".
(Gálatas 5:22-23)

Usted **El otro**

S/N **Amor** S/N
Tratar de hacer lo que mejor para la otra persona

S/N **Gozo** S/N
Vivir con una felicidad interior sin importar las circunstancias adversas

S/N **Paz** S/N
Mostrar tranquilidad aun en medio de las pruebas y tribulaciones

S/N **Paciencia** S/N
Soportar las dificultades con calma y sin quejarse

S/N **Benignidad** S/N
Expresar auténtica preocupación por otros y ayudarlos con un corazón benevolente

S/N **Bondad** S/N
Mostrar un carácter moral y virtudes
piadosas con un corazón puro

S/N **Fe** S/N
Mostrar lealtad a las relaciones
importantes y apropiadas

S/N **Mansedumbre** S/N
Tratar a los demás con respeto sincero y
mostrar una disposición pacificadora

S/N **Templanza** S/N
Ejercitar el dominio propio en vez
de la indisciplina

(Posteriormente pida a alguien cercano, que le hable con la verdad y que merezca su confianza para que le ayude a evaluar sus respuestas.)

La Biblia dice: *"Haced, pues, frutos dignos de arrepentimiento". (Lucas 3:8)*

CAUSAS DEL MALTRATO

"¿Cómo puede ser tan cruel?" "¿Cómo puede ella ser tan insensible?" "¿Cómo puede hablar de esa manera?" Estas son ***preguntas verdaderas*** que hacen las víctimas de los abusadores. Si entendemos las ***respuestas verdaderas*** obtendremos sabiduría y discernimiento para tratar nuestras relaciones.

"He aquí, tú amas la verdad en lo íntimo, y en lo
secreto me has hecho comprender sabiduría".
(Salmos 51:6)

¿Cuál es la tierra fértil para los abusadores?

¿Alguien le ha dicho que es usted abusivo(a)? Si la declaración es verdadera, ¿quiere cambiar? Para poder sanar de las heridas del pasado, usted necesita enfrentar el hecho de que ese pasado fue doloroso y tratar de entender el impacto que tuvo en sus relaciones pasadas y presentes. Usted puede decidir valientemente enfrentar las áreas de su vida que necesitan sanar, o puede negarse y permanecer como víctima del pasado... y haciendo de otros sus víctimas.

"Sáname, oh Jehová, y seré sano; sálvame,
y seré salvo; porque tú eres mi alabanza".
(Jeremías 17:14)

Los antecedentes de los abusadores

Evalúe su infancia:

- Experimentó algún tipo de maltrato por parte de uno o los dos padres.
- Siendo niño se sentía "diferente".
- Fue menospreciado y atacado por sus compañeros de clase.
- Embotellaba sus emociones.
- Aprendió la forma en que sus padres ejercían el control.
- No tuvo un lugar seguro para expresar sus sentimientos.
- Usted cree que lo que es normal para usted es "normal", pero no es así.
- Nunca resolvió sus sentimientos subyacentes de ira.
- Nunca desarrolló sensibilidad por los sentimientos de otros.

"Sentirse diferente" en la infancia

Generalmente, los abusadores se sienten ajenos. Creen que son diferentes en algunas de las siguientes áreas:

- demasiado bajo o alto
- demasiado gordo o delgado
- demasiado oscuro o blanco (el color de la piel)
- características físicas demasiado grandes (nariz, orejas, pies)
- características físicas indeseables (pecas, acné, dientes chuecos, color de pelo)
- poco atlético (torpe o sin coordinación)
- académicamente inferior (lento, o con desorden de falta de atención)
- en desventaja física (discapacitado, miope, sordo, dificultad para hablar)

"¿Y quién de vosotros podrá, por mucho que se
afane, añadir a su estatura un codo?"
(Mateo 6:27)

Influencias que predisponen a los niños para convertirse en abusadores

No todos los niños que sufren maltrato se convierten en abusadores; no obstante, ***la mayoría de éstos fueron maltratados en alguna ocasión de una forma u otra. Esto hace surgir la pregunta***: "¿Por qué algunos niños se convierten en abusadores y otros no?" Algunos factores predisponen a los niños a tomar determinadas decisiones en cuanto a cómo deben responder a sus experiencias. Lo que todos tienen en común es que su joven espíritu fue aplastado por alguna decepción. La Biblia dice:

"El corazón alegre hermosea el rostro; mas por el dolor del corazón el espíritu se abate".
(Proverbios 15:13)

- Temperamento
  - El niño es voluntarioso y decidido.
  - El niño muestra confianza en sí mismo y fuerza.
  - El niño carece de compasión o empatía por otros.
  - El niño ejerce poder y control sobre sus semejantes.
- Personalidad
  - El niño es agresivo e impulsivo.
  - El niño es competente y seguro de sí.
  - El niño tiene un ego exagerado y se cree con derecho a todo.
  - El niño es competitivo y domina las relaciones.
- Medio ambiente
  - El niño experimentó algún tipo de maltrato dentro del hogar.
  - El niño pasa demasiado tiempo viendo programas violentos de televisión y espectáculos que se caracterizan por el sarcasmo.
  - El niño llega a creer que portarse mal con otros es la mejor forma de auto protegerse.
  - El niño es incapaz de expresar su ira y frustración dentro del hogar en forma segura.

¿Por qué algunos se convierten en abusadores y otros no?

Todos los niños quedan marcados por el maltrato. Algunos toman la senda de sucumbir a y definir su personalidad por ése comportamiento. Otros toman el camino de elevarse por encima del maltrato y definen su personalidad usando otro grupo de valores diferente.

"En cuanto a las obras humanas, por la palabra de tus labios yo me he guardado de las sendas de los violentos. Sustenta mis pasos en tus caminos, para que mis pies no resbalen".
(Salmos 17:4-5)

Tres opciones a seguir

Muchas personas se preguntan *¿cómo pude aceptar tanto maltrato?* Tal vez no conozca la respuesta exacta por algún tiempo, pero debe saber que si sigue confiando su vida al Señor él dirigirá cada uno de sus pasos y usted saldrá vencedor(a).

#1 La senda de la ***victima***

— El hijo internaliza las experiencias de maltrato.
— El hijo(a) se culpa a sí mismo(a) por el abuso.
— El hijo piensa que merece el maltrato.
— En la edad adulta, el hijo busca a los abusadores que parecen fuertes.
— El hijo sigue siendo víctima del abuso.

#2 La senda del ***abusador***

— El hijo internaliza las experiencias de maltrato.
— El hijo culpa a otros por el abuso.
— El hijo cree que otros merecen el maltrato.
— El hijo busca personas débiles para aparentar fuerza.
— El hijo se convierte en abusador.

#3 La senda del ***vencedor***

— Inicialmente el hijo internaliza las experiencias de maltrato, pero posteriormente las externaliza.
— Al principio el hijo se culpa a sí mismo o a otros por el abuso, pero después perdona a los involucrados en el abuso, incluso a sí mismo.
— Al principio el hijo cree que merece el abuso o el control, pero después se convence de que merece relaciones amorosas y confiables.
— Al principio el hijo busca personas abusadoras o víctimas, pero después busca personas bien equilibradas.
— Inicialmente, el hijo permanece como víctima o se convierte en abusador, pero posteriormente rechaza ambos roles y sana emocionalmente.

"Fíate de Jehová de todo tu corazón, y no te apoyes en tu propia prudencia. Reconócelo en todos tus caminos, y él enderezará tus veredas".
(Proverbios 3:5-6)

Pregunta:

"¿Por qué permanecen en la relación de maltrato las personas que lo reciben?"

Respuesta:

Una de las razones principales es el temor. Isaías 21:4 dice: *"Se pasmó mi corazón, el horror me ha intimidado; la noche de mi deseo se me volvió en espanto"*. Provocar temor es un arma poderosa que se utiliza para controlar a otros. Una de las estrategias más eficaces para lograrlo es enviar mensajes despectivos como las amenazas verbales de hacer daño a la persona. Otra táctica es el abandono o retener el apoyo emocional. Sin embargo, el temor subyacente básico es que nuestras tres necesidades básicas de amor, reconocimiento y seguridad no serán cubiertas. Pero el Señor quiere que pasemos del temor a la fe y que confiemos en él para llenar nuestras necesidades más profundas.

"El temor del hombre pondrá lazo; mas el que confía en Jehová será exaltado. (Proverbios 29:25)

La raíz de las relaciones abusivas

En las relaciones saludables, las personas involucradas tienen un sentido claramente definido de su identidad. Adquiera un entendimiento correcto de quién es y del valor que Dios le ha dado. Sin esto, es difícil mantener relaciones funcionales y permanentes que edifican a todos los involucrados. Una relación no siempre es suave, pero puede proveernos un ambiente seguro y confiable donde no hay miedo a la intimidad y donde cada persona sabe cómo comunicar sus necesidades y deseos personales a los demás.

Las relaciones destructivas generalmente reflejan la incapacidad de entender y trabajar dentro de límites saludables. Puesto que los límites enfermizos casi siempre resultan de haber crecido en algún tipo de familia disfuncional, lo más seguro es que los hijos que crecen en ellas no podrán establecer límites saludables.

El dolor que causa que en la infancia no se cubran nuestras necesidades íntimas dadas por Dios de amor, reconocimiento y seguridad se acarrea a cada una de las relaciones subsecuentes donde esperamos, o insistimos que se llenen esas necesidades.

Creencia falsa de las víctimas:

"Soy responsable por la forma en que me tratan los demás. Merezco ser maltratado porque muy dentro de mí soy una mala persona. Por tanto, deben ocurrirme cosas malas. Si fuera una mejor persona, me tratarían mejor. No tengo otra opción que ser maltratado. Debo estar haciendo algo malo o nadie me trataría así. Si me esfuerzo más para hacer lo que se espera de mí, puedo mejorar las cosas. Si no, merezco ser infeliz".

Creencia correcta:

Me doy cuenta de que he vivido una mentira creyendo que soy culpable del maltrato y creyendo que obtendré la felicidad en una relación humana. Tengo otras alternativas para no seguir con la persona que me maltrata. No quiero tener una lealtad y expectativas falsas de que si cambio, el abuso se detendrá. Dejaré de vivir buscando la aprobación de otros y confiaré en el Señor para que llene mis necesidades íntimas porque mi valor y estima provienen de él, que me ama incondicionalmente. Sólo Dios puede llenar todas mis necesidades.

Creencia falsa de los abusadores:

"No soy responsable de la forma en que trato a los demás, ellos son los culpables. Si no me hicieran enojar, no los trataría mal. Ellos son los que deben cambiar, no yo. No hay nada malo conmigo; lo que pasa es que deben aceptarme como soy".

Creencia correcta:

Me doy cuenta que sí soy responsable por la forma en que reacciono. Nadie merece el abuso. No importa cómo actúen las personas conmigo, yo decido cómo reacciono con ellas. Dios me da la fuerza a través de su Espíritu Santo que mora en mí para tratar a todos con amor y respeto. No debo tratar de controlar a otros porque Dios tiene el control, y él es el único que puede cubrir mis necesidades más profundas.

"Mi Dios, pues, suplirá todo lo que os falta
conforme a sus riquezas en gloria en Cristo Jesús".
(Filipenses 4:19)

Pregunta:

"¿Cómo puedo superar el daño que sufrí en el pasado? ¿Por qué sigo repitiendo los mismos patrones destructivos en mis relaciones y cómo puedo cambiarlos?"

Respuesta:

A menudo, Dios permite las dificultades de la vida para despertar en nosotros la necesidad de entender nuestras actitudes y acciones personales y después hacernos responsables de ellas. Usted regresará a la misma dinámica relacional una y otra vez hasta que venza el pasado permitiendo que Dios lo instruya y produzca en usted una cosecha de paz y justicia.

"Y aquéllos, ciertamente por pocos días nos disciplinaban como a ellos les parecía, pero éste para lo que nos es provechoso, para que participemos de su santidad. Es verdad que ninguna disciplina al presente parece ser causa de gozo, sino de tristeza; pero después da fruto apacible de justicia a los que en ella han sido ejercitados". (Hebreos 12:10-11)

PASOS PARA ENCONTRAR LA SOLUCIÓN

Versículo clave para memorizar

"El amor no hace mal al prójimo; así que el cumplimiento de la ley es el amor".
(Romanos 13:10)

Pasaje clave para leer y meditar

Mateo 12:34-37

¿Alguna vez ha derramado un vaso de leche y visto cómo corre por encima de la mesa hasta llegar a la orilla y caer en el piso alfombrado? Tal vez le hubiera gustado detenerla y regresarla al vaso, pero se escurre entre sus dedos y no es posible detenerla. El resultado es que debe limpiar todo lo que se ensució. Tal vez pueda lavar la mesa y limpiar los residuos que cayeron en la alfombra, pero no puede hacer lo mismo con las palabras. Una vez que caen sobre una persona y dañan su alma y su relación, usted no puede recogerlas o limpiar los residuos. Su efecto puede permanecer para siempre, produciendo cicatrices dolorosas permanentes en el corazón de la otra persona. Dios escucha y juzga cada una de las palabras que salen de nuestra boca, pues éstas brotan del corazón.

> *"¡Generación de víboras! ¿Cómo podéis hablar lo bueno, siendo malos? Porque de la abundancia del corazón habla la boca. El hombre bueno, del buen tesoro del corazón saca buenas cosas; y el hombre malo, del mal tesoro saca malas cosas. Mas yo os digo que de toda palabra ociosa que hablen los hombres, de ella darán cuenta en el día del juicio. Porque por tus palabras serás justificado, y por tus palabras serás condenado".*
> *(Mateo 12:34-37)*

- Las palabras buenas no vienen de un corazón malvado.......................... v. 34
- Las palabras provienen de lo que hay en el corazón.............................. v. 34
- La justicia viene de la bondad almacenada en el corazón....................... v. 35
- Las obras de maldad están almacenadas en los malos. .... v. 35
- Las palabras dichas sin cuidado traerán condenación y nos pedirán cuentas de ellas en el día del juicio.................................... v. 36

¿Es éste el lenguaje del amor?

El abuso se da cuando una persona interactúa repetidamente con otra sin amor. El maltrato es una violación a lo que Dios dice acerca del amor por los demás. La mejor descripción del amor se encuentra en 1 Corintios capítulo 13, que a menudo se llama el capítulo del amor. Si usted duda de si está sufriendo violencia verbal, escriba las palabras exactas que le dicen y pregúntese...

- "¿Cómo me hacen sentir?"
- "¿Suenan como si fuera una conversación entre amigos?"
- "¿Hablaría Jesús de esa manera?"
- "Si yo dijera esas palabras, ¿cómo reaccionaría la otra persona?"

Compare las palabras que la otra persona emplea con 1 Corintios capítulo 13, que es el estándar divino.

> *"El amor es sufrido, es benigno; el amor no tiene envidia, el amor no es jactancioso, no se envanece; no hace nada indebido, no busca lo suyo, no se irrita, no guarda rencor; no se goza de la injusticia, mas se goza de la verdad. Todo lo sufre, todo lo cree, todo lo espera, todo lo soporta. El amor nunca deja de ser...".*
> *(1 Corintios 13:4-8)*

Inventario del lenguaje del amor

- **El amor es...** **¿Sí o No?**

— ***Paciente***—¿Fueron *impacientes* sus palabras? ________

— ***Benigno***—¿Fueron *ásperas* sus palabras? ________

- **El amor no**...

—***Se envanece***—¿Fueron *arrogantes* sus palabras? ________

—***Hace nada indebido***—¿Son sus palabras *irrespetuosas*? ________

— ***Busca lo suyo***—¿Sus palabras son *egoístas*? ________

— ***Se irrita***—¿Son *hostiles* estas palabras? ________

— ***Es envidioso***—¿Las palabras expresan *resentimiento*? ________

—***Es jactancioso***—¿Esas palabras son *presuntuosas*? ________

—***Se goza de la injusticia***—¿Son *maliciosas* las palabras? ________

- **El amor siempre**...

— ***Protege***—¿Esas palabras son de *ataque*? ________

— ***Confía***—¿Crean *dudas* sus palabras? ________

— ***Espera***—¿Esas palabras provocan *desesperación*? ________

— ***Persevera***—¿Esas palabras reducen la *motivación*? ________

- **El amor...**
  —***No guarda un registro de las ofensas***—¿Son sus palabras *ofensas guardadas*? ________
  —***Se goza de la verdad***—¿Son palabras *inexactas*? ________
  — ***Nunca deja de ser***—¿Son palabras que causan *derrota*? ________

¿Puede usted salir del maltrato verbal?

¿Hay esperanza para las relaciones verbalmente abusivas? Es claro que no hay polvos mágicos que eliminen esa forma de relación, pero trabajando duro y con consistencia, se pueden hacer progresos, cambios, y hasta alcanzar la victoria. Tal vez los que pretenden controlarlo(a) o dominarlo(a) con su bombardeo verbal no son tan fuertes y seguros de sí mismos como aparentan. Si muestran una ira desproporcionada hacia usted, admita que el problema no es de usted sino de ellos. La fuente de sus ataques es un corazón que sufre un déficit emocional que se originó en su pasado y en su decisión de responder a ese maltrato abusando de otros. Además, acepte que tal vez usted también viene acarreando ira no resuelta que magnifica el maltrato que actualmente sufre. Pida a Dios que le muestre cualquier raíz de amargura que se haya alojado en su corazón como resultado de la violencia del pasado y del presente.

"Mirad bien, no sea que alguno deje de alcanzar la gracia de Dios; que brotando alguna raíz de amargura, os estorbe, y por ella muchos sean contaminados".
(Hebreos 12:15)

LOS SIGUIENTES SIETE PASOS SON ESENCIALES PARA OBTENER LA VICTORIA

#1 Identifique el problema

- Decida identificar el maltrato verbal. La otra persona...
  —¿dice cosas diseñadas para hacerle sentir culpable?
  — ¿siempre aduce que tiene la razón?
  —¿le humilla en forma sarcástica o bromista?
  — ¿es su juez y jurado?
  — ¿trae cosas del pasado una y otra vez?
- Decida comunicar al abusador cuál es su posición.
- Decida que no volverá a tolerar el comportamiento abusivo.
- Decida resolver su propia ira del maltrato presente y pasado.

"Examíname, oh Dios, y conoce mi corazón; pruébame y conoce mis pensamientos; y ve si hay en mí camino de perversidad, y guíame en el camino eterno".
(Salmos 139:23-24)

#2 Entienda el origen del problema

- Reconozca que muchos abusadores verbales sufrieron lo mismo o bien, que sus padres los descuidaron en la infancia. (Sin embargo, algunos no recibieron maltrato, sino que adoptaron más tarde ese comportamiento.)
- Sepa que quienes usan el maltrato verbal carecen de sensibilidad y justifican su abuso.
- Admita que los brotes de ira descontrolados pueden deberse a la depresión, estrés, ansiedad, preocupación, o inseguridad.
- Acepte que ***usted no*** es la causa del maltrato (aunque le digan que usted lo provocó).

"El corazón del entendido adquiere sabiduría; y el oído de los sabios busca la ciencia".
(Proverbios 18:15)

#3 Enfrente el problema

- Comunique interés por la persona.
  — "Quiero que sepas que realmente me interesas".
- Comunique que su comportamiento le ha herido profundamente.
  — "Tu tono de voz me hiere profundamente cuando hablas así".
- Comunique su deseo de tener una relación positiva, pero insista en que no volverá a tolerar los ataques verbales.
  — "Quiero apoyarte, pero no toleraré que me maltrates verbalmente".
- Comunique la verdad sin condenar.
  — "Deseo que continúe nuestra relación, pero si sigues humillándome, sabré que no me valoras y me alejaré de ti".

"El sabio de corazón es llamado prudente, y la dulzura de labios aumenta el saber".
(Proverbios 16:21)

#4 Hágase responsable de usted mismo

- Procure no ser agresivo(a)
- No se aísle ni se enconche.
- Resístase a cumplir con el conocido papel de "víctima-mártir".
- Resístase a tomar venganza.

"No paguéis a nadie mal por mal; procurad lo bueno delante de todos los hombres. Si es posible, en cuanto dependa de vosotros, estad en paz con todos los hombres".
(Romanos 12:17-18)

#5 Vea a la persona abusiva desde la perspectiva de Dios

- Considere que Cristo también murió por ella.
- Véala como alguien a quien Dios le ha dado un valor.
- Piense que esa persona es capaz de ser cambiada por Cristo.
- Considere que esa persona también tiene necesidades legítimas dadas por Dios y que él quiere satisfacerlas.

"Mi Dios, pues, suplirá todo lo que os falta conforme a sus riquezas en gloria en Cristo Jesús".
(Filipenses 4:19)

#6 Muestre su amor incondicional

- El amor no es un sentimiento, sino un compromiso de hacer lo que conviene.
- El amor trata de llenar las necesidades del otro.
- El amor busca el bien del otro.
- El amor dice: "Nuestra relación me importa tanto, que estoy dispuesto(a) a trabajar para convertirla en algo positivo".

"El odio despierta rencillas; pero el amor cubrirá todas las faltas".
(Proverbios 10:12)

#7 Practique una vida de oración intensa

- Recuerde que Dios los ama mucho más de lo que ustedes se aman.
- Recuerde que la oración es la senda más segura para llegar a la sanidad y plenitud.
- Recuerde que debe pedir por la salud tanto de usted como del abusador.
- Recuerde agradecer a Dios por todo lo que le está enseñando durante este tiempo de aflicción.

"Orad sin cesar. Dad gracias en todo, porque esta es la voluntad de Dios para con vosotros en Cristo Jesús".
(1 Tesalonicenses 5:17-18)

¿Cómo enfrentar y resistir a una persona emocionalmente abusiva?

Aunque las víctimas del maltrato verbal y emocional generalmente se sienten inferiores e incapaces de detener la relación abusiva, a menudo se requiere una confrontación apropiada para resolverlo. Ignorar la situación no hará que desaparezca. Los buenos deseos tampoco la mejoran. Es peligrosamente erróneo creer que la lealtad significa aguantar sin hacer nada. Cuando se señala al violento que sus palabras y acciones son inaceptables e intolerables, se pone la base para el cambio. Éste vendrá lentamente y sin duda el abusador opondrá mucha resistencia. Cuando la meta es el poder y está en juego el control, un abusador no arrepentido cambiará constantemente de tácticas tratando de evitar cada límite que se le ponga y buscará la forma de manipular al otro. Permanecer en silencio en esa clase de relación no es amor, sino temor... y éste hace más daño que bien.[5]

"Mejor es reprensión manifiesta que amor oculto".
(Proverbios 27:5)

Comience a educarse a sí mismo(a)

- La violencia emocional puede durar muchos años antes de que la víctima se dé cuenta de la difícil dinámica de su relación.
- Los abusadores pueden ser calculadores y su comportamiento puede ser deliberado, diseñado para conservar el control.
- Una vez que usted abra los ojos a las tácticas del violento, se disipará gran parte de su desánimo. (Sólo entonces podrá usted establecer una relación más equilibrada.)

"Oirá el sabio, y aumentará el saber, y el
entendido adquirirá consejo".
(Proverbios 1:5)

Ponga límites[6]

- Comuníquele que no aceptará que le falte al respeto.
  — "Siento que no me respetas por la forma en que me tratas. No seguiré aquí si sigues haciéndolo".
- Especifique cuál es el comportamiento aceptable.
  — "No seguiré hablando si sigues interrumpiéndome".
- Rehúsese a aceptar excusas y razonamientos para justificar el comportamiento desconsiderado.
  — Si la otra persona dice: "No era mi intención venir tan tarde; es que llegaron unas personas que necesitaba ver". Usted diga: "Eso no hace más aceptable lo que hiciste, porque pudiste telefonearme. De ahora en adelante, a menos que me llames, seguiré mis planes sin ti".

"Hay hombres cuyas palabras son como golpes de espada;
mas la lengua de los sabios es medicina"
(Proverbios 12:18)

Aproveche el momento

- Hable tan pronto como el otro trate de cambiar el tema o torcer sus palabras diciendo que significan algo distinto a lo que usted dijo.

  — "Acabas de cambiar el sentido de mis palabras. No dije eso. Lo que dije fue... ¿estás escuchando lo que dije?"

- Cuando responda con algo absurdo, repítalo de nuevo.

  — "¿Dices que ____? ¿Es esto correcto?"

- Guarde la calma. Lo que el abusador busca es una reacción fuerte de parte de usted.

  — "¿Podemos discutir esto en otra ocasión? Si quieres que continuemos ahora, debes controlarte".

"El que ahorra sus palabras tiene sabiduría; de espíritu prudente es el hombre entendido".
(Proverbios 17:27)

Trate de que exprese su hostilidad

- Admita que su ira es válida.

  — "Siento que estás muy enojado(a)".

- Confirme que es bueno sentir ira. (Nunca trate de bromear cuando está enojado(a).)

  — "En ocasiones, se justifica el enojo".

- La persona puede necesitar ayuda para reconocer el origen de su ira, pero no trate de psicoanalizarla.

  — Pregunte: "¿Que te hizo enojar?"

"Como aguas profundas es el consejo en el corazón del hombre; mas el hombre entendido lo alcanzará".
(Proverbios 20:5)

Suavice el proceso de confrontación

- Confronte el comportamiento, no a la persona.

  — "Te amo, pero no me agrada lo que estás haciendo. ¿Qué puedo hacer para ayudarte a dejar de __________?"

- Evite las amenazas, el sarcasmo, la hostilidad, los desprecios y la crítica de sus intenciones.

  — "Si estás enojado(a) conmigo, dímelo y ayúdame a entender por qué. Pero por favor, deja de portarte así".

- Si no recibe una respuesta clara, directa y concisa a la pregunta, vuelva a preguntar respetuosamente.
  - "Déjame preguntarte otra vez... ¿por qué me dijiste que ibas a venir a la ceremonia pero no lo hiciste?"

"Con toda humildad y mansedumbre, soportándoos con paciencia los unos a los otros en amor, solícitos en guardar la unidad del Espíritu en el vínculo de la paz".
(Efesios 4:2-3)

Manténgase en el presente

- Enfóquese en el tema que los ocupa.
- No traiga a colación problemas pasados.
- No permita que la otra persona le haga salirse del tema.

"Tus ojos miren lo recto, y diríjanse tus párpados hacia lo que tienes delante. Examina la senda de tus pies, y todos tus caminos sean rectos. No te desvíes a la derecha ni a la izquierda; aparta tu pie del mal".
(Proverbios 4:25-27)

Elimine las expectativas irreales

- No ponga su esperanza en que el abusador va a cambiar, confíe en la suficiencia divina.
- Esté consciente de que usted no puede hacer que él cambie. No importa lo que haga, cuán fuerte trate, o cuán buena sea como persona.
- Admita que el cambio sólo ocurrirá después de que el violento acepte que tiene un problema y reciba la ayuda y apoyo que necesita para dejar su comportamiento.

"Si decimos que no tenemos pecado, nos engañamos a nosotros mismos, y la verdad no está en nosotros. Si confesamos nuestros pecados, él es fiel y justo para perdonar nuestros pecados, y limpiarnos de toda maldad".
(1 Juan 1:8-9)

Refuerce su relación con Dios

- Primero pida al Señor discernimiento para entender su relación.
  - Pídale que le dé sabiduría, percepción y dirección mientras trata de honrarlo en todas sus relaciones.
- Ore con las Escrituras para renovar su mente y dejar de vivir como una víctima.

- — Participe en un estudio bíblico, memorice y repase todos los días versículos bíblicos que enfaticen su valía personal y la autoridad que tiene como persona que es templo del Espíritu Santo.

- Viva dependiendo de Cristo que vive en usted.
  - — No trate de vivir con sus fuerzas. Varias veces al día preséntese delante de Dios y acepte su total dependencia de sus recursos.

"Como todas las cosas que pertenecen a la vida y a la piedad nos han sido dadas por su divino poder, mediante el conocimiento de aquel que nos llamó por su gloria y excelencia, por medio de las cuales nos ha dado preciosas y grandísimas promesas, para que por ellas llegaseis a ser participantes de la naturaleza divina, habiendo huido de la corrupción que hay en el mundo a causa de la concupiscencia".
(2 Pedro 1:3-4)

¿Cómo se ponen límites personales?

Todos los países han establecido líneas geográficas y algunos las protegen ejerciendo un control estricto sobre las personas que entran y salen de ellos. Además, establecen leyes que aplican a todos los que viven o viajan dentro de sus fronteras. ¡La gente también necesita límites! Por supuesto que no se guardan con barreras, soldados y armas, pero Dios quiere que establezcamos límites personales en nuestras relaciones para proteger nuestra salud emocional y el tesoro que él ha puesto en nosotros. Debemos proteger estrictamente el acceso a nuestra mente y corazón.[7]

¿Ha sentido que con frecuencia alguien se aprovecha de usted? ¿Esa persona espera que usted llene todas sus necesidades? ¿Espera que le ayude, pero después no le ayuda cuando usted la necesita? ¿Hay alguien que se aprovecha de usted en el trabajo amontonando en su escritorio tareas prioritarias una sobre otra? ¿Se siente manipulado(a) por las mentiras, medias verdades, procrastinación y tardanza de alguien? Estos son ejemplos de su ***falta de poner límites emocionales.*** Y cuando estos hechos ocurren con frecuencia, no le permiten la libertad de servir a Dios y ser todo lo que él quiere que usted sea. Aprenda a ***marcar la línea*** con la gente que quiere traspasar sus límites y esclavizarlo(a).[8]

"Estad, pues, firmes en la libertad con que Cristo nos hizo libres, y no estéis otra vez sujetos al yugo de esclavitud".
(Gálatas 5:1)

Primer paso: Ponga límites alrededor de su corazón.

Tenga cuidado dónde y en quién invierte sus emociones. Ponga límites firmes alrededor de las cosas en que usted ha invertido emocionalmente. Si entrega completamente su corazón, le hará tropezar y cambiar a Dios por otra persona.

"Sobre toda cosa guardada, guarda tu corazón; porque de él mana la vida". (Proverbios 4:23)

Segundo paso: Aprenda a decir que no

Las personas que fallan al poner límites no están en contacto con sus sentimientos verdaderos... o si lo están, no creen que tienen derecho a decir que no. No escuche las mentiras que le dicen que es egoísta o indiferente cuando se rehúsa a cumplir los deseos de otra persona. Jesucristo mismo puso límites cuando estuvo en la tierra y dijo "no" a muchas personas, incluyendo a sus discípulos. Él sabía que el "no" era necesario para él y para ellos. Él dijo:

"Pero sea vuestro hablar: Sí, sí; no, no; porque lo que es más de esto, de mal procede". (Mateo 5:37)

Tercer paso: Haga valer sus derechos con firmeza.

Las personas inseguras se beneficiarían mucho tomando clases de cómo afirmar sus derechos. El comportamiento inseguro permite a otros violar sus derechos como persona y su comportamiento es una invitación para que los infrinjan. La razón clásica por la que algunos no afirman sus derechos es para evitar cualquier conflicto, pero las consecuencias son los sentimientos heridos profundamente y una autodevaluación muy perniciosa. Pero usted puede defenderse con firmeza en una forma respetuosa y apropiada siguiendo las instrucciones dadas por Jesucristo:

"Por tanto, si tu hermano peca contra ti, ve y repréndele estando tú y él solos; si te oyere, has ganado a tu hermano". (Mateo 18:15)

ENTRENAMIENTO PARA HACER VALER SUS DERECHOS

Formas de enviar su mensaje en forma objetiva sin despertar ira[9]

"CUANDO YO..."

Sin juzgar, describa un comportamiento específico de la otra persona que viola uno de sus límites personales.

— "Cuando me dices que has invitado a varias personas a cenar sin avisarme, me sacas de balance".

"EL RESULTADO ES..."

Describa específicamente cómo le afecta el comportamiento de esa persona. Evite decir: "Tú me haces..."

— "No habrá suficiente comida lista".

— "Me siento..." Describa cómo se siente.

— "Me siento apenada, mal preparada e inadecuada y siento que se aprovechan de mí".

"ME GUSTARÍA ... "

Describa lo que le gustaría oír o que sucediera.

— "Quiero agradarte sirviendo (a tus amigos o colegas de trabajo), pero necesito que me llames y me des suficiente tiempo para prepararme correctamente".

Cuarto paso: ¡Ponga límites!

Cada uno tiene límites personales, emocionales y físicos que no deben traspasarse. ¿Conoce usted sus límites específicos? ¿Sabe cómo responder cuando han sido invadidos? ¿Sabe cómo reaccionar cuando esto sucede? ¿Sabe dónde marcar la línea? Para ayudarle a identificar sus límites, ponga atención cuando siente emociones intensas, depresión, vergüenza o culpa como resultado de lo que alguien le dijo o hizo... seguramente ha invadido sus límites. Las siguientes reacciones le ayudarán a educar a las personas que ***están invadiendo sus límites*** verbal y emocionalmente.

"Fieles son las heridas del que ama; pero importunos los besos del que aborrece". (Proverbios 27:6)

- ***Informe:*** "Date cuenta que estás hablando demasiado alto".
  "¿Sabes cómo suenan tus palabras?"
  "¿Sabes que estás diciendo cosas que me hacen sentir mal?"
- ***Identifique***: "Por favor, baja la voz".
  "Por favor, no uses esa clase de lenguaje".
  "Explícame por qué estás tan enojado(a)".
- ***Implore:*** "Necesito que dejes de hablar así".
  "Necesito que suspendas tus brotes de ira".
  "Necesito que dejes de herirme así".
- ***Insista:*** "Deja de hablarme en ese tono"
  "Tendrás que cambiar la forma en que me hablas".
  "No puedes seguir hiriéndome así".
- ***Instruya:*** "No permitiré que me sigas lastimando".
  "No dejaré que me sigas hablando así".
  "No toleraré ese tono de voz en mi presencia".
- ***Invite:*** "Estoy dispuesto(a) a resolver esto cuando seas más razonable".
  "Me interesas tú y nuestra relación, pero debes cambiar tu forma de comunicarte conmigo".

"Estoy dispuesto(a) a acudir con un consejero si tú quieres".

- ***Impacte:*** "Ahora mismo me retiro para protegerme".

  "Debido a que tu comportamiento es inaceptable, me voy a distanciar por un tiempo".

  "Si sigues portándote así, voy a analizar cuál es la mejor opción para nuestra relación".

Quinto paso: Aprópiese de la voluntad de Dios para su vida.

Algunas personas pueden hacerle sentir que ha sido tragado(a) por una personalidad fuerte y controladora. Cierre la puerta al temor de no complacer a los demás cuando establezca sus límites. Redefina su propia identidad procurando cada día vivir conforme a la voluntad de Dios.

"Pues no habéis recibido el espíritu de esclavitud para estar otra vez en temor, sino que habéis recibido el espíritu de adopción, por el cual clamamos: ¡Abba, Padre!" (Romanos 8:15)

La voluntad de Dios para usted es...

- El deseo de Dios es que lo traten respetuosamente.

  "Honrad a todos. Amad a los hermanos. Temed a Dios. Honrad al rey". (1 Pedro 2:17)

- La voluntad divina es que lo escuchen y tomen en serio.

  "Por esto, mis amados hermanos, todo hombre sea pronto para oír, tardo para hablar, tardo para airarse". (Santiago 1:19)

- Dios desea que usted exprese su ira apropiadamente y que la que se expresa contra usted también sea adecuada.

  "Airaos, pero no pequéis; no se ponga el sol sobre vuestro enojo". (Efesios 4:26)

- El deseo de Dios es que usted participe y se beneficie de la sumisión mutua.

  "Someteos unos a otros en el temor de Dios". (Efesios 5:21)

- La voluntad divina es que usted hable la verdad que hay en su corazón y que los otros hagan lo mismo.

  "Por lo cual, desechando la mentira, hablad verdad cada uno con su prójimo; porque somos miembros los unos de los otros". (Efesios 4:25)

- El deseo de Dios es permitir que usted cometa errores y asuma la responsabilidad de ellos y que otros también acepten su responsabilidad. El apóstol Pablo dijo:

"No que lo haya alcanzado ya, ni que ya sea perfecto; sino que prosigo, por ver si logro asir aquello para lo cual fui también asido por Cristo Jesús". (Filipenses 3:12)

- El Señor desea que usted diga "no" sin sentirse culpable.

  "Enseñándonos que, renunciando a la impiedad y a los deseos mundanos, vivamos en este siglo sobria, justa y piadosamente". (Tito 2:12)

- La voluntad de Dios es que usted deseche todo lo que viola su conciencia.

  "De esta manera, pues, pecando contra los hermanos e hiriendo su débil conciencia, contra Cristo pecáis". (1 Corintios 8:12)

- El Señor desea que usted dé y reciba sólo reprensiones justas.

  "El que reprende al hombre, hallará después mayor gracia que el que lisonjea con la lengua". (Proverbios 28:23)

- La voluntad divina es que usted apele a las autoridades superiores si es necesario. Cuando fue difamado por los líderes judíos, el apóstol Pablo dijo"

  "Porque si algún agravio, o cosa alguna digna de muerte he hecho, no rehúso morir; pero si nada hay de las cosas de que éstos me acusan, nadie puede entregarme a ellos. A César apelo". (Hechos 25:11)

- Dios desea que usted se retire de una situación de maltrato.

  "No te entremetas con el iracundo, ni te acompañes con el hombre de enojos". (Proverbios 22:24)

- La voluntad divina es que usted busque apoyo emocional y moral de otros.

  "No dejando de congregarnos, como algunos tienen por costumbre, sino exhortándonos; y tanto más, cuanto veis que aquel día se acerca". (Hebreos 10:25)

Cómo cambiar el curso de una relación de maltrato

El cambio siempre es tanto el subproducto como la meta de la obra del Espíritu Santo en el creyente. La Biblia llama a esto "transformación" y es el resultado que se espera de todos los cristianos que andan en la fe de Jesucristo. El plan de Dios para sus hijos es que nos conformemos a la imagen de su Hijo... que adoptemos las cualidades de su carácter y lo representemos correctamente en el mundo. De esa forma, "glorificamos a nuestro Padre celestial".

"Porque el Señor es el Espíritu; y donde está el Espíritu del Señor, allí hay libertad. Por tanto, nosotros todos, mirando a cara descubierta como en un espejo la gloria del Señor, somos transformados de gloria en gloria en la misma imagen, como por el Espíritu del Señor". (2 Corintios 3:17-18)

- ***El arrepentimiento* requiere que cambiemos nuestra mentalidad.**

  —Los pensamientos nos mantienen cautivos a nuestros patrones de conducta y hábitos equivocados.

  "Antes bien renunciamos a lo oculto y vergonzoso, no andando con astucia, ni adulterando la palabra de Dios, sino por la manifestación de la verdad recomendándonos a toda conciencia humana delante de Dios". (2 Corintios 4:2)

- **La *obediencia* significa un cambio en nuestras acciones.**

  —Una mente transformada producirá nuevas acciones y comportamiento.

  "Y este es el amor, que andemos según sus mandamientos. Este es el mandamiento: que andéis en amor, como vosotros habéis oído desde el principio". (2 Juan 6)

- **Cambie su actitud. Esto es lo que significa *conformarse al mandato de Dios*.**

  —Adopte las actitudes de gozo, gratitud y deseo de conformarse al plan de Dios.

  "La palabra de Cristo more en abundancia en vosotros, enseñándoos y exhortándoos unos a otros en toda sabiduría, cantando con gracia en vuestros corazones al Señor con salmos e himnos y cánticos espirituales. Y todo lo que hacéis, sea de palabra o de hecho, hacedlo todo en el nombre del Señor Jesús, dando gracias a Dios Padre por medio de él". (Colosenses 3:16-17)

- **Cambie sus sentimientos. Esto significa *perdonar*.**

  —A menudo, los sentimientos surgen como resultado de las acciones, así que analice los pecados que otros han cometido contra usted desde la perspectiva divina y confíe en el Señor para hacer justicia mientras usted perdona.

  "Porque si perdonáis a los hombres sus ofensas, os perdonará también a vosotros vuestro Padre celestial; mas si no perdonáis a los hombres sus ofensas, tampoco vuestro Padre os perdonará vuestras ofensas". (Mateo 6:14-15)

- **Cambie sus palabras. Esto significa *confesar*.**

  —Las palabras tienen el poder de cambiar la situación o la forma en que usted la percibe, lo cual hará un cambio en usted.

  "Porque: El que quiere amar la vida y ver días buenos, refrene su lengua de mal, y sus labios no hablen engaño; apártese del mal, y haga el bien; busque la paz, y sígala". (1 Pedro 3:10-11)

- **Cambie sus pensamientos. Esto significa *renovarse*.**

  —Desarrolle la habilidad de pensar y hablar acerca de su situación desde la perspectiva de Dios.

"No os conforméis a este siglo, sino transformaos por medio de la renovación de vuestro entendimiento, para que comprobéis cuál sea la buena voluntad de Dios, agradable y perfecta". (Romanos 12:2)

Cómo sanar el corazón herido

Nadie puede escapar del dolor de un corazón herido. En el idioma hebreo, el significado de la expresión que se traduce como "corazón quebrantado" literalmente significa "destrozado". Y nadie puede vivir mucho tiempo en este mundo caído sin experimentarlo, así como el dolor que le acompaña. Algunos nunca sanan de su corazón herido porque evaden resolver el dolor bloqueándolo, negándolo, o "embotellando" los recuerdos. Pero la senda que el Señor ha preparado curará sus heridas más profundas si usted le permite entrar en la parte más íntima de su corazón, donde él puede ungir con su bálsamo sanador todo su ser... espíritu, alma y cuerpo.

"Él sana a los quebrantados de corazón, y venda sus heridas". (Salmos 147:3)

- Entregue su corazón al Señor y deje que él sea su Libertador.
  - —Reconozca su incapacidad para sanarse a sí mismo y acepte el hecho de que Dios es la fuente de todo crecimiento y sanidad.
  - —Reconozca que el maltrato que ha sufrido tal vez modificó su química cerebral y le ha provocado problemas físicos.
  - —Pida a Dios que sane su dolor del pasado y consuele a su alma a medida que encuentra su refugio en él y toma de su fuerza.

  "Jehová, roca mía y castillo mío, y mi libertador; Dios mío, fortaleza mía, en él confiaré; mi escudo, y la fuerza de mi salvación, mi alto refugio". (Salmos 18:2)

- Acepte que nunca estará a solas.
  - —Admita que todos experimentamos soledad y dolor, son parte de nuestro diario andar.
  - —Continuamente agradezca al Señor porque está con usted siempre.
  - —Forme una red de amigos que se interesen en usted y que lo apoyen tanto espiritual como emocionalmente.

  "Ciertamente yo, como ausente en cuerpo, pero presente en espíritu, ya como presente he juzgado al que tal cosa ha hecho". (1 Corintios 5:3)

- Atienda sus necesidades emocionales legítimas.
  - —Entienda que Dios le ha dado tres necesidades, la de ser amado, ser reconocido y sentirse seguro.

— Reconozca que una estima personal saludable viene de verse como Dios lo ve.

— Acepte que Dios nunca retiene su amor por usted, aunque usted nunca haya sentido el amor de sus padres o cónyuge.

"Pero tú eres Dios que perdonas, clemente y piadoso, tardo para la ira, y grande en misericordia, porque no los abandonaste". (Nehemías 9:17b)

- Ponga atención a sus sentimientos y percepciones.

— Vea el maltrato como lo que es... ¡es maltrato!

— Reconozca que no se ha vuelto loco(a).

— Si siente que le han maltratado, reconozca que lo sucedido es inaceptable.

"Y conoceréis la verdad, y la verdad os hará libres". (Juan 8:32)

- Aclare su mente de cualquier confusión

— Acepte que ha sido la víctima de mensajes confusos y mezclados.

— Busque la ayuda de una persona segura y confiable para que le ayude a entender las palabras confusas y a distinguir entre la verdad y la mentira.

— Rehúsese a aceptar la culpa si el abusador trata de confundirlo diciendo que usted la tiene o si contradice lo que usted está diciendo.

"...mas el que os perturba llevará la sentencia, quienquiera que sea". (Gálatas 5:10b)

- Reconozca sus emociones negativas.

— Haga una lista de todas ellas, tales como ira, amargura, falta de perdón, odio o venganza.

— Sea honesto(a) con Dios acerca de ellas. Él sabe que usted las siente y entiende por qué.

— Pida a Dios que le limpie de sus actitudes enfermizas y negativas.

"Purifícame con hisopo, y seré limpio; Lávame, y seré más blanco que la nieve". (Salmos 51:7)

- Perdone a su ofensor.

— Haga una lista de cada ofensa cometida contra usted por cada uno de sus ofensores.

— Deposite cada ofensa y el dolor que le ocasionó en las manos de Dios.

— Decida voluntariamente entregar a Dios a cada ofensor para que él los juzgue.

"Soportándoos unos a otros, y perdonándoos unos a otros si alguno tuviere queja contra otro. De la manera que Cristo os perdonó, así también hacedlo vosotros". (Colosenses 3:13)

- Dése la libertad de pasar por el luto.
  —Escriba las pérdidas que ha tenido en su vida.
  — Permítase un tiempo de luto. Llore a solas o con un amigo(a).
  — Escriba la palabra "terminado" al lado de cada recuerdo doloroso.

  "Todo tiene su tiempo, y todo lo que se quiere debajo del cielo tiene su hora. Tiempo de llorar, y tiempo de reír; tiempo de endechar, y tiempo de bailar". (Eclesiastés 3:1,4)

- Acepte que la sanidad es un proceso... no un evento único.
  — Rehúsese a buscar soluciones rápidas y sin dolor.
  — Desarrolle una mejor comprensión de cuáles son las actividades que promueven la sanidad.
  — Aumente su paciencia a medida que inicia el proceso de sanidad.

  "Hermanos míos, tomad como ejemplo de aflicción y de paciencia a los profetas que hablaron en nombre del Señor. He aquí, tenemos por bienaventurados a los que sufren. Habéis oído de la paciencia de Job, y habéis visto el fin del Señor, que el Señor es muy misericordioso y compasivo". (Santiago 5:10-11)

- Desarrolle un ministerio para ayudar a otros a sanar.
  — Pida a Dios que le dé un corazón compasivo y sensible hacia los que han experimentado el maltrato.
  — Esté preparado para compartir su experiencia cuando Dios ponga a otras víctimas en su camino.
  — Pida a Dios que le llene con un deseo apasionado de consolar a otros compartiendo su sanidad con ellos.

  "Bendito sea el Dios y Padre de nuestro Señor Jesucristo, Padre de misericordias y Dios de toda consolación, el cual nos consuela en todas nuestras tribulaciones, para que podamos también nosotros consolar a los que están en cualquier tribulación, por medio de la consolación con que nosotros somos consolados por Dios". (2 Corintios 1:3-4)

Pasos para la recuperación de las víctimas de maltrato

La recuperación o sanidad es un proceso que se lleva a cabo con el tiempo y es resultado del trabajo duro y productivo. Casi nunca se logra en un momento o en una experiencia única. Todas las reflexiones prácticas y soluciones que se sugieren para obtener la recuperación se pueden resumir en nueve pasos que se ilustran con las siguientes declaraciones.

Primer paso:

"Reconozco que soy impotente para sanar mis emociones heridas provocadas por el maltrato y me dirijo a Dios para que me dé el poder de alcanzar la plenitud en él".

Segundo paso:

"Reconozco que el plan de Dios para mi vida incluye la victoria sobre la experiencia que tuve con el maltrato".

Tercer paso:

"La persona que me maltrató es responsable de los actos que cometió contra mí y por las palabras que pronunció. No aceptaré la culpa falsa y la vergüenza que me han provocado esos actos y palabras".

Cuarto paso:

"Descanso en Dios y su palabra para encontrar mi identidad como un ser humano valioso y amado".

Quinto paso:

"Estoy compartiendo mis sentimientos honestamente con Dios y cuando menos con otra persona mientras trato de identificar las áreas donde necesito ser limpiado y sanado".

Sexto paso:

"Acepto la responsabilidad de mis reacciones al abuso".

Séptimo paso:

"Estoy dispuesto(a) a aceptar la ayuda de Dios para tomar la decisión de perdonarme y a aquellos que me ofendieron. Confiaré en él para que realice el proceso en mí".

Octavo paso:

"Estoy dispuesto(a) a madurar en mi relación con Dios y los demás".

Noveno paso:

"Estoy dispuesto(a) a ser usado(a) por Dios como instrumento de su sanidad y restauración en la vida de otros".

"Has cambiado mi lamento en baile; desataste mi cilicio, y me ceñiste de alegría. Por tanto, a ti cantaré, gloria mía, y no estaré callado. Jehová Dios mío, te alabaré para siempre".
(Salmos 30:11-12)

Restauración del abusador

¿Alguna vez ha tratado de hablar de su dolor con el ser amado que lo(a) ha lastimado, pero no vio ninguna señal de que en verdad escuchó su queja? Tal vez sus muchos ruegos por recibir alguna compasión, comprensión o hasta reconocimiento han sido infructuosos porque el abusador simplemente no hace caso. Cuando hemos sido tratados con crueldad en la infancia, levantamos una coraza externa que nos impide expresar nuestras emociones o sensibilidad. Y si no tenemos empatía, somos insensibles al dolor emocional de los demás.[10]

¿Quién puede traspasar el duro muro defensivo que el abusador ha levantado para defenderse?

"¡Miserable de mí! ¿quién me librará de este cuerpo de muerte? Gracias doy a Dios, por Jesucristo Señor nuestro. Así que, yo mismo con la mente sirvo a la ley de Dios, mas con la carne a la ley del pecado".
(Romanos 7:24-25)

Para que se dé el cambio y sane la relación, será indispensable que Dios realice su obra soberana y amorosa en el corazón del abusador. Pero esa persona debe estar dispuesta a cumplir ciertos requisitos.

- Se requiere honestidad de su parte.
  - —¿Sabía que muchos abusadores ni siquiera tienen idea de su mal comportamiento? ¿Será posible que usted haya sido un maltratador sin saberlo?
  - —¿Está dispuesto(a) a considerar que se ha separado de sus propias emociones porque las ha embotellado por largo tiempo?
  - —¿Acepta usted que siempre trata de culpar a otras personas y cree que siempre tiene la razón?
  - —¿Admitiría que puede estar negando la seriedad de su conducta?

"El que habla verdad declara justicia; mas el testigo mentiroso, engaño".
(Proverbios 12:17)

Prueba de honestidad

☐ ¿Le ha dicho alguno de sus seres queridos que es usted emocionalmente insensible e indiferente?

☐ ¿Le ha dicho alguien cercano que su comportamiento es abusivo e irrazonable?

☐ ¿Le han dicho sus allegados que es más amable delante de otros que cuando esta a solas con ellos?

☐ ¿Le han dicho que usted tiende a exagerar sus reacciones?

☐ ¿Evita usted responder a las preguntas que no le agradan?

☐ ¿Se enoja cuando le hacen preguntas que no le agradan?

☐ ¿Se niega a aceptar su comportamiento negativo del pasado?

☐ ¿Se considera de mecha corta y que fácilmente se inflama de ira?

☐ ¿Ha pensado que sus interacciones personales son destructivas?

☐ ¿Ha tenido en el pasado varias relaciones fallidas e irresueltas?

Si respondió que *sí* a cuando menos tres de las anteriores preguntas, hay bastantes posibilidades de que usted esté maltratando a alguien.

"Peso y balanzas justas son de Jehová; obra suya son todas las pesas de la bolsa".
(Proverbios 16:11

- Propóngase cambiar por sobre todas las cosas.

  "Examíname, oh Dios, y conoce mi corazón; pruébame y conoce mis pensamientos". (Salmos 139:23)

Los *síes* y *noes* de aceptar la responsabilidad

No justifique su comportamiento. ("Me descontrolé por culpa del alcohol".)

No descargue su ira no resuelta en otra persona. (La ira que se embotella necesita resolverse y disiparse, no derramarse.)

No diga: "Tú tienes la culpa de mi enojo".

No diga: "¡Nunca te doy gusto!"

No diga: "Después de todo lo que hago por ti, nada te gusta".

No use declaraciones ásperas, humillantes o sarcásticas.

No se aísle emocionalmente.

Sí Acepte que ***enojarse*** no es un pecado.

Sí Reconozca y acepte que tal vez nunca aprendió a resolver la ira.

Sí Admita que tal vez está usando su ira para salirse con la suya.

Sí Trate de ver las cosas desde el punto de vista del otro.

Sí Reconozca que los valientes están dispuestos a aceptar sus debilidades.

Sí Acepte que usted puede cambiar, nunca es demasiado tarde.

Sí Acepte que sus familiares y amigos le pidan cuentas de sus actos.

"El ungüento y el perfume alegran el corazón, y el cordial consejo del amigo, al hombre".
(Proverbios 27:9)

- Es muy importante reflexionar.

  "Ahora vemos por espejo, oscuramente; mas entonces veremos cara a cara. Ahora conozco en parte; pero entonces conoceré como fui conocido". (1 Corintios 13:12)

La mayoría de las familias tienen algún problema con el control, pero algunos hijos tienen que sufrir métodos extremosos de poder y autoridad que van más allá de lo normal. Generalmente cuando uno de los padres es demasiado severo y dominante, pisotea las emociones del hijo y ahoga su capacidad de expresarse y la familia se ve envuelta en una atmósfera de temor. Los hijos crecen con un enfoque emocional negativo de la persona que los ofende, y juran que nunca serán como el padre que siempre fallaba en las promesas que hacía o su madre, que era demasiado estricta y negligente. Aunque el comportamiento de los hijos no sea igual al de sus padres ofensivos, su enfoque emocional erróneo puede hacer que desarrollen las mismas actitudes de resentimiento y amargura que tanto sufrieron con sus padres.

"Mirad bien, no sea que alguno deje de alcanzar la gracia de Dios; que brotando alguna raíz de amargura, os estorbe, y por ella muchos sean contaminados".
(Hebreos 12:15)

Puntos para reflexionar

- ☐ ¿Hubo alguien en mi familia de origen que era abierta o encubiertamente controlador?
- ☐ ¿Hay alguien en mi pasado por quien todavía guardo algún resentimiento?
- ☐ ¿He jurado que nunca tendré el mismo comportamiento de uno o ambos de mis padres?
- ☐ ¿Tengo un enfoque negativo de alguno o ambos de mis padres?
- ☐ ¿Todavía siento la necesidad de hablar acerca del comportamiento inapropiado de uno o ambos de mis padres?
- ☐ ¿Todavía estoy enojado(a) por la forma en que alguien trataba a uno de mis seres queridos?
- ☐ ¿He aprendido a amar objetivamente a los padres que Dios me dio a pesar de sus faltas e incapacidad de darme su amor?

"Y cuando estéis orando, perdonad, si tenéis algo contra alguno, para que también vuestro Padre que está en los cielos os perdone a vosotros vuestras ofensas".
(Marcos 11:25)

- El dominio de la ira es un mandato.

Las personas que no saben controlar su enojo pueden expresarlo en dos formas. Si usted reacciona con ira hacia otra persona, entonces la suya es ira explosiva, pero si usted la embotella, la sepulta. La ira explosiva es abusiva en el exterior, mientras que la ira suprimida es abusiva hacia el interior. Ambas formas dañan las relaciones. Dios no condena nuestra ira, sino que ordena que ambas clases de ira se expresen apropiadamente.

"Temblad, y no pequéis; meditad en vuestro corazón estando en vuestra cama, y callad". (Salmos 4:4)

- Utilice técnicas de dominio propio.

Primer paso: Descubra sus puntos detonantes.

— Esté alerta cuando se sienta irritable u ofendido.

— Tome nota cuando viene a su mente un sentimiento de ira.

— Escúchese a sí mismo y analice cuando se comporta mal o actúa deficientemente o responde con brusquedad a sus allegados.

— ¡Deténgase! Tome unos minutos y tome tiempo para descubrir el origen de su enojo.

"Adquiere sabiduría, adquiere inteligencia; no te olvides
ni te apartes de las razones de mi boca".
(Proverbios 4:5)

Segundo paso: Domine sus acciones y pensamientos iracundos.

— Centre sus pensamientos en Cristo: "Señor, dame tu paz".

— Cuente hasta 10 antes de responder.

— Aléjese y después regrese una vez que sus emociones estén controladas.

— Si es necesario, haga una pausa de 15 a 20 minutes.

"Deja la ira, y desecha el enojo; no te excites
en manera alguna a hacer lo malo".
(Salmos 37:8)

Tercer paso: Elija el tiempo y la forma adecuada para expresar sus sentimientos.

— Entrénese a sí mismo para poner freno a su ira hasta que haya pasado su agitación.

— Trate de ver la situación desde el punto de vista de la otra persona.

— Si usted está enojado con alguien, pregunte: "¿Podemos hablar en otro momento acerca de algo que es muy importante para mí?"

— Si acostumbra internalizar su enojo, hable con algún amigo y busque una perspectiva objetiva de la situación.

"El hombre iracundo levanta contiendas,
y el furioso muchas veces peca".
(Proverbios 29:22)

Cuarto paso: Analice los antecedentes de su familia cuando era niño(a).

— Estudie y recuerde la dinámica que se daba en su hogar durante su infancia.

— ¿Aprendió que no es bueno expresar la ira?

— ¿Aprendió que la ira explosiva es un método de control?

— ¿Ha aprendido a ver a su familia con los ojos de adulto?

"Cuando yo era niño, hablaba como niño,
pensaba como niño, juzgaba como niño; mas
cuando ya fui hombre, dejé lo que era de niño".
(1Corintios 13:11)

Quinto paso: Empiece a aceptar la verdad.

— Pida a Dios que le revele cómo lo ve a usted, como la persona que él quería que fuera antes de ser objeto del maltrato que lo hirió y cambió. Él lo hace por amor.

— Pida a Dios que le revele su amor por usted.

— Reconozca que para Dios usted es valioso(a). No permita que otros definan su personalidad.

— Lea todo el libro de Proverbios, empezando en el capítulo 8. Escriba todos los versículos que se refieren a la ira y que se apliquen a usted.

"La blanda respuesta quita la ira; mas la
palabra áspera hace subir el furor".
(Proverbios 15:1)

Sexto paso: Acérquese a Cristo y pida su ayuda con corazón sincero.

#1 Confesión:

"***Admito*** que mi comportamiento ha sido equivocado y que he herido a otros".

"Di a los hijos de Israel: El hombre o la mujer que cometiere alguno de todos los pecados con que los hombres prevarican contra Jehová y delinquen, aquella persona confesará el pecado que cometió..." (Números 5:6-7)

#2 Arrepentimiento:

"Confiando en el poder de Dios, ***cambiaré mi comportamiento*** porque en verdad deseo agradarle".

"Por tanto, así dijo Jehová: Si te convirtieres, yo te restauraré, y delante de mí estarás; y si entresacares lo precioso de lo vil, serás como mi boca. Conviértanse ellos a ti, y tú no te conviertas a ellos". (Jeremías 15:19)

#3 Perdón:

Dios, te agradezco por tu disposición a perdonarme a pesar de que no te he honrado como debiera".

"Sabed, pues, esto, varones hermanos: que por medio de él se os anuncia perdón de pecados". (Hechos 13:38)

#4 Aceptación:

"Jesús, te recibo como mi Señor y Salvador y te doy el control de mi vida. Gracias por estar dispuesto a adoptarme en tu familia".

"Mas a todos los que le recibieron, a los que creen en su nombre, les dio potestad de ser hechos hijos de Dios". (Juan 1:12)

#5 Sustitución:

"Estoy dispuesto a entregar el control de mi vida a cambio de un nuevo corazón y una vida nueva en Cristo Jesús".

"Echad de vosotros todas vuestras transgresiones con que habéis pecado, y haceos un corazón nuevo y un espíritu nuevo. ¿Por qué moriréis, casa de Israel?" (Ezequiel 18:31)

#6 Restitución:

"Dios, por favor revélame los nombres de las personas con quienes debo disculparme sinceramente. Iré a ellas y les pediré perdón por mi comportamiento inapropiado e hiriente".

"Por tanto, si traes tu ofrenda al altar, y allí te acuerdas de que tu hermano tiene algo contra ti, deja allí tu ofrenda delante del altar, y anda, reconcíliate primero con tu hermano, y entonces ven y presenta tu ofrenda". (Mateo 5:23-24)

#7 Limpieza:

"Dios, agradezco tu promesa de limpiarme y ***eliminar todos mis pecados e injusticias***".

"Lávame más y más de mi maldad, y límpiame de mi pecado. Porque yo reconozco mis rebeliones, y mi pecado está siempre delante de mí". (Salmos 51:2-3)

El maltrato verbal y emocional

El abuso adopta muchas facetas, tan variadas, como las personas que lo practican y reciben. Puede ser sutil o evidente, quieto o ruidoso, suave o hiriente. Pero a pesar de esas diferencias, el maltrato siempre es verbal o no verbal, y afecta profundamente su vida personal y social.

"Los dichos de su boca son más blandos que mantequilla, pero guerra hay en su corazón; suaviza sus palabras más que el aceite, mas ellas son espadas desnudas".
(Salmos 55:21)

Verbal

Personal

- Acusa constantemente
- "Aconseja" excesivamente para manipular
- Atormenta al otro
- Humilla y desprecia
- Culpa a otros
- Amenaza
- Se queja siempre de tratamiento injusto
- Críticas injustas
- Critica a los familiares
- Niega que ha maltratado al otro
- Niega que el abuso es malo
- Dicta órdenes
- Insulta a los amigos
- Interrumpe constantemente
- Se ríe del comportamiento abusivo
- Miente, cambia la verdad
- Bromea acerca del temor del otro
- Minimiza lo malo

- Se burla del otro
- Pone sobrenombres
- Usa juegos mentales
- Cambia la realidad
- Ridiculiza al otro
- Avergüenza al otro
- Abusa espiritualmente del otro
- Amenaza con suicidarse para controlar al otro
- Se burla de la apariencia y características del otro
- Aterroriza al otro
- Amenazas
- Usa palabras soeces
- Ignora el contexto de la conversación
- Hiere con su sarcasmo
- Grita y alborota

Social

- Critica por la espalda
- Desprecia al género opuesto
- Lavado de cerebro
- Compara al otro en forma negativa
- Degrada al otro en público
- Destruye la credibilidad del otro
- Murmura
- Tomar a alguien de chivo expiatorio
- Discriminación racial
- Avergüenza al otro en público
- Calumnia
- Se burla de las áreas sensibles del otro
- Subestima otras relaciones

No verbal

Personal

- Llega tarde para controlar al otro
- Asalta o daña la propiedad ajena
- Falla a las promesas, irresponsabilidad crónica
- Miradas condescendientes
- Maneja sin cuidado
- No reconoce los sentimientos del otro
- Forzar al sexo o perversión sexual
- Hacer demasiados regalos para manipular
- Esconde cosas (llaves del auto o casa)
- Ignora o usa el castigo del silencio"
- Gestos insultantes
- Interfiere con el trabajo del otro
- Invade el espacio personal
- Manipula con demasiada "ayuda"
- Abuso mental
- Monitorea los telefonemas
- Abre la correspondencia del otro
- Prohíbe las conversaciones privadas
- Amenaza con armas
- Prohíbe las decisiones personales
- Prohíbe el sueño
- Se rehúsa a irse cuando se le pide
- Se rehúsa a escuchar al otro
- Golpea puertas y cajones para expresar su ira
- Vigila al otro o lo visita sin avisar
- Retraimiento, melancolía, pucheros, autocompasión
- Gestos amenazadores

- Se retira para imponerse
- Se retrae emocionalmente
- Retira su afecto
- No cumple con sus obligaciones financieras
- Se guarda información que debe compartirse
- Se niega a tener sexo marital para controlar al otro

Social

- Abandona a la familia
- Demasiado suspicaz
- Celos extremos
- Cambia las reglas con frecuencia
- Se excluye del grupo
- No da el crédito y reconocimiento merecidos
- Favorece a otros
- Humilla en público
- Aísla de la familia
- Manipula a los hijos
- Esclaviza al otro
- Hace bromas crueles
- Rechaza a un hijo

NOTAS

1 Vea Andre Bustanoby y Fay Bustanoby, Just Talk to Me: The Principles and Practice of Communication in Marriage, "Háblame: Principios y prácticas de la comunicación en el matrimonio" (Grand Rapids: Zondervan, 1981), 148.

2 Vea Charles R. Solomon, The Ins and Out of Rejection, "El rechazo por dentro y por fuera" (Littleton, CO: Heritage House, 1976), 13-25.

3 Francis Brown, S. R. Driver, y Charles Briggs, eds., Hebrew-Aramaic and English Lexicon of the Old Testament, "Léxico hebreo-arameo e inglés del Antiguo Testamento, ed. electrónica (1906).

4 Para esta sección vea Robert Burney, Emotional Abuse is Heart and Soul Mutilation, "El abuso emocional: Mutilación del alma y corazón" http://www.joy2meu.com/

emotional_abuse.html; Passive-Aggressive Traits, "Características pasivo-agresivas" http://www.passiveaggressive.homestead.com/PATraits.html; Designed Thinking, Healing Emotional Abuse, "Cómo sanar el abuso emocional". http:/www.designedthinking.com/Fear/Abuse/abuse.html.

5 Bustanoby y Bustanoby, Just Talk to Me, "Háblame", 159-160.

6 Para esta sección vea Robert Burney, Setting Personal Boundaries, "Cómo poner límites personales", http://victimbehavior.com/boundaries/setting.html.

7 Chad J. Angotta, Emotional Boundaries: To Be or Not to Be ...Yourself, "Límites emocionales: Ser o no ser... usted mismo" http://victimbehavior.com/boundaries/emotional.html.

8 Angotta, Emotional Boundaries, "Límites emocionales".

9 Para esta sección vea Robert Burney, Setting Personal Boundaries, "Cómo poner límites personales" http://victimbehavior.com/boundaries/setting.html.

10 Patricia Evans, The Verbally Abusive Relationship: How to Recognize It and How to Respond, "La relación de maltrato verbal: Cómo reconocerla y cómo reaccionar" (Holbrook, MA: Bob Adams, 1992), 164.

BIBLIOGRAFÍA

Angotta, Chad J. Emotional Boundaries: To Be or Not to Be ... Yourself, "Límites emocionales: ser o no ser... usted" http://victimbehavior.com/boundaries/emotional.html.

Burney, Robert. Emotional Abuse is Heart and Soul Mutilation, "El abuso emocional: Mutilación del corazón y del alma" http://www.joy2meu.com/emotional_abuse.html.

Bustanoby, Andre, y Fay Bustanoby. Just Talk to Me: The Principles and Practice of Communication in Marriage, "Háblame: Principios y prácticas de la comunicación en el matrimonio", Grand Rapids: Zondervan, 1981.

Designed Thinking. Healing Emotional Abuse, "Cómo sanar el abuso emocional" http:/www.designedthinking.com/Fear/Abuse/abuse.html.

Evans, Patricia. The Verbally Abusive Relationship: How to Recognize It and How to Respond, "La relación del maltrato verbal: Cómo reconocerla y cómo reaccionar". Holbrook, MA: Bob Adams, 1992.

Hunt, June. Healing the Hurting Heart: Answers to Real Letters from Real People, "Cómo sanar el corazón herido: Respuestas a cartas reales de gente real". Dallas: Hope For The Heart, 1995.

Hunt, June. Sccing Yourself Through God's Eyes, "Viéndonos como Dios nos ve". Dallas: Hope For The Heart, 1989.

Koch, Ruth N., y Kenneth C. Haugk. Speaking the Truth in Love: How to Be an Assertive Christian, "Hablando la verdad en amor: Cómo ser un cristiano firme" St. Louis, MO: Stephen Ministries, 1992.

Mayhall, Carole. Words that Hurt, Words that Heal, "Palabras que hieren y palabras que curan", Colorado Springs, CO: NavPress, 1986.

Passive-Aggressive Traits "Caracteristicas pasivo-agresivas", http://www.passiveaggressive.homestead.com/PATraits.html.

Solomon, Charles R. The Ins and Out of Rejection, "El rechazo por dentro y por fuera". Littleton, CO: Heritage House, 1976.

Versículos bíblicos para memorizar

Filipenses 2:3-4

Romanos 12:17-18

Proverbios 18:21

1 Tesalonicenses 5:17-18

Jeremías 29:11

Proverbios 12:18

Jeremías 17:14

Proverbios 28:23

Proverbios 29:25

Mateo 6:14-15

Alcoholismo y drogadicción

Cómo reconstruir su vida después de haber tocado fondo

Fue el máximo héroe deportivo de todos los tiempos de Estados Unidos. Algunos dicen que fue el jugador de béisbol más grande que jamás haya existido.[1] Mickey Mantle parecía tenerlo todo, fama, fortuna y millones de fanáticos. El mismo día que se graduó de bachillerato en el año 1950 firmó un contrato con el mundialmente famoso equipo de los Yankees de Nueva York. Con ello comenzó su camino hacia el estrellato. Las estadísticas demuestran su posición como superestrella: logró 536 jonrones, recibió tres premios al jugador más valioso, ostenta un promedio de bateo de .298, ganó siete campeonatos mundiales y la corona triple de béisbol. Todo ello significa que fue líder de las ligas mayores en tres categorías que son: promedio más alto de bateo, la cantidad más grande de jonrones y la mayoría de sus bateos lograron una carrera.

Sin embargo, Mickey también vivió en extravagancia bebiendo demasiado alcohol, y cayó presa de varias adicciones. Cuando se le diagnosticó cáncer de hígado, se hizo evidente que tantos años de bebida sin control habían provocado un daño irreparable. A pesar de que el tratamiento al que fue sometido por alcoholismo tuvo éxito, el daño en su cuerpo fue irreversible y murió con rapidez. En la última "entrada" de su vida, Mickey habló frente a los micrófonos en una conferencia de prensa, se señaló a sí mismo y quiso que el mundo supiera que él no había sido un modelo digno de imitar y dijo: "No sean como yo".[2]

¿Qué llevó a ese gran jugador de béisbol de la adoración de sus seguidores a la adicción? ¿Por qué millones de personas cada año siguen el mismo camino a la destrucción? La Biblia nos da la respuesta:

"Hay camino que parece derecho al hombre,
pero su fin es camino de muerte".
(Proverbios 16:25)

DEFINICIONES

¿Qué es una droga?[3]

Es una sustancia química que se introduce al cuerpo y que provoca cambios físicos, emocionales o mentales. Algunas drogas son de gran ayuda para el ser humano, pero otras son de gran perjuicio.

Las tres formas principales del uso de las drogas son…

- ingestión—tomar píldoras, polvos o líquidos
- inhalación—inhalar polvos, humo y otros productos
- inyección—insertar la sustancia directamente en la corriente sanguínea, lo cual produce un efecto más directo, o se inyecta la droga debajo de la piel (lo cual se llama "levantar la piel") haciendo que la droga se absorba lentamente en el torrente sanguíneo

Las tres maneras de obtener las drogas son…

- en las tiendas (incluyendo el alcohol)
- receta médica (las que solamente un doctor puede prescribir)
- ilegalmente (la legalidad de una droga varía de un país a otro)

Pregunta:

"¿Es posible consumir drogas y alcohol sin volverse adicto?"

Respuesta:

Sí. Cada droga es diferente, así como la constitución física de cada persona es diferente. Algunas personas se hacen adictas después de probar una pequeña cantidad de alguna sustancia; otros consumen mayores cantidades de droga antes de volverse dependientes de ella. Usar drogas innecesariamente es correr un riesgo demasiado alto, pues puede provocar la adicción. El uso y abuso de una sustancia es como jugar a la ruleta rusa, puede costarle la vida.

Los creyentes convencidos saben que sus cuerpos no les pertenecen y por eso no abusan de ellos en manera alguna, el cuerpo le pertenece a Dios.

"¿O ignoráis que vuestro cuerpo es templo del Espíritu Santo, el cual está en vosotros, el cual tenéis de Dios, y que no sois vuestros? Porque habéis sido comprados por precio; glorificad, pues, a Dios en vuestro cuerpo y en vuestro espíritu, los cuales son de Dios". (1 Corintios 6:19-20).

¿Qué es el abuso de sustancias?[4]

El uso y abuso de una sustancia es utilizar algún químico de manera legal o ilegal, al punto de provocar en la persona un daño físico, mental o emocional.

- Existen cinco tipos de consumidores de substancias.
- El consumidor experimental es el que ingiere la droga por curiosidad.
- El consumidor ocasional que usa la droga en ocasiones especiales (como fiestas o celebraciones).

- El consumidor regular es el que de manera constante consume drogas y trata de vivir un estilo de vida normal.
- El consumidor abusivo es el que consume drogas de manera descontrolada por un período de tiempo corto y luego se abstiene hasta el siguiente episodio.
- El consumidor dependiente es la persona que depende emocional y físicamente de las drogas, y cuya vida se centra en conseguirlas. A ésta persona se le puede llamar fármacodependiente.

Sin importar de qué sustancia se trate, la Biblia describe el patrón compulsivo de la fármaco dependencia.

"¡Ay de los que se levantan de mañana para seguir la embriaguez; que se están hasta la noche, hasta que el vino los enciende!"
(Isaías 5:11)

Pregunta:

"Tengo amigos que beben demasiado alcohol, a veces en exceso y quieren que los acompañe a sus reuniones. ¿Está bien que vaya con ellos, aunque yo no beba?"

Respuesta:

Hay un viejo refrán que dice: "Dime con quién andas y te diré quién eres" o como establece la Biblia: *"No erréis; las malas conversaciones corrompen las buenas costumbres" (1 Corintios 15:33).* No es sabio salir con ese tipo de amigos. La Biblia dice claramente: *"No estés con los bebedores de vino, ni con los comedores de carne". (Proverbios 23:20)*

¿Cuáles son las cuatro clasificaciones más importantes de las drogas?[5]

En general, las drogas se clasifican en cuatro grupos principales según el efecto que tienen sobre el cuerpo humano.

#1 Los depresivos son drogas que producen un efecto calmante porque tranquilizan el sistema nervioso central.

- Los tipos más comunes son… alcohol, sedantes (píldoras para dormir), tranquilizantes (Valium), barbitúricos ("depresores") y solventes orgánicos (pegamento, gasolina y aerosoles).
- Los síntomas sicológicos son… falta de concentración, razonamiento distorsionado, incoherencia y agresividad.
- Los efectos físicos son... mareo, falta de claridad al hablar, falta de coordinación, temblor corporal, poca energía, estado de coma, visión borrosa, disminución del pulso y de la presión arterial, dificultad respiratoria y muerte.

  La Biblia dice...

"Pero también éstos erraron con el vino, y con sidra se entontecieron; el sacerdote y el profeta erraron con sidra, fueron trastornados por el vino; se aturdieron con la sidra, erraron en la visión, tropezaron en el juicio".
(Isaías 28:7)

#2 Los estimulantes son drogas que excitan las funciones corporales y aceleran el sistema nervioso central.

- Los más comunes son… cocaína, crack y anfetaminas ("aceleradores" o "elevadores").
- Los síntomas sicológicos son… excitación, incremento de energía, auto confianza exagerada, impulsos sexuales elevados, excitación temporal, irritabilidad, sentimientos de aprensión e intensificación de todas las emociones.
- Los síntomas físicos son… hiperactividad, intranquilidad, insomnio, pérdida del apetito, resequedad de la boca, mal aliento, comezón en la nariz, dilatación de las pupilas, palabras aceleradas y confusas, sudoración, dolores de cabeza, mareos, presión sanguínea elevada, pulso acelerado, psicosis y muerte.

El libro de Proverbios describe a quienes andan neciamente, y que son víctimas de su propia imprudencia. Son parecidos a los que ingieren estimulantes…

"Por tanto, su calamidad vendrá de repente; súbitamente será quebrantado, y no habrá remedio".
(Proverbios 6:15)

#3 Los alucinógenos son drogas que alteran y distorsionan la realidad.

- Los tipos más comunes son… LSD, marihuana, PCP ("polvo de ángel") y mezcalina.
- Los síntomas sicológicos son… alucinaciones, hipersensibilidad, ataques de ansiedad, desinhibición y experiencias extra-corporales.
- Los efectos físicos varían de una droga a otra… El LSD actúa como estimulante; la marihuana actúa como depresivo (las reacciones difieren de una persona a otra); somnolencia, pérdida del apetito, incremento de energía, aceleración del pulso y de la presión arterial, mirada al vacío o movimientos rápidos e involuntarios de los ojos, habla confusa o tartamudeante, mayor incidencia de accidentes y violencia, desorientación y muerte.

Aunque la Biblia no menciona de manera directa los alucinógenos, sí habla de los efectos alucinantes del alcohol, que produce temor y preocupación.

"Tus ojos mirarán cosas extrañas, y tu corazón hablará perversidades. Serás como el que yace en medio del mar, o como el que está en la punta de un mastelero. Y dirás: Me hirieron, mas no me dolió; me azotaron, mas no lo sentí; cuando despertare, aún lo volveré a buscar".
(Proverbios 23:33-35)

#4 Los narcóticos son drogas que disminuyen el dolor y levantan el ánimo de la persona.

- Los tipos más comunes son… opio, morfina, codeína, heroína, metadona y meperidina.
- Los síntomas sicológicos son… euforia temporal, sentidos afectados, letargo y confusión.
- Los efectos físicos son… alivio del dolor, párpados caídos, contracción de las pupilas, reacciones lentas y disminución de la motricidad, mareo, falta de coordinación, reflejos lentos, boca seca, estreñimiento, cicatrices o abscesos en los lugares en que se inyecta, y muerte.

Cuando sienta dolor, en lugar de recurrir a las drogas, acuda al Señor, dependa de él y busque su dirección para que él alivie su dolor.

"Mas a mí, afligido y miserable, tu salvación, oh Dios, me ponga en alto".
(Salmo 69:29)

¿Qué es la espiral descendente a la dependencia?

Se puede comenzar pensando que una droga es útil, pero es como sostener un "tigre por la cola". Inevitablemente se volverá en su contra. No se deje engañar: la droga que es útil el día de hoy se convertirá en su amo el día de mañana.[6]

"No reine, pues, el pecado en vuestro cuerpo mortal, de modo que lo obedezcáis en sus concupiscencias".
(Romanos 6:12)

La intoxicación ocurre cuando la influencia de una sustancia provoca cambios en el cuerpo, el carácter, conducta errática, habla confusa, falta de coordinación, locomoción inestable, conducta sexual inapropiada, conducta agresiva e incapacidad de funcionar en la sociedad. La intoxicación puede provocar una condición comatosa o aun la muerte.

- El diccionario médico Dorland define la intoxicación como, "envenenamiento; el estado de estar envenenado".[7]
- Es interesante que Moisés haya hablado de los israelitas infieles en los siguientes términos:

> *"Las uvas de ellos son uvas ponzoñosas...veneno de serpientes es su vino, y ponzoña cruel de áspides".*
> *(Deuteronomio 32:32-33)*

El abuso de las drogas ocurre cuando por el consumo de ellas se deja de cumplir con las responsabilidades, se deterioran las relaciones interpersonales, o se pone en riesgo la propia vida o la de los demás. La adicción se da cuando se experimentan estos tres indicadores principales:

- Tolerancia hacia las drogas. Cada vez necesita más cantidad para obtener el mismo efecto.
- Dependencia física. Sufre los síntomas del rebote como náuseas, sudoración, temblores y ansiedad.
- Avidez. Se desarrolla un patrón de uso compulsivo de las drogas.

Otros indicadores comunes son los siguientes:

- Fracaso en los intentos de controlar o disminuir el uso y abuso de las drogas.
- Invertir más tiempo en actividades para obtener, usar y recuperarse de los efectos de las substancias.
- Reducción o abandono de sus actividades sociales, de trabajo o recreativas.

Uso continuo de la sustancia a pesar de los problemas físicos y sicológicos recurrentes.

El retraimiento sucede cuando la reducción del consumo de la droga o la falta de ella, afecta gravemente la vida diaria. La Biblia describe un tiempo de ansiedad en que...

> *"No beberán vino con cantar... Hay clamores por falta de vino en las calles; todo gozo se oscureció, se desterró la alegría de la tierra".*
> *(Isaías 24:9, 11)*

Pregunta:

"¿Cómo puedo ser responsable de la drogadicción si la mayoría de las drogas son adictivas y provocan fármacodependencia?"

Respuesta:

Su dependencia de las drogas es provocada por su decisión de usarlas y por la droga misma. La intoxicación resulta de la constitución de la droga que utiliza y por la forma en que ésta se metaboliza en su cuerpo. La única manera de evitar caer en la adicción es tomar la decisión de dejarla.

"Entonces le dijo Elí: ¿Hasta cuándo estarás ebria? Digiere tu vino". (1 Samuel 1:14)

¿Qué es codependencia?

La codependencia es un concepto que con frecuencia se asocia con la fármacodependencia y las relaciones disfuncionales que provocan el uso y abuso de drogas.

- La palabra codependiente se usó por primera vez en los años setentas para describir a la persona que vivía con alguien que dependía del alcohol, es decir, un alcohólico. El prefijo *co* significa "con". Es "la persona relacionada con la acción de otra". La persona codependiente o "facilitadora" permite que el alcohólico continúe con su adicción porque no lo abandona ni le pone límites.
- La palabra codependencia llegó a describir el comportamiento disfuncional de los miembros de la familia que buscan adaptarse al comportamiento negativo del alcohólico. La dinámica de la codependencia es similar a tener un elefante en la sala de la casa sin que nadie hable de ello. Todos tratan de evadirlo para que el paquidermo provoque la menor molestia posible.
- La codependencia es una adicción relacional. Así como el alcohólico es dependiente de la bebida, el codependiente depende demasiado de su relación con el adicto.
- Hoy en día la palabra codependencia se refiere a cualquier persona que depende de otra al punto de qué ésta la controlada o manipula.

Pregunta:

"¿Cómo puede saber si soy un facilitador?"

Respuesta:

Usted es un facilitador si perpetúa el uso y abuso de una sustancia en otra persona al protegerla de las consecuencias dolorosas que podrían servirle de motivación para cambiar si las experimenta. Por ejemplo, un padre pasivo que permite que su hija continúe ingiriendo drogas en detrimento de los demás miembros de la familia. O una esposa codependiente que llama al jefe de su marido para decirle que éste tiene gripe y que no se presentará a trabajar, cuando en realidad está pasando la cruda.[8] Pregúntese a sí mismo, "¿Cuántas mentiras he dicho para proteger la reputación de mi ser querido?" La Biblia habla fuertemente contra las personas que encubren al culpable.

"El que dijere al malo: Justo eres, los pueblos lo maldecirán, y le detestarán las naciones". (Proverbios 24:24).

CARACTERÍSTICAS DEL ABUSO DE SUSTANCIAS QUÍMICAS

Cuando los fanáticos de Mickey Mantle lo veían jugar con tanta destreza y fuerza, quedaban asombrados. Pero, ¿cómo podía un espectador común y corriente detectar los síntomas de alcoholismo? Imposible, pero su familia sí.

Los hijos de Mickey hablaron de su creciente desatención de la familia cuando aún eran pequeños. Se tornó cada vez más deprimido e irritable. Cuando los Yankees perdían un juego o Mickey salía ponchado, los niños sabían que debían dejar a su padre a solas. Toda la familia caminaba en la cuerda floja, con la esperanza de evitar el inevitable abuso verbal del padre. No sólo Mickey negaba su problema de alcoholismo, su esposa también minimizaba el problema. Mantle ofrecía toda clase de excusas cuando desatendía sus responsabilidades. Con mucha frecuencia era porque tenía citas con otras mujeres. Su incremento del uso del alcohol era su intento desesperado de elevar su auto estima. El alcohol se fue haciendo cada vez más indispensable para que él pudiera funcionar durante el día, y cada vez lo necesitaba más para dormir de noche.

Un terapeuta comentó en una ocasión: "Mickey está totalmente controlado por el miedo. Está aterrado por todo".[9] El mismo Mickey dijo: "Estoy avergonzado por lo que hacía cuando estaba ebrio: las palabras soeces, la rudeza, tener que enfrentar a personas al día siguiente a quienes no recordaba haber insultado la noche anterior…"[10] Con razón tenía tanto miedo.

Mickey es un ejemplo de la segunda parte de este versículo:

"Pues los que duermen, de noche duermen, y los que se embriagan, de noche se embriagan".
(1 Tesalonicenses 5:7)

¿Cuáles son las señales que avisan del consumo de sustancias químicas?

La vida de Mickey Mantle mostró algunos síntomas típicos de las adicciones, pero en ocasiones también nosotros podemos sentirnos deprimidos o ser menos atentos hacia nuestras familias. Así que, ¿cuándo es que algunas señales pueden convertirse en mensajes de alerta? Para un consumidor de substancias químicas habrá una variedad de síntomas en las siguientes cuatro categorías: emocional, física, de comportamiento y espiritual.

Emocional

- cambios impredecibles de carácter
- depresión
- temor al rechazo
- frustración por cosas pequeñas
- culpabilidad
- vergüenza
- ira
- ansiedad

Jesús nos advirtió que enfrentaríamos pruebas difíciles en la vida.

"Mirad también por vosotros mismos, que vuestros corazones no se carguen de glotonería y embriaguez y de los afanes de esta vida, y venga de repente sobre vosotros aquel día".
(Lucas 21:34)

Física

- salud precaria
- manos temblorosas
- sudoración nocturna
- ojos con venas dilatadas
- pérdida de deseo sexual
- aparenta más edad
- aumento de peso
- apariencia poco saludable

"¿Para quién será el ay? ¿Para quién el dolor? ¿Para quién las rencillas? ¿Para quién las quejas? ¿Para quién las heridas en balde? ¿Para quién lo amoratado de los ojos? Para los que se detienen mucho en el vino, Para los que van buscando la mistura".
(Proverbios 23:29-30)

Comportamiento

- ocultamiento. Pretende encubrir su conducta
- exclusividad. Se relaciona sólo con otros adictos
- compulsión. Reacciona como si el uso de la droga fuera indispensable
- actúa a la defensiva. Culpa a los demás
- negación. Se niega a admitir que existe un problema
- deshonestidad. Engaña a los demás acerca del gasto excesivo de dinero
- debilidad/agresividad. Está demasiado débil para detenerse o es demasiado terco para recibir ayuda
- rebeldía. Actúa con irresponsabilidad

La Biblia describe al alcohólico indulgente con las siguientes características:

"Y dirán a los ancianos de la ciudad: Este nuestro hijo es contumaz y rebelde, no obedece a nuestra voz; es glotón y borracho".
(Deuteronomio 21:20)

Espiritual

- se siente abandonado por Dios
- se retira de la vida de la Iglesia
- convicción del Espíritu Santo
- temor del castigo de Dios
- vida de oración raquítica
- aversión a las Escrituras
- falta de gozo
- corazón endurecido

El Señor describe a quienes deciden darle la espalda y van en busca de "vino nuevo".

> *"Y no clamaron a mí con su corazón cuando gritaban sobre sus camas; para el trigo y el mosto se congregaron, se rebelaron contra mí".*
> *(Oseas 7:14)*

PREGUNTA:

"¿Qué información objetiva puedo darle a mi adolescente para que rechace el alcohol y las drogas?"

RESPUESTA:

El informe de la Administración de Servicios de Salud Mental y de Consumo de Sustancias Químicas del año 2000 estableció que los jóvenes que beben alcohol o usan drogas son más propensos a suicidarse que los que no lo hacen.[11]

- **Total** (de los que consumen y los que no):
  - — 9.4% de los jóvenes de 12 a 13 años de edad corren el riesgo de suicidarse.
  - — 13.7% de los jóvenes de 14 a 17 años de edad son propensos a suicidarse.
- **Si beben alcohol:**
  - — El 19.6% de jóvenes que beben alcohol tienden al suicidio.
- **Si utilizan otras drogas:**
  - — El 25.4% de los jóvenes que utilizan drogas ilícitas (incluyendo marihuana) son propensos al suicidio.
  - — El 29.4% de jóvenes que usan cualquier droga ilícita excepto la marihuana, corren el riesgo de suicidarse.

Esté alerta de lo que dice la Biblia:

> *"La justicia de los rectos los librará; mas los pecadores serán atrapados en su pecado".*
> *(Proverbios 11:6)*

Lista de comprobación para descubrir dependencia de sustancias químicas[12]

Si Mickey Mantle, su familia y amigos hubieran examinado su patrón de conducta a la luz de la siguiente lista, su adicción al alcohol podría haberse detectado claramente mucho antes de que saliera a la luz.

F ¿*Finjo* para ocultar mi hábito ante los demás?

A ¿He pedido *ayuda* para salir de este hábito?

R ¿Tengo problemas en mi trabajo y *recibo* las consecuencias por mi hábito?

M ¿He experimentado pérdida de *memoria* por causa de mi hábito?

A ¿Alguna vez me he intoxicado al punto de *accidentarme* gravemente?

C ¿Siento que me *critican* injustamente por mi mal hábito?

O ¿He sentido que este hábito es *odioso* y anormal?

/ ¿He perdido o adquirido nuevas amistades como resultado de mi hábito?

D ¿Alguna vez he *disminuido* la dosis que ingiero pero luego vuelvo al mismo nivel de consumo?

E ¿He descuidado a mis seres *estimados* como mis hijos y familiares por mi mal hábito?

P ¿Me he vuelto *pleitista*, estoy a la defensiva o discuto mucho acerca de mi uso de drogas?

E ¿He fallado en controlar y *entender* mis emociones por causa del uso de las drogas?

N ¿Se he visto afectado *negativamente* mi cuerpo por el consumo de esta sustancia?

D ¿*Disfruto* sólo de las reuniones en que puedo conseguir alcohol u otras drogas?

I ¿La necesidad de *ingerir* la sustancia está afectando mi economía?

E ¿Me niego a aceptar que *experimento* consecuencias negativas por causa de este mal hábito?

N ¿Trato de *no enfrentar* situaciones difíciles entregándome a mi hábito?

T ¿Esta afectando mis relaciones interpersonales la *terquedad* de alimentar mi hábito?

E ¿Está llegando a niveles *excesivos* mi tolerancia de la sustancia?

Si respondió afirmativamente a cinco o más de las preguntas anteriores, podría estar experimentando un grave problema de dependencia de las drogas.

Si Mickey hubiera reconocido su problema de alcoholismo y recibido el tratamiento adecuado a tiempo, su título de héroe para miles de jóvenes y de campeón de béisbol no hubiera desaparecido con los años que pasó sumido en el alcoholismo.

"¡Ay de los que son valientes para beber vino, y
hombres fuertes para mezclar bebida".
(Isaías 5:22)

Pregunta:

"Si soy un bebedor compulsivo o un drogadicto consumado, ¿puedo cambiar y dejarlo para siempre?"

Respuesta:

Todos los malos hábitos, conductas compulsivas y adicciones son muy persistentes y por lo tanto, difíciles de erradicar; pero no imposible. La repetición de una conducta altera el cerebro, lo cual hace que sea más difícil cambiarla. Sin embargo, sí se pueden aprender nuevos patrones de conducta. Si usted es un verdadero creyente, cuenta con la palabra de Dios para cambiar su manera de pensar, cuenta con la iglesia que tiene grupos especializados de apoyo para ayudarle en su cambio de vida y con el Espíritu Santo para darle la fuerza interior para dejar un mal hábito.

"Porque Dios es el que en vosotros produce así el querer como el hacer, por su buena voluntad". (Filipenses 2:13)

¿Cómo saber si alguien es adicto a las drogas?[13]

Si usted observa el 50 por ciento o más de las siguientes señales que avisan que una persona está usando drogas, es posible que su familiar ya esté involucrado en algún tipo de adicción a substancias por lo regular, con sus amigos. Ore para que Dios le dé sabiduría para reconocer si su hijo está en peligro, y dígale:

"Y sabed que vuestro pecado os alcanzará".
(Números 32:23)

Escuela

- descenso en sus calificaciones
- mareos o soñolencia durante las clases
- impuntualidad, falta a clases, no entra a clases
- falsifica la firma de los padres en permisos por escrito
- desobediencia a las reglas y a la ley
- suspensiones en la escuela, sugiere cambiar de plantel
- se reduce su tiempo de atención, no se puede concentrar
- tiene nuevos amigos en la escuela o fuera de ella
- deja actividades extra curriculares que antes le encantaban

Personal

- malhumorado, irritable
- agitado, enojado, hostil
- pérdida de la memoria temporal o definitivamente
- desmotivado, aletargado, indisciplinado
- cambio de apariencia personal, de postura, o excesivamente acicalado
- cambios en su apetito, come más pero pierde peso paulatinamente
- se ve enfermo, ojos rojizos, pupilas dilatadas, tos persistente
- con frecuencia experimenta infecciones respiratorias y en la piel
- promiscuidad sexual, ciclos menstruales irregulares

Hogar

- retraído, indiferente
- discutidor, irrespetuoso, grosero
- usa lenguaje obsceno o profano
- muy callado o defensivo de sus nuevos amigos
- roba dinero o cosas valiosas de la casa
- utiliza aromatizantes para cubrir el olor de las drogas
- decora su cuarto con afiches de grupos de rock o temas relacionados con las drogas
- colecciona pipas, pequeños recipientes, papel de cigarro u otros elementos relacionados con las drogas
- deja colillas de cigarro con un olor extraño, semillas y hojas en los ceniceros o en las bolsas de sus pantalones

La Biblia da una advertencia general a los jóvenes que viven neciamente.

"Él morirá por falta de corrección, y errará
por lo inmenso de su locura".
(Proverbios 5:23)

Nota: si usted o algún familiar están experimentando algunos de estos síntomas, consulte a un médico.

Pregunta:

"¿Qué debo hacer? Recientemente mi hija adolescente me hizo jurarle que no le diría nadie que mi yerno le había ofrecido consumir drogas ilegales. Ella las rechazó, pero sigue firme en que no quiere que yo diga nada porque no quiere 'provocar ningún problema'".

Respuesta:

¡Usted ya tiene un problema! En este mismo momento usted debe considerar lo que es mejor para su hija. Sus familiares deben protegerla, no hacerla víctima del pecado de ellos. Dígale que usted no siente la paz de Dios al ocultar ese secreto porque la conducta de su yerno ha roto el lazo familiar. Dígale que usted debe confrontarlo porque ha quebrantado los límites de la familia, que debería respetar. Explíquele que al confrontarlo con la verdad podría abrirle los ojos a él y salvar su vida.

"El testigo verdadero libra las almas". (Proverbios 14:25)

CAUSAS QUE PROVOCAN LA FÁRMACODEPENDENCIA

El gran beisbolista Mickey Mantle, que fue alabado y a la vez denostado, dijo una vez: "El béisbol no me convirtió en bebedor. Bebía porque pensé que me estaba divirtiendo. Era parte de la camaradería, era una cuestión de unidad masculina".[14]

Hay un sinnúmero de causas por las que una persona se vuelve alcohólica, pero ¿cuáles fueron las que llevaron al bateador más grande de béisbol (pues bateaba tanto con la mano derecha como con la izquierda) a que se volviera adicto al alcohol? El padre de Mickey murió de la enfermedad de Hodgkin a la temprana edad de cuarenta años, y otros tres de sus familiares murieron de la misma enfermedad antes de llegar a los cuarenta años. Por esa razón, Mickey pensaba que moriría joven, y el temor a la muerte lo motivó a "festejar" con ímpetu mientras pudiera.

Mickey también habló acerca de la facilidad de conseguir y beber alcohol en el mundo del deporte. Sus fanáticos le enviaban tragos a su mesa; los administradores de los hoteles le enviaban botellas de vino de cortesía a su habitación. La bebida le ayudaba a compensar el aburrimiento durante los momentos de espera, como cuando viajaba en avión y se quedaba varios días en los hoteles. Él dijo: "En aquellos días, una de las medidas para demostrar que eras un hombre de verdad era beber más y más".[15]

Él no sabía en realidad que esa "medida de hombría" iba a envenenar su cuerpo y finalmente sería la causa de su muerte. No sabía la advertencia de la palabra de Dios que dice:

> *"No mires al vino cuando rojea, cuando resplandece su color en la copa. Se entra suavemente; mas al fin como serpiente morderá, y como áspid dará dolor".*
> *(Proverbios 23:31-32)*

¿Cómo se desarrolla la fármacodependencia?

La gente no comienza la vida siendo dependiente de las sustancias químicas; se hacen dependientes a través de la repetición, es decir, utilizando frecuentemente algo para satisfacer una necesidad o deseo.

Aunque el Alcoholismo y drogadicción y mojar la cama de manera crónica estuvieron en el pasado de Mickey Mantle, su adicción surgió después de la muerte de su padre, porque comenzó a beber para enfrentar la depresión, la culpabilidad y el temor.

Una vez que se establece el uso de la droga, se desarrolla un ciclo que es común entre los adictos. Es un círculo vicioso que atrapa y esclaviza... pero también es un ciclo que ¡puede romperse!

Dolor por el pasado (provocación)

> *"Aun en la risa tendrá dolor el corazón; y el término de la alegría es congoja".*
> *(Proverbios 14:13)*

- Drogas que afectan el carácter

  "Hay camino que al hombre le parece derecho; pero su fin es camino de muerte" (Proverbios 14:12)

- Adicción

  "Porque cuando erais esclavos del pecado, erais libres acerca de la justicia. ¿Pero qué fruto teníais de aquellas cosas de las cuales ahora os avergonzáis? Porque el fin de ellas es muerte" (Romanos 6:20-21).

- Transgresión de los valores

  "El labio veraz permanecerá para siempre; mas la lengua mentirosa sólo por un momento" (Proverbios 12:19).

- Culpabilidad

  "Porque mis iniquidades se han agravado sobre mi cabeza; como carga pesada se han agravado sobre mí" (Salmo 38:4).

- Vergüenza

  "Cada día mi vergüenza está delante de mí, y la confusión de mi rostro me cubre" (Salmo 44:15).

Pregunta:

"¿Hay alguna información objetiva además de la Biblia y la ética cultural que apoye el abstencionismo del alcohol?"

Respuesta:

Sí. Aunque las cifras pueden cambiar año con año, las siguientes estadísticas del año 1993 en los Estados Unidos de América son bastante impresionantes.[16]

- 25% de las familias norteamericanas tienen problemas por causa del alcohol.
- 33% de los fracasos matrimoniales se deben al uso del alcohol.
- 25-40% de la gente que recibe atención hospitalaria lo hacen como resultado de su consumo de alcohol.
- 1% de las muertes en accidentes de tránsito se relacionan con el consumo de alcohol (Departamento de Transporte de los Estados Unidos -USDOT por sus siglas en inglés).[17]
- 50-67% de todos los asesinatos y delitos graves involucran el uso de alcohol.

Si usted está tratando de dejar de beber, considere la lectura del siguiente pasaje cada día para fortalecer su decisión y para reforzar su deseo.

"El vino es escarnecedor, la sidra alborotadora, y
cualquiera que por ellos yerra no es sabio".
(Proverbios 20:1)

Pregunta:

"¿Qué podría desalentar a alguien de fumar cigarrillos o de usar otras formas de tabaco?"[18]

Respuesta:

El humo del tabaco contiene más de 200 venenos conocidos. Los que fuman dos cajetillas de cigarros al día reducen su vida en ocho años.

El tabaco...

- es la causa más común de cáncer de pulmón
- provoca enfisemas, impide la respiración y provoca la muerte
- es una causa importante del endurecimiento de las arterias, lo cual provoca paros cardíacos y la mayoría de los infartos del corazón.

- es un factor importante en el cáncer de boca y garganta que daña la vida de la persona para siempre
- produce químicos que erosionan la mucosa del estómago y provocan úlceras gástricas
- incrementa el riesgo del cáncer en la vejiga
- produce monóxido de carbono y afecta el crecimiento del feto de la madre que fuma, lo cual también aumenta el riesgo de tener un parto prematuro o muerte infantil
- es la causa número uno de muerte en los varones

"Todo me es lícito, pero no todo conviene;
todo me es lícito, pero no todo edifica".
(1 Corintios 10:23)

¿Cuáles son los factores más comunes del uso de drogas?

No hay dos personas que cuenten la misma historia acerca de los factores que contribuyeron al desarrollo de su fármaco-dependencia. Pero no importa qué factores estén presentes al hacerse adictos, todos caen bajo alguna de las siguientes categorías: tienen influencias externas o internas.

- Influencias externas (familia y sociedad)

  — *ambiente familiar*

  ¿Fue criado en un hogar donde se aceptaba el brindis social?

  — *familia disfuncional*

  ¿Ha utilizado drogas para aliviar el dolor emocional?

  — *problemas físicos*

  ¿Depende de los medicamentos para calmar los dolores de espalda, jaquecas, insomnio o dietas?

  — *aceptación social*

  ¿Le sirven alcohol en la mayoría de las reuniones sociales?

  — *presión de los amigos*

  ¿Busca ser aceptado socialmente por los que usan drogas?

  — *apoyo cultural*

  ¿Está expuesto de manera continua al uso del alcohol a través de la televisión, películas, propaganda y revistas?

"No os conforméis a este siglo, sino transformaos por medio de la renovación de vuestro entendimiento, para que comprobéis cuál sea la buena voluntad de Dios, agradable y perfecta".
(Romanos 12:2)

Pregunta:

"¿Cómo puedo negarme a beber sin ofender a mis amigos que beben demasiado y me ofrecen de tomar?"

Respuesta:

Un simple "no gracias," o "gracias, no tengo interés," debería ser suficiente. A la mayoría de la gente no le gusta beber o drogarse sola, pero sí respetan, y hasta envidian, a alguien que es lo suficientemente fuerte como para no seguir la corriente del mundo. Si se sienten ofendidos, es un reflejo de su inseguridad, no de que tengan convicciones firmes.

Sólo usted es responsable de poner los límites en su vida. Todo mundo puede ceder ante la presión de la tentación, pero sólo los que tienen fortaleza de carácter no sucumbirán. Esté alerta porque quienes le quieren seducir andan en un camino muy peligroso. La Biblia dice…

"¡Ay del que da de beber a su prójimo! ¡Ay de ti, que le acercas tu hiel, y le embriagas para mirar su desnudez!" (Habacuc 2:15)

- Influencias internas (genéticas y sicológicas)

— *inclinación hereditaria*

¿Nació en un hogar donde su padre era alcohólico, o tiene familiares cercanos con ese problema? (El riesgo de volverse alcohólico es de tres a cuarto veces más alto para quienes tienen familiares alcohólicos cercanos.[19])

— *vulnerabilidad heredada de un grupo étnico*

¿Nació dentro de un grupo étnico con un alto índice de alcoholismo? (los escandinavos, europeos del norte y los irlandeses son más susceptibles, mientras que los asiáticos son menos. "El bajo índice entre los asiáticos parece relacionarse con la deficiencia, que se observa en cerca del 50% de los japoneses, chinos y coreanos, que les impide producir aldehído deshidrogenado que elimina los bajos niveles del primer producto de la descomposición del alcohol, el acetaldehído".[20])

Los alcohólicos procesan el alcohol en una forma que mantiene y refuerza su adicción. A diferencia de los no alcohólicos, a ellos les cuesta procesar el acetaldehído, un químico de la composición química del alcohol, lo cual crea un compuesto químico colateral adictivo que interfiere con el proceso cerebral y crea una adicción como la del opio.[21]

— *constitución sicológica*

¿Tiende a buscar en las drogas un remedio para la ansiedad y el estrés?

El alcohol calma los nervios y las respuestas intensas al estrés como la sudoración en las manos, enrojecimiento de la piel e incremento en el ritmo cardíaco y presión arterial.

— *hábitos y conductas compulsivas*

¿Posee hábitos que son resistentes al cambio? (La conducta repetitiva altera el cerebro, donde poco a poco se van modificando las conexiones entre las neuronas, lo que dificulta aun más tomar ciertas decisiones.)

No importa cuál sea la razón por la cual tenemos un hábito que nos esclaviza, Dios dice que podemos cambiar de amos.

"Porque el que es vencido por alguno es hecho esclavo del que lo venció". (2 Pedro 2:19)

PREGUNTA:

"¿Es el alcoholismo una enfermedad heredada sobre la que no tengo control?"

RESPUESTA:

Los médicos continúan debatiendo acerca de si el alcoholismo es una enfermedad o no. Los cambios profundos y duraderos que el alcohol puede producir en el cerebro y en otros órganos, son las razones por las que muchos lo consideran una enfermedad. Otros toman la posición de que es conductual.

Una enfermedad es una condición anormal del cuerpo provocada por...[22]

- infecciones (i.e., contagiarse de gripe o viruela desde el exterior del cuerpo)
- defectos genéticos (i.e., haber nacido con diabetes o con una constitución genética donde el alcohol no se procesa de manera normal)
- factores ambientales (i.e., estar expuesto a toxinas o contaminantes; desarrollando cirrosis de hígado donde el exceso de alcohol ha causado mucho daño en el hígado y éste deja de funcionar correctamente)

El alcoholismo puede deberse a factores genéticos o a alteraciones químicas, pero el hecho vital que debemos recordar es que usted sí tiene control para no sucumbir ante el alcohol y ser restaurado. Su trasfondo familiar y su genética pueden hacerlo más propenso al alcoholismo; pero usted puede resistir esas influencias.

Al planificar de antemano el ejercicio del dominio propio usted puede poner límites y protegerse contra el problema del alcohol.

"Ceñid los lomos de vuestro entendimiento, sed sobrios". (1 Pedro 1:13)

¿Qué excusas da la gente?[23]

A nadie se le enseña el arte de justificar su comportamiento, pero de alguna manera todos aprendemos a hacerlo. La gente fármacodependiente se vuelve experta en presentar una razón tras otra para consumir la droga de su elección, pero en realidad no existe justificación válida alguna. Todas son excusas. La verdad es que se han convencido a sí mismos de que la necesitan o bien, se sienten con derecho a consumirla simplemente porque les gusta.

"La necesito para…

... animarme".

... aquietarme".

... aliviarme".

... ser más sociable".

... olvidar mis fracasos".

... saciar mis deseos".

"La quiero para...

… relajarme".

... sentirme bien".

... divertirme".

... aliviar el estrés".

... ser mejor aceptado".

... escapar de mi situación".

"Todos los caminos del hombre son limpios en su propia opinión; pero Jehová pesa los espíritus". (Proverbios 16:2)

Pregunta:

"Si el alcoholismo puede ser tanto heredado como una enfermedad, ¿por qué se considera pecado? Soy alcohólico, ¿no es algo que está fuera de mi control?"

Respuesta:

No es pecado si usted es un alcohólico que no bebe, pero lo es si usted es un alcohólico bebedor. La borrachera está en la lista de pecados que se nos ordena evitar. Puede ser que el alcoholismo sea una enfermedad sobre la cual no tenga control, pero la borrachera claramente es un pecado sobre el que sí tiene control. Si elige no beber está poniendo una barrera en su vida que pondrá fin al poder que el pecado tiene sobre usted.

"No reine, pues, el pecado en vuestro cuerpo mortal, de modo que lo obedezcáis en sus concupiscencias". (Romanos 6:12)

¿Cuál es la raíz del problema?

Al principio, la gente consume drogas por dos razones: para tratar un problema médico legítimo o para experimentar una sensación placentera. Las personas que se quieren sentir diferentes comienzan bebiendo o utilizando drogas por la presión de sus amigos o para satisfacer una curiosidad. Pero continúan haciéndolo para satisfacer las necesidades que perciben tener. El abuso de una sustancia se da cuando ésta pasa de suplir una necesidad y se convierte en una necesidad en sí misma. Por ejemplo, en lugar de necesitar y usar una sustancia para aliviar el estrés del cuerpo, la sola ausencia de la sustancia en el cuerpo provoca estrés.

Dios nos ha diseñado con necesidades genuinas, físicas, emocionales y espirituales. Ese diseño nos impulsa a acudir y depender de él para suplir todas nuestras necesidades.

"Mi Dios, pues, suplirá todo lo que os falta
conforme a sus riquezas en gloria en Cristo Jesús".
(Filipenses 4:19)

Creencia falsa:

"Yo no soy fármacodependiente, solamente disfruto (del alcohol o de otra droga). Puedo dejar de hacerlo en cualquier momento, pero tomar/ingerir me ayuda a enfrentar las situaciones difíciles y tranquiliza mis angustias y dolores".

Creencia correcta:

Me doy cuenta de que aquello de lo que depende mi vida será lo que me domine. Decido no permitir que ninguna sustancia química me controle. En lugar de ello, decido entregar a Cristo el control de todas las áreas de mi vida y depender de él para que satisfaga todas mis necesidades.

"Jehová te pastoreará siempre, y en las sequías saciará tu alma, y dará vigor a tus huesos; y serás como huerto de riego, y como manantial de aguas, cuyas aguas nunca faltan". (Isaías 58:11)

Pregunta:

"¿Cómo puedo tomar la decisión de beber o no? Soy un nuevo cristiano y quiero hacer lo que agrada a Dios".

Respuesta:

La Biblia no prohíbe el consumo de alcohol, pero sí habla de los peligros del vino, la cerveza y de las bebidas alcohólicas fuertes: *"El vino es escarnecedor, la sidra alborotadora" (Proverbios 20:1).* Para la mayoría de la gente, el argumento más fuerte para abstenerse es el de la "piedra de tropiezo"; es decir, la preocupación de que alguien pueda tropezar y caer por causa de su ejemplo indebido.

La gente tiende a seguir a otros. Si usted bebe alcohol o consume alguna droga, los que sigan su ejemplo podrían tropezar y verse afectados por seguir sus pasos.

"Bueno es no comer carne, ni beber vino, ni nada en que tu hermano tropiece, o se ofenda, o se debilite". (Romanos 14:21)

PASOS PARA ENCONTRAR LA SOLUCIÓN

Para que una persona quede libre de su adicción en primer lugar, debe reconocer el problema, luego debe tener la voluntad de enfrentarlo y después buscar la sanidad. Para Mickey Mantle su advertencia fue la enfermedad y muerte de su hijo, que en parte se debió a su fármacodependencia.

Mickey agonizaba impotente al ver cómo moría su hijo y su familia se desmoronaba. Entonces reconoció que sus cuatro hijos tenían un problema con la bebida y todavía no llegaban a ser adultos maduros. Finalmente, se dio cuenta de que su actitud hacia la vida no era correcta. Mickey dijo una vez: "Ya no podía seguir viviendo de esa manera, borracho, enfermo y deprimido, tratando de mentir a todos y tratando con dificultad de recordar hacia donde iba o de dónde venía".[24]

A pesar del temor que tenía de ser honesto y sincero con los demás y permitir que en realidad lo conocieran, Mickey Mantle ingresó al centro Betty Ford y comenzó el largo y doloroso proceso de recuperación. Su hijo Mickey Jr. dijo: "De todas las cosas que hizo, de los equipos de series mundiales a los que perteneció, de los jonrones que metió, de los récords que rompió, de su entrada a la Galería de la Fama, lo que más admiré de él fue cuando se puso en tratamiento".[25]

Mickey hizo un jonrón en cuanto a su recuperación. Al tocar las bases con sus otros tres hijos y comenzar una nueva relación con ellos, se dirigió a su "home" (hogar). Comenzó a tratar mejor a su esposa que se había vuelto una desconocida para él. Ya no había abuso verbal. Ya no había distanciamiento emocional. Se dio cuenta que le gustaba estar sobrio y empezó a decir a su familia cuán orgulloso estaba de ella. ¿Qué diferencia hizo para su familia y para sí mismo el cambio en su vida? Si tan sólo él lo hubiera hecho mucho antes...

"El que tiene en poco la disciplina menosprecia su alma; mas el que escucha la corrección tiene entendimiento".
(Proverbios 15:32)

Versículo clave para memorizar

"Porque yo Jehová soy tu Dios, quien te sostiene de tu mano derecha, y te dice: No temas, yo te ayudo".
(Isaías 41:13)

Pasaje clave para leer y meditar

Diez verdades acerca de la tentación según 1 Corintios 10

#1 El que crea estar firme, mire que no caiga.. v. 12

#2 No crea que su tentación es sobrehumana, no lo es .... v. 13

#3 Dios no le permitirá ser tentado más de lo que puede soportar.......... v. 13

#4 Dios proveerá una manera para resistir la prueba.............................. v. 13

#5 Todo está permitido, pero no todo es beneficioso o constructivo....... v. 23

#6 No se centre en sí mismo, sino en el bien de los demás .... v. 24

#7 No viole la conciencia de los demás, imite su libertad en beneficio de ellos... v. 29

#8 Sea lo que coma o beba, hágalo para la gloria de Dios .... v. 31

#9 No provoque que alguien tropiece por su conducta........................... v. 32

#10 Busque el bien de los demás para que puedan ser salvos. .... v. 33

Pregunta:

"¿Condena la Biblia como pecado el consumo de alcohol?"

Respuesta:

Aunque la Biblia habla de los beneficios médicos del vino (1 Timoteo 5:23) y Jesús proveyó vino en una boda (Juan 2:1-11), la Biblia condena con claridad y denuncia como pecado la borrachera y la adicción al alcohol.

Dios no quiere que pierda el control por causa de la influencia del alcohol, sino que se someta a la influencia controladora del Espíritu Santo. La adicción al alcohol o a cualquier otra droga lo hace esclavo de esa sustancia controladora. Dios quiere que usted sea lleno del Espíritu Santo y que sea libre.

"No os embriaguéis con vino, en lo cual hay disolución; antes bien sed llenos del Espíritu". (Efesios 5:18)

Liberación de la fármacodependencia[26]

La fármacodependencia no se desarrolla de la noche a la mañana, y tampoco la liberación de ella ocurre instantáneamente. Hay una serie de acontecimientos que pueden ayudar a una persona a quedar libre.

Al momento de ser salvo, fue liberado del castigo del pecado (muerte eterna), y a través de la capacitación del Espíritu Santo que mora en usted, puede experimentar la libertad del poder de la destrucción. Pero usted debe darse cuenta de que la libertad del poder de la fármacodependencia es un proceso que requiere participación intencional y activa de su parte. Debe elegir creer y practicar la verdad acerca de usted mismo y de Dios.

#1 Admita que carece de poder sobre su problema.

"No puedo manejar mi vida, no puedo controlar mi vida".

- Acepte su condición de dependencia y su vulnerabilidad a la adicción de fármacos.
- Reconozca su incapacidad para manejar su vida y para librarse de su fármaco-dependencia.
- Exprese a Dios su total impotencia y su gran necesidad de su poder en su vida.

"Pero tuvimos en nosotros mismos sentencia de muerte, para que no confiásemos en nosotros mismos, sino en Dios que resucita a los muertos" (2 Corintios 1:9)

#2 Reconozca que el Dios que lo hizo tiene el poder de restaurar su vida.

"Pido a Cristo que sea mi Redentor y que restaure todas las áreas de mi vida".

- Acepte el señorío de Cristo Jesús en su vida como Maestro, Rey y Dueño.
- Reconozca su necesidad de Dios para que él le consuele y restaure su integridad.
- Exprese su gratitud a Dios por su salvación que opera en su mente, voluntad y emociones, y agradézcale por los planes que tiene en usted y a través de usted.

"Tú, que me has hecho ver muchas angustias y males, volverás a darme vida, y de nuevo me levantarás de los abismos de la tierra. Aumentarás mi grandeza, y volverás a consolarme". (Salmos 71:20-21)

#3 Someta su voluntad a la del Señor.

"Le pido a Cristo que tome el control de mi vida".

- Acepte que su naturaleza pecaminosa murió en la cruz con Jesús y que su pecado (su adicción) ya no tiene poder sobre usted.
- Reconozca la devastación que ha provocado como consecuencia de su egoísmo en el pasado.
- Exprese su determinación de frenar un estilo de vida egoísta y su decisión de someter su voluntad a la del Señor.

"Entonces Jesús dijo a sus discípulos: Si alguno quiere venir en pos de mí, niéguese a sí mismo, y tome su cruz, y sígame. Porque todo el que quiera salvar su vida, la perderá; y todo el que pierda su vida por causa de mí, la hallará". (Mateo 16:24-25)

#4 Enfrente la realidad y enfréntese con usted mismo.

"Voy a evaluar mi vida con honestidad y pedirle a Dios que revele mis pecados y mis fallas".

- Acepte la verdad de que se ha estado engañando a sí mismo respecto a su fármacodependencia y que tiene una imperante necesidad de recibir ayuda.
- Reconozca su resistencia en el pasado para enfrentar la verdad acerca de sus malas decisiones y malos hábitos.
- Exprese ante Dios y los demás su determinación de conocer la verdad acerca de sí mismo y su compromiso de evaluar su propia vida, con sus fortalezas y debilidades con toda sinceridad.

"Examíname, oh Dios, y conoce mi corazón; pruébame y conoce mis pensamientos; y ve si hay en mí camino de perversidad, y guíame en el camino eterno". (Salmo 139:23-24)

#5 Reconozca ante Dios y alguien más que está luchando con el pecado.

"Que pueda ver mi pecado como Dios lo ve y lo odie tanto como Dios lo odia".

- Acepte la profundidad y duración de su lucha contra la fármacodependencia.
- Reconozca ante una persona que lo apoye el poder de la esclavitud que las drogas tienen sobre usted y confirme su compromiso serio de librarse de ellas.
- Exprese ante Dios y ante un amigo su deseo de vencer su fármacodependencia y vivir una vida de victoria en Jesús la cual él obtuvo en el Calvario.

"Si decimos que no tenemos pecado, nos engañamos a nosotros mismos, y la verdad no está en nosotros" (1 Juan 1:8)

#6 Acepte humildemente la ayuda de Dios para cambiar sus patrones de conducta del pasado.

"Voy a consagrar mi vida al cuidado de Cristo".

- Acepte sus limitaciones y su necesidad de recibir ayuda para cambiar sus hábitos enfermizos de enfrentar la vida.
- Reconozca la debilidad y fragilidad de su fuerza de voluntad y de sus esfuerzos propios para efectuar cambios.
- Exprese a Dios su debilidad y prométale cooperar con él para que haga los cambios necesarios en su vida de adentro hacia fuera.

"Humillaos, pues, bajo la poderosa mano de Dios, para que él os exalte cuando fuere tiempo; echando toda vuestra ansiedad sobre él, porque él tiene cuidado de vosotros" (1 Pedro 5:6-7)

#7 Confiese sus defectos y fallas continuas.

"Estoy dispuesto a verme a mí mismo como Dios me ve".

- Acepte que usted no es perfecto y que en ocasiones va a fallar a pesar de que tenga muy buenas intenciones.
- Reconozca sus fallas inmediatamente y confiéselas a Dios y a las personas a quienes ha ofendido. Luego corrija el rumbo.
- Exprese cualquier pecado o defecto a Dios diariamente y pida que lo perdone y lo limpie.

"Crea en mí, oh Dios, un corazón limpio, y renueva un espíritu recto dentro de mí. No me eches de delante de ti, y no quites de mí tu santo Espíritu. Vuélveme el gozo de tu salvación, y espíritu noble me sustente" (Salmos 51:10-12)

#8 Pida perdón a quienes haya ofendido.

"Iré a quienes he herido y les pediré perdón de todo corazón".

Acepte su necesidad de pedir perdón a cualquier persona a quien haya ofendido, aunque quizás también le hayan ofendido a usted.

- Reconozca su gran necesidad de la misericordia y gracia de Dios y su determinación de dar misericordia y gracia a los demás.
- Exprese a Dios y a quienes haya ofendido su dolor y arrepentimiento y su decisión de cambiar en las áreas en las que necesita cambiar.

"Por tanto, si traes tu ofrenda al altar, y allí te acuerdas de que tu hermano tiene algo contra ti, deja allí tu ofrenda delante del altar, y anda, reconcíliate primero con tu hermano, y entonces ven y presenta tu ofrenda". (Mateo 5:23-24)

#9 Haga la restitución correspondiente a quienes ha dañado.

"Compensaré a quienes he dañado con la ayuda de Dios".

- Acepte sus obligaciones de hacer lo que esté dentro de sus posibilidades para restaurar todo lo que dañó.
- Reconozca ante Dios y ante las personas a quienes ha dañado su deseo de compensarles dentro de sus posibilidades.
- Exprese su responsabilidad de hacer la restitución correspondiente y su compromiso de pagar cualquier deuda que haya adquirido, sea dinero, trabajo, decir la verdad, mostrar respeto hacia alguien o amar a una persona.

"Si el impío restituyere la prenda, devolviere lo que hubiere robado, y caminare en los estatutos de la vida, no haciendo iniquidad, vivirá ciertamente y no morirá. No se le recordará ninguno de sus pecados que había cometido; hizo según el derecho y la justicia; vivirá ciertamente". (Ezequiel 33:15-16)

#10 Reconozca y arregle la situación en cuanto admita su error.

"Cada día asumiré mi responsabilidad por mis irresponsabilidades".

- Acepte su responsabilidad de no acumular ninguna ofensa ante Dios y ante cualquier persona.
- Reconozca cada una y todas sus fallas para vivir como Dios quiere que viva.
- Exprese cada una de sus fallas a Dios en cada momento de su vida, sin excusas, sino consagrándose a vivir una vida controlada y en el poder del Espíritu Santo.

"Porque la gracia de Dios se ha manifestado para salvación a todos los hombres, enseñándonos que, renunciando a la impiedad y a los deseos mundanos, vivamos en este siglo sobria, justa y piadosamente" (Tito 2:11-12)

#11 Ore y conozca el camino de Dios para su vida.

"Quiero ser dirigido por el Señor y seguir solamente su camino".

- Acepte su nueva dependencia de Dios y su necesidad vital de comunicarse con él a través del estudio de la Biblia y de la oración.
- Reconozca su necesidad de contar con el apoyo en oración de otras personas que conocen la verdad y el camino de Dios.
- Exprese a Dios su deseo de ser todo lo que él quiere se sea y hacer todo lo que él le dirija a hacer.

"Muéstrame, oh Jehová, tus caminos; enséñame tus sendas. Encamíname en tu verdad, y enséñame, porque tú eres el Dios de mi salvación; en ti he esperado todo el día". (Salmos 25:4-5)

#12 Acérquese a los demás con su mano y con su corazón.

"Cuidaré de aquellos que necesitan cuidado y les ayudaré con un corazón lleno de compasión".

- Acepte su necesidad de los demás y la necesidad que ellos tienen de usted.
- Reconozca que Dios le ha dado dones y que él le ordena usarlos para servir a los demás en maneras tangibles y prácticas.
- Exprese las formas en las que Dios está dirigiendo a ministrar a los demás y pida a él su confirmación y la dirección de cristianos maduros que pueden ayudarle a servir a los demás.

"Sobrellevad los unos las cargas de los otros, y cumplid así la ley de Cristo" (Gálatas 6:2)

Siete "noes" para la liberación[27]

Mientras esté pasando por el proceso de liberación de su fármacodependencia, sepa que lo que no debe hacer es tan importante como lo que sí debe hacer.

#1 No luche contra su adicción a solas. Participe en un programa legítimo de recuperación de drogadicción.

"Mejores son dos que uno; porque tienen mejor paga de su trabajo. Porque si cayeren, el uno levantará a su compañero; pero ¡ay del solo! que cuando cayere, no habrá segundo que lo levante". (Eclesiastés 4:9-10)

#2 No niegue su habilidad de ¡engañarse a sí mismo y a los demás!

"Engañoso es el corazón más que todas las cosas, y perverso; ¿quién lo conocerá?" (Jeremías 17:9)

#3 No se relacione con aquellos que fomentan su hábito.

"No erréis; las malas conversaciones corrompen las buenas costumbres". (1 Corintios 15:33)

#4 No se preocupe por el futuro. Camine al lado de Dios día con día.

"Así que, no os afanéis por el día de mañana, porque el día de mañana traerá su afán. Basta a cada día su propio mal". (Mateo 6:34)

#5 No se dé por vencido si recae. Nunca es demasiado tarde para volver al buen camino.

"Si confesamos nuestros pecados, él es fiel y justo para perdonar nuestros pecados, y limpiarnos de toda maldad". (1 Juan 1:9)

#6 No se llene de orgullo al ver su progreso en el proceso de recuperación.

"Antes del quebrantamiento es la soberbia, y antes de la caída la altivez de espíritu". (Proverbios 16:18)

#7 No se sorprenda cuando sea tentado

"No os ha sobrevenido ninguna tentación que no sea humana; pero fiel es Dios, que no os dejará ser tentados más de lo que podéis resistir, sino que dará también juntamente con la tentación la salida, para que podáis soportar". (1 Corintios 10:13)

Pregunta:

"Cuando me convertí en cristiano hace un año, dejé la cocaína y la marihuana por ocho meses. Pero ahora he regresado al consumo de la marihuana y no tengo la menor motivación para dejarla. ¿Cómo puedo vencer este mal hábito?"

RESPUESTA:

La motivación es un factor vital para vencer cualquier adicción. Cuanto más se dé cuenta de que no sólo se está provocando un gran daño a sí mismo, sino que también está lastimando el corazón de Dios, cuanto más experimente la "culpabilidad beneficiosa", podrá adquirir la motivación que necesita. La Biblia dice que podemos cambiar por medio de la renovación de nuestra mente, la cual es otra clave para vencer un hábito destructivo. Anteriormente usó el poder de Cristo dentro de usted, pero poco a poco su enfoque cambió y dejó esa fuente de poder. En lugar de centrarse en lo que debe hacer, concéntrese en ser conformado a la imagen de Cristo. Arrepiéntase de que ha estado haciendo sólo lo que a usted le place y haga las cosas que hacía cuando se convirtió a Cristo.

"Pero tengo contra ti, que has dejado tu primer amor [Jesús]. Recuerda, por tanto, de dónde has caído, y arrepiéntete, y haz las primeras obras; pues si no, vendré pronto a ti, y quitaré tu candelero de su lugar, si no te hubieres arrepentido". (Apocalipsis 2: 4-5)

Diez recomendaciones espirituales para la recuperación:[28]

Debe ganar su libertad primero en la esfera espiritual antes de que pueda hacerlo en las esferas físicas y emocionales. Tome muy en serio los siguientes consejos al comenzar el camino hacia su recuperación.

#1 El tiempo para comenzar su recuperación es hoy mismo.

"Entre tanto que se dice: Si oyereis hoy su voz, no endurezcáis vuestros corazones, como en la provocación". (Hebreos 3:15)

#2 Reconozca que la recuperación es un proceso de por vida, y no un solo acontecimiento.

"No que lo haya alcanzado ya, ni que ya sea perfecto; sino que prosigo, por ver si logro asir aquello para lo cual fui también asido por Cristo Jesús". (Filipenses 3:12)

#3 Ore diariamente ¡para obtener la victoria! Sólo a través de la oración Dios lo protegerá.

"Velad y orad, para que no entréis en tentación; el Espíritu a la verdad está dispuesto, pero la carne es débil". (Mateo 26:41)

#4 Lea su Biblia todos los días para obtener la fortaleza del Señor.

"Se deshace mi alma de ansiedad; susténtame según tu palabra". (Salmos 119:28)

#5 Medite en las Escrituras para no caer en pecado.

"En mi corazón he guardado tus dichos para no pecar contra ti". (Salmos 119:11)

#6 Asista a la iglesia regularmente para adorar a Dios y crecer con los demás.

"Y considerémonos unos a otros para estimularnos al amor y a las buenas obras; no dejando de congregarnos, como algunos tienen por costumbre, sino exhortándonos; y tanto más, cuanto veis que aquel día se acerca". (Hebreos 10:24-25)

#7 Comparta sus luchas con sus seres queridos que se interesan por usted.

"Confesaos vuestras ofensas unos a otros, y orad unos por otros, para que seáis sanados. La oración eficaz del justo puede mucho". (Santiago 5:16)

#8 ¡Confíe en Dios! Haga de su crecimiento en su relación con él la más alta prioridad.

"Mas buscad primeramente el reino de Dios y su justicia, y todas estas cosas os serán añadidas". (Mateo 6:33)

#9 Dependa del poder de Cristo para no volver a consumir drogas.

"Todo lo puedo en Cristo que me fortalece". (Filipenses 4:13)

#10 Sepa que el cambio permanente sí es posible.

"Porque nada hay imposible para Dios". (Lucas 1:37)

Pregunta:

"Soy un adicto en recuperación pero he tenido varias recaídas. Hace poco me convertí en cristiano y ahora siento que Dios me ha liberado. ¿Es esto posible?"

Respuesta:

Algunos cristianos sí reciben una liberación sobrenatural de las drogas, pero otros no. No importa cuál haya sido su caso, al aceptar a Jesucristo como su Señor y Salvador personal, hay buenas noticias para usted. Cuando recibe la salvación auténtica, no sólo es salvo de la pena del pecado, sino también del poder del pecado en su vida. Las drogas ya no lo dominan, ahora su amo es el Señor Jesús. A través del poder de Cristo viviendo en usted, puede depender de su poder sobrenatural para librarlo de su adicción.

"Sabiendo esto, que nuestro viejo hombre fue crucificado juntamente con él, para que el cuerpo del pecado sea destruido, a fin de que no sirvamos más al pecado… porque el pecado no se enseñoreará de vosotros; pues no estáis bajo la ley, sino bajo la gracia". (Romanos 6: 6, 14)

Ponga límites benéficos… con el adicto

Los límites son barreras que protegen del daño externo y nos libran del daño interno. Las personas que tienen que luchar con un familiar fármacodependiente necesitan aprender a establecer límites apropiados respecto a lo que pueden hacer por su ser amado. Estos límites le ayudarán a no asumir excesiva responsabilidad por la conducta de su ser querido. Los límites sirven para evitar que el problema de una persona adicta se convierta en su problema personal.

"Sobre toda cosa guardada, guarda tu corazón; porque de él mana la vida". (Proverbios 4:23)

- No tenga expectativas de la persona adicta.

  "Alma mía, en él solamente reposa, porque de él es mi esperanza". (Salmos 62:5)

- Aprenda a desligarse del problema del adicto y tome el control de su propia vida.

  "Mis ojos están siempre hacia Jehová, porque él sacará mis pies de la red". (Salmos 25:15)

- Cambie su preocupación del comportamiento del adicto y preocúpese de sus propias reacciones.

  "Escudriñemos nuestros caminos, y busquemos, y volvámonos a Jehová". (Lamentaciones 3:40)

- Aprenda todo lo que pueda cerca del uso de las drogas.

  "Mejor es adquirir sabiduría que oro preciado; y adquirir inteligencia vale más que la plata". (Proverbios 16:16)

- Deje de buscar pretextos para su conducta (excusas, proteger).

  "Estas cosas hiciste, y yo he callado; pensabas que de cierto sería yo como tú; pero te reprenderé, y las pondré delante de tus ojos". (Salmos 50:21)

- Hágale saber al adicto acerca de los efectos de su adicción sobre sí mismo y sobre los demás.

  "Por lo cual, desechando la mentira, hablad verdad cada uno con su prójimo; porque somos miembros los unos de los otros". (Efesios 4:25)

- Ore por la vida del adicto y espere que Dios traiga consecuencias sobre él.

  "Porque los caminos del hombre están ante los ojos de Jehová, y él considera todas sus veredas. Prenderán al impío sus propias iniquidades, y retenido será con las cuerdas de su pecado. Él morirá por falta de corrección, y errará por lo inmenso de su locura". (Proverbios 5:21-23)

PREGUNTA:

"Cuando mi esposo bebe demasiado se enoja y nos maltrata verbalmente. ¿Qué debo hacer para protegerme a mí y a mis hijos y seguir siendo bíblicamente sumisa a mi esposo?"

RESPUESTA:

La Biblia nunca dice que una esposa, en nombre de la sumisión, deba someterse a la violencia doméstica. Ninguna adicción de un esposo le da derecho a maltratar físicamente a su familia. Por el contrario, la Biblia dice: *"No te entremetas con el iracundo". (Proverbios 22:24)*. Por tanto, comuníquele sus límites. Dígale que la próxima vez que la maltrate, llamará a la policía... que él tendrá que irse de la casa, o que usted se irá y se llevará a los niños. Luego cumpla su dicho si una vez más él traspasa los límites.

"El de grande ira llevará la pena; y si usa de violencias, añadirá nuevos males". (Proverbios 19:19)

Haga una "intervención de crisis" con el adicto[29]

Con frecuencia, uno de los métodos más efectivos para ayudar a un fármacodependiente es una intervención de crisis. Ésta es efectiva en un 80 por ciento de las veces. Y el aspecto más poderoso de la intervención de crisis es la dinámica de grupo ¡hay poder en el grupo! Un miembro de la familia puede tratar de detener el comportamiento de un adicto, pero tristemente, sus súplicas caen en oídos sordos. En privado, se puede expresar preocupación por el problema, pero una a una las súplicas por erradicarlo serán infructuosas. Como individuo, carece de poder, pero como grupo puede ser dinamita. De hecho, un grupo puede obtener el poder de Dios para mover lo inamovible. La palabra de Dios ofrece respaldo a este tipo de intervención.

"Por tanto, si tu hermano peca contra ti, ve y repréndele estando tú y él solos; si te oyere, has ganado a tu hermano. Mas si no te oyere, toma aún contigo a uno o dos, para que en boca de dos o tres testigos conste toda palabra".
(Mateo18:15-16)
(Lea Ezequiel 3:18-19.)

- Ore pidiendo sabiduría y entendimiento del Señor.

  "Porque Jehová da la sabiduría, y de su boca viene el conocimiento y la inteligencia". (Proverbios 2:6)

- Aprenda acerca de los programas de intervención en crisis. Asista a reuniones de fármacodependencia (Alcohólicos Anónimos, Narcóticos Anónimos). Lea todo el material acerca de las intervenciones y visite centros de tratamiento y rehabilitación.

  "Bienaventurado el hombre que halla la sabiduría, y que obtiene la inteligencia; porque su ganancia es mejor que la ganancia de la plata, y sus frutos más que el oro fino". (Proverbios 3:13-14)

- Llame a una oficina de consejería para que le recomiende a un líder cristiano entrenado en el procedimiento de intervención en crisis.

"Los pensamientos son frustrados donde no hay consejo; mas en la la multitud de consejeros se afirman". (Proverbios 15:22)

- Si es posible, tenga una reunión con un especialista en intervenciones para planificar el encuentro. Incluya en la plática las opciones de tratamiento, planes de admisión, pasos a seguir, seguro médico y el impacto que el tratamiento podría tener en el lugar de trabajo del adicto.

"Escucha el consejo, y recibe la corrección, para que seas sabio en tu vejez". (Proverbios 19:20)

- Haga una lista de personas clave que hayan sido afectadas por el comportamiento del adicto y que estén dispuestos a ayudar en el proceso de confrontarlo (familia, amigos, doctor, jefe de trabajo, compañeros del trabajo, un líder espiritual).

"El testigo verdadero libra las almas". (Proverbios 14:25)

- En absoluta confidencialidad y sin que el adicto esté presente, tenga una reunión preliminar en la que esas personas clave ensayen (si es posible con el líder entrenado) lo que van a decir, cómo lo dirán y el orden en el que hablarán al momento de la confrontación.

"Mejor es reprensión manifiesta que amor oculto. Fieles son las heridas del que ama; pero importunos los besos del que aborrece". (Proverbios 27:5-6)

- Tenga una segunda reunión estando presente el adicto en la que uno a uno, cada confrontador comunica su interés genuino por él y comparte las apelaciones ensayadas de antemano (vea "Las cuatro 'pes' de una súplica").

"Hay hombres cuyas palabras son como golpes de espada; mas la lengua de los sabios es medicina". (Proverbios 12:18)

Las cuatro *Pes* de una Súplica[30]

#1 Personal

- Afirme, pero no ataque.
  - — "Quiero que sepas cuanto me preocupo por ti (o cuanto te amo), y cuán angustiado estoy por tu comportamiento".

    "Ninguna palabra corrompida salga de vuestra boca, sino la que sea buena para la necesaria edificación, a fin de dar gracia a los oyentes". (Efesios 4:29)

#2 Pasado

- Mencione un ejemplo reciente y específico del comportamiento negativo del adicto y el impacto personal que éste tuvo en usted.
  - — "Anoche que comenzaste a hablar con grosería frente a mi amiga, me sentí muy humillada".

    "El que habla verdad declara justicia." (Proverbios 12:17)

- Sea breve, dé ejemplos que contengan tres o cuatro oraciones.

  "El que ahorra sus palabras tiene sabiduría; de espíritu prudente es el hombre entendido". (Proverbios 17:27)

#3 Provocación de dolor

- Enfatice el impacto y dolor que ha recibido por el comportamiento del adicto. Utilice oraciones en primera persona.

  — "Me sentí devastada y profundamente herida por la manera en que me gritaste".

  "El corazón del sabio hace prudente su boca, y añade gracia a sus labios". (Proverbios 16:23)

#4 Petición

- Haga una súplica personal para que su ser amado reciba el tratamiento adecuado.

  — "Te pido que busques la ayuda que necesitas para salir de tu adicción. Si estás dispuesto a hacerlo, tendrás mi profundo respeto".

  "La muerte y la vida están en poder de la lengua" (Proverbios 18:21)

- Esté preparado para implementar un plan inmediato si accede a someterse a un tratamiento.

  — "Ya he empacado tu maleta, te aceptaron en el programa de recuperación de ________________________."

  "Libra a los que son llevados a la muerte; salva a los que están en peligro de muerte. Porque si dijeres: Ciertamente no lo supimos. ¿Acaso no lo entenderá el que pesa los corazones? El que mira por tu alma, él lo conocerá, y dará al hombre según sus obras". (Proverbios 24:11-12)

- Si rechaza el tratamiento, dígale en detalle las repercusiones que tendrá su conducta.

  — "No podemos permitir que regreses a casa o que estés con nuestra familia hasta que estés limpio y sobrio por __________ (especifique un período de tiempo)".

  "La reconvención es molesta al que deja el camino; y el que aborrece la corrección morirá". (Proverbios 15:10)

Los *"noes"* del diálogo[31]

Podemos estar en lo correcto y sin embargo, nuestros actos pueden ser incorrectos. Podemos influenciar a una persona que quiere cambiar, no por lo que decimos, sino cómo lo decimos. La palabra de Dios dice: "Hermanos, si alguno fuere sorprendido en alguna falta, vosotros que sois espirituales, restauradle con espíritu de mansedumbre". (Gálatas 6:1)

- No use palabras ofensivas, ni predique, ni juzgue.

  — "Anoche te portaste como un desgraciado. ¿Quién quiere vivir con un borrachote?"

  "El que carece de entendimiento menosprecia a su prójimo; mas el hombre prudente calla". (Proverbios 11:12)

- No lo defienda cuando otras personas lo están confrontando.

  — "En realidad no era su intención herirte".

  "Todo tiene su tiempo... tiempo de callar y tiempo de hablar". (Eclesiastés 3:1, 7)

- No discuta si contradice sus puntos de vista.

  — "Quizá tengas razón, pero he leído todo lo contrario".

  "Porque el siervo del Señor no debe ser contencioso… que con mansedumbre corrija a los que se oponen, por si quizá Dios les conceda que se arrepientan para conocer la verdad, y escapen del lazo del diablo, en que están cautivos a voluntad de él". (2 Timoteo 2:24-26)

- No reaccione con exageración, controle sus emociones.

  — Si lo ataca verbalmente, exponga calmadamente su posición, y si lo vuelve a atacar, repita nuevamente las mismas palabras una y otra vez. "Esto es para tu propio bien".

  "Por esto, mis amados hermanos, todo hombre sea pronto para oír, tardo para hablar, tardo para airarse; porque la ira del hombre no obra la justicia de Dios". (Santiago 1:19-20)

- No ponga un ultimátum a menos que se disponga a cumplirlo.

  — Si su ser querido ha estado fuera de casa sólo por poco tiempo y le dice: "Te prometo que nunca más lo voy a volver a hacer; sólo déjame regresar", dígale: "No, no puedes volver hasta que hayas terminado tu tratamiento".

  "Sino que vuestro sí sea sí, y vuestro no sea no". (Santiago 5:12)

- No proteja a su ser querido ni evite que enfrente las consecuencias de su adicción.

  — "No volveré a mentirle a tu jefe otra vez".

  "Todo lo que el hombre sembrare, eso también segará". (Gálatas 6:7)

- No acepte sus promesas sin el compromiso de que las cumplirá inmediatamente.

  — "No puedo ir ahora, pero te prometo que iré el mes que entra".

  "El simple todo lo cree; mas el avisado mira bien sus pasos". (Proverbios 14:15)

Esta segunda reunión concluye ya sea con el inicio del programa de recuperación del adicto o con su decisión de vivir con las consecuencias de rechazar el tratamiento.

"El que reprende al hombre, hallará después mayor gracia que el que lisonjea con la lengua". (Proverbios 28:23)

Reconozca el poder de la oración a favor del adicto

La oración es nuestro acceso directo a Dios. Orar es traer todo lo que Dios es y su poder a una situación dada. A través de la oración, aprópiese de su poder y su paz.

"Como todas las cosas que pertenecen a la vida y a la piedad nos han sido dadas por su divino poder, mediante el conocimiento de aquel que nos llamó por su gloria y excelencia, por medio de las cuales nos ha dado preciosas y grandísimas promesas, para que por ellas llegaseis a ser participantes de la naturaleza divina, habiendo huido de la corrupción que hay en el mundo a causa de la concupiscencia". (2 Pedro 1:3-4)

- Dé gracias por lo que Dios ha hecho por usted.

  "Por nada estéis afanosos, sino sean conocidas vuestras peticiones delante de Dios en toda oración y ruego, con acción de gracias. Y la paz de Dios, que sobrepasa todo entendimiento, guardará vuestros corazones y vuestros pensamientos en Cristo Jesús". (Filipenses 4:6-7)

- Ore para que Dios le revele sus malas reacciones.

  "He aquí, tú amas la verdad en lo íntimo, y en lo secreto me has hecho comprender sabiduría". (Salmos 51:6)

- Ore pidiendo más amor para el ofensor.

  "Este es mi mandamiento: Que os améis unos a otros, como yo os he amado". (Juan 15:12)

- Ore para que las fortalezas sean derribadas.

  "Porque las armas de nuestra milicia no son carnales, sino poderosas en Dios para la destrucción de fortalezas, derribando argumentos y toda altivez que se levanta contra el conocimiento de Dios, y llevando cautivo todo pensamiento a la obediencia a Cristo". (2 Corintios 10:4-5)

- Pida fe para creer que con la ayuda de Dios se dará un cambio permanente.

  "Todas las cosas son posibles para Dios". (Marcos 10:27)

- Ore por el adicto.

  "Por lo cual también nosotros, desde el día que lo oímos, no cesamos de orar por vosotros, y de pedir que seáis llenos del conocimiento de su voluntad en toda sabiduría e inteligencia espiritual, para que andéis como es digno del Señor, agradándole en todo, llevando fruto en toda buena obra, y creciendo en el conocimiento de Dios; fortalecidos con todo poder, conforme a la potencia de su gloria, para toda paciencia y longanimidad". (Colosenses 1:9-11)

- Ore con consistencia y perseverancia.

  "Orad sin cesar". (1 Tesalonicenses 5:17)

  "Entrad por sus puertas con acción de gracias, por sus atrios con alabanza; alabadle, bendecid su nombre. Porque Jehová es bueno; para siempre es su misericordia, y su verdad por todas las generaciones". (Salmos 100:4-5)

Nunca pierda la esperanza

La historia de Mickey Mantle fue un éxito cuando recuperó el control de su vida. Pero todavía le hacía falta algo.[32]

Cuando se le diagnosticó cáncer de hígado, Mickey supo que enfrentaba la muerte. Llamó a su ex-compañero y amigo de toda la vida, Bobby Richardson quien era el jugador de segunda base. Mickey sabía que Bobby era un cristiano comprometido, así que le pidió que orara con él por teléfono. El cáncer pasó a una etapa más crítica. La muerte de Mickey era inminente y su familia volvió a llamar a Bobby Richardson. Cuando él entró en el cuarto de hospital de Mickey, Bobby recordó cuántas veces le había hablado a Mickey acerca del Señor y una vez más le hizo la invitación: "Mickey, te quiero mucho y quiero que pases la eternidad en el cielo conmigo". Mantle sonrió y le dijo: "Bobby, había estado esperando la oportunidad de decirte que he confiado en el Señor Jesucristo como mi Salvador".[33]

En el funeral de Mickey, Bobby Richardson dijo a los presentes que sólo existen dos clases de personas en el mundo: los que dicen "sí" a Cristo y los que le dicen "no". Y puesto que ninguno de nosotros sabemos cuánto tiempo tenemos de vida, decir "quizá" es lo mismo que decir "no".

Antes de morir, Mickey hizo una declaración asombrosa: "Es difícil ver hacia atrás. Pero se aprende de ello... Quiero hacer una diferencia, no porque metí muchas carreras en el béisbol, sino porque cambié mi vida. Si yo puedo, cualquiera puede hacerlo. Nunca es demasiado tarde".[34]

Si nunca ha pensado seriamente dónde va a pasar la eternidad, o si ha pensado que tiene suficiente tiempo para decidir, que hoy sea su día de decisión. Así como Mickey Mantle se dio cuenta al final de su vida de que necesitaba recibir el perdón por sus pecados, usted podría sentir que el Señor le está guiando a la misma conclusión. Si su deseo es vivir en una relación correcta con el Señor, usted puede orar a él y pedirle que entre en su corazón y tome el control de su vida, no importa cuán ingobernable ésta se haya vuelto.

Oración de Salvación

"Dios, te necesito en mi vida. Admito que he pecado, y has dicho que mi pecado merece la muerte. Muchas veces me he desviado y seguido mi propio camino, en vez de seguir el tuyo. Por favor, perdona todos mis pecados. Gracias, Jesús, por morir en la cruz para pagar por la pena de mis pecados. Entra en vida para ser mi Señor y Salvador. Toma el control de mi vida y hazme la persona que tu quieres que yo sea. Gracias, Jesús, por lo que harás en mi vida, por lo que harás conmigo y a través de mí. En tu nombre santo hago esta oración. Amén".

¡¡No pierda la esperanza!!

Bobby Richardson nunca se dio por vencido al hablar con Mickey Mantle. Cuánta bendición recibió Mickey al tener un amigo fiel que consistentemente compartía con él acerca la persona de Cristo. Bobby vivía lo que dicen estos dos versículos:

"Hermanos, si alguno de entre vosotros se ha extraviado de la verdad, y alguno le hace volver, sepa que el que haga volver al pecador del error de su camino, salvará de muerte un alma, y cubrirá multitud de pecados".
(Santiago 5:19-20)

Bobby sabía que en el último *inning* de su vida, Mickey pasó de muerte a vida porque Jesús dijo:

De cierto, de cierto os digo: El que oye mi palabra, y cree al que me envió, tiene vida eterna; y no vendrá a condenación, mas ha pasado de muerte a vida".
Juan 5:24)

NOTAS

1. La información sobre Mickey Mantle es de Merlyn Mantle, et al., con Mickey Herskowitz, A Hero All His Life: A Memoir by the Mantle Family, "Héroe toda su vida: Memorias de la familia Mantle" (New York: HarperCollins, 1996); Ed Cheek, Mickey Mantle: Su entrada final (Garland, TX: ATS, s.f.).

2. Mantle, et al., A Hero All His Life: A Memoir by the Mantle Family "Héroe toda su vida", 34.

3. Véase Stephen Van Cleave, Walter Byrd, y Kathy Revell, Counseling for Substance Abuse and Addiction, "Consejería sobre el abuso de sustancias y la adicción", editado por Gary R. Collins, Recursos para consejería cris-tiana, vol. 12 (Dallas: Word, 1987), 36, 181.

4. Para esta sección vea James R. Beck, Substance Use Disorders, "Enfermedades por el uso de sustancias químicas", en La Enciclopedia Baker de psicología, ed. David G. Benner (Grand Rapids: Baker, 1985), 1128-9.

5. Para esta sección véase Jeff VanVonderen, Good News for the Chemically Dependent and those Who Love Them, "Buenas nuevas para los fármaco-dependientes y para quienes los aman", rev. y actualizado ed. (Nashville: Thomas Nelson, 1991), 21-2.

6. Para las siguientes secciones véase la American Psychiatric Association, "Asociación Americana de Psiquiatría, Manual de diagnóstico y estadísticas de desórdenes mentales, 4a revisión (Washington, D.C.: Asociación Americana de Psiquiatría, 2000), 191-209.

7. Elizabeth J. Taylor, ed., Dorland's Illustrated Medical Dictionary, "Diccionario médico ilustrado de Dorland", 27ava ed. (Filadelfia, PA: W. B. Saunders, 1988), 848.

8. Collette Shaughnessy, Reachout, "Alcance", Columna de preguntas y respuestas, marzo 1999, Fundación de la familia Lowe, http://www.lowefamily.org/reachout/mar99.html (accedido el 22 de octubre, 2003); Van Cleave, Byrd, y Revell, Counseling for Substance Abuse and Addiction, "Consejería para abuso de sustancias y adicciones", 94-5, 181.

9. Mantle, et al., A Hero All His Life: A Memoir by the Mantle Family "Héroe toda su vida", 98.

10. Mantle, et al., A Hero All His Life: A Memoir by the Mantle Family "Héroe toda su vida", 19.

11. Para las siguientes secciones véase Substance Abuse and Mental Health Services Administration, "Administración de Servicios de salud mental del abuso de sustancias químicas", Resumen de resultados de la encuesta nacional familiar del año 2000 acerca del abuso de las drogas (Serie NHSDA: H-13, DHHS Publicación No. SMA 01-3549), 2001, Departamento de salud y servicios humanos de los Estados Unidos, http://www.samhsa.gov/oas/2k2/

suicide/suicide.pdf.

12. Para esta sección véase Ronald Rogers y Chandler Scott McMillin, Under Your Own Power: A Guide to Recovery for Nonbelievers… and the Ones Who Love Them, "Bajo su poder: Guía para la recuperación de no creyentes... y de los que los aman" (Nueva York: G. P. Putnam's Sons, 1992), 140-143.

13. Para esta sección véase George R. Ross, Treating Adolescent Substance Abuse, "Cómo tratar el abuso de sustancias químicas en los adolescentes: Entendiendo los elementos fundamentales" (Boston: Allyn y Bacon, 1993), 23-5; Andre Bustanoby, When

Your Child is on Drugs or Alcohol, "Cuando su hijo consume drogas o alcohol" (San Bernardino, Calif.: Here's Hope, "Aquí hay esperanza", 1986), 17-8.

14. Mantle, et al., A Hero All His Life: A Memoir by the Mantle Family "Héroe toda su vida", 16.

15. Mantle, et al., A Hero All His Life: A Memoir by the Mantle Family "Héroe toda su vida", 5.

16. Para la siguiente sección véase Institute for Health Policy, "Instituto para una política en salud", Universidad Brandeis, Substance Abuse: The Nation's Number One Health Problem, Key Indicator for Policy, "Abuso de sustancias químicas: el problema de salud número uno de la nación; indicadores clave para la política"; octubre 1993, Fundación Robert Wood Johnson, http://said.dol.gov/htree13.

17. U.S. Department of Transportation. National Highway Traffic Safety Administration, Traffic Safety Facts 2001, "Departamento del transporte de los Estados Unidos, Administración nacional de seguridad en el tráfico en las carreteras, "Hechos en seguridad de tránsito 2001: Compilación de los accidentes vehiculares del sistema de reporte de fatalidades y el sistema de estimados generales de reportes", 2001, http: // www-nrd.nhtsa.dot.gov/pdf/nrd-30/NCSA/TSFAnn/TSF2001.pdf. [GLW—no dividir el URL como aquí. Siga las instrucciones de Chicago para el guionado del URL, o mantenga todo el URL en una sola línea. Los guiones son originales]

18. Para la siguiente sección véase The World's Best Anatomical Charts: Diseases and Disorders, "Los mejores cuadros anatómicos del mundo: enfermedades y desórdenes (Skokie, IL: Compañía anatómica de cuadros, 2000), 29.

19. American Psychiatric Association, Asociación psiquiátrica americana, DSM-IV TR, 221.

20. American Psychiatric Association, Asociación psiquiátrica americana, DSM-IV TR, 219.

21. Véase Jarmes R. Milam y Katherine Ketcham, Under The Influence, "Bajo la Influencia" (Nueva York: Bantam, 1983), 34-7. Citado en Bustanoby, When Your Child is on Drugs or Alcohol, "Cuando su hijo consume drogas o alcohol", 19.

22. Véase American Heritage Electronic Dictionary, "Diccionario electrónico de herencia americana" (Houghton Mifflin, 1992).

23. Para esta sección véase VanVonderen, Good News for the Chemically Dependent and those Who Love Them, "Buenas nuevas para los fármaco-dependientes y para quienes los aman", 31-2.

24. Mantle, et al., A Hero All His Life: A Memoir by the Mantle Family "Héroe toda su vida", 26.

25. Mantle, et al., A Hero All His Life: A Memoir by the Mantle Family "Héroe toda su vida", 153.

26. Para esta sección véase Robert S. McGee, Pat Springle, y Susan Joiner, Rapha's Twleve-Step Program for Overcoming Chemical Dependency with Support Materials from the Search for Significance, "El programa de Rapha en 12 pasos para salir de la fármaco-dependencia: con materiales de apoyo de en busca de significancia", 2d ed. (Houston, TX: Rapha, 1990); Van Cleave, Byrd, y Revell, Counseling for Substance Abuse and Addiction, "Consejería sobre el abuso de sustancias y la adicción", 103-10.

27. Para esta sección véase Van Cleave, Byrd, y Revell, Counseling for Substance Abuse and Addiction, "Consejería sobre el abuso de sustancias y la adicción", 116-7.

28. Para esta sección véase Van Cleave, Byrd, y Revell, Counseling for Substance Abuse and Addiction, "Consejería sobre el abuso de sustancias y la adicción", 116-7.

29. Para esta sección véase Van Cleave, Byrd, y Revell, Counseling for Substance Abuse and Addiction, "Consejería sobre el abuso de sustancias y la adicción", 83-6; Carolyn Johnson, Understanding Alcoholism, "Cómo entender el alcoholismo" (Grand Rapids: Zondervan, 1991), 145-50; Christina B. Parker, When Someone You Love Drinks Too Much, "Cuando alguien a quien amas bebe demasiado: guía cristiana para la adicción, codependencia y recuperación" (Nueva York: Harper & Row, 1990), 55-6.

30. Para esta sección véase Van Cleave, Byrd, y Revell, Counseling for Substance Abuse and Addiction, "Consejería sobre el abuso de substancias y la adicción", 87.

31. Para esta sección véase Van Cleave, Byrd, y Revell, Counseling for Substance Abuse and Addiction, "Consejería sobre el abuso de substancias y la adicción", 86-7; Parker, When Someone Your Love Drinks Too Much, "Cuando alguien a quien amas bebe demasiado", 54-5.

32. Para esta sección véase Cheek, Mickey Mantle.

33. Cheek, Mickey Mantle.

34. Mantle, et al., A Hero All His Life: A Memoir by the Mantle Family "Héroe toda su vida", 8.

BIBLIOGRAFÍA

American Psychiatric Association, Asociación psiquiátrica americana. Manual de diagnóstico y de estadísticas de los desórdenes mentales. 4a ed., revisión de texto. Washington, D.C.: Asociación psiquiátrica americana, 2000.

Beck, James R. Substance use Disorders, "Enfermedades por el uso de sustancias", en La Enciclopedia Baker de psicología, editado por David G. Benner, 1128-30. Grand Rapids: Baker, 1985.

Bustanoby, Andre. When Your Child is on Drugs or Alcohol, "Cuando su hijo consume drogas o alcohol". San Bernardino, Calif.: Here's Hope, 1986.

Cheek, Ed. Mickey Mantle: His Final Inning, Mickey Mantle: Su entrada final. Garland, TX: ATS, s.f.

Institute for Health Policy, Brandeis University, Instituto para las políticas de salud, Brandeis University. "Abuso de sustancias: el problema número uno de la nación, indicadores claves para una política". Octubre 1993. La fundación Robert Wood Johnson. http://said.dol.gov/htree13.

Johnson, Carolyn. Understanding Alcoholism, "Cómo entender el alcoholismo". Grand Rapids: Zondervan, 1991.

Mantle, Merlyn, et al., con Mickey Herskowitz. A Hero All His Life, "Un héroe toda su vida: un memorial de la Familia Mantle". Nueva York: HarperCollins, 1996.

McGee, Robert S., Pat Springle, y Susan Joiner. Rapha's Twelve-Step Program For Overcoming Chemical Dependency, "El programa de Rapha en 12 pasos para salir de la fármaco-dependencia: con materiales de apoyo de en busca de significancia". 2d ed. Houston, TX: Rapha, 1990.

Milam, Jarmes R., y Katherine Ketcham. Under he Influence, "Bajo la influencia. Nueva York: Bantam, 1983.

Parker, Christina B. When Someone Your Love Drinks Too Much, "Cuando alguien a quien amas bebe demasiado: guía cristiana sobre la adicción, codependencia y recuperación". Nueva York: Harper & Row, 1990.

Rogers, Ronald, y Chandler Scott McMillin. Under Your Own Power, "Bajo su poder: Guía para la recuperación de no creyentes... y de los que los aman". Nueva York: G. P. Putnam's Sons, 1992.

Ross, George R. Treating Adolescent Substance Abuse, "Cómo tratar el abuso de sustancias químicas entre los adolescentes: cómo entender los elementos fundamentales". Boston: Allyn y Bacon, 1993.

Shaughnessy, Collette. Reachout, "Alcance, columna de preguntas y respuestas. marzo 1999. Fundación de la familia Lowe.

http://www.lowefamily.org/reachout/mar99.html (accedido en octubre 22, 2003).

Substance Abuse and Mental Health Services Administration, "Administración de Servicios de salud mental del abuso de sustancias químicas", Resumen de resultados de la encuesta nacional familiar del año 2000 acerca del abuso de las drogas (Serie NHSDA: H-13, DHHS Publicación No. SMA 01-3549), 2001, Departamento de salud y servicios humanos de los Estados Unidos. http://www.samhsa.gov/oas/2k2/suicide/suicide.pdf.

Taylor, Elizabeth J., ed. Dorland's Illustrated Medical Dictionary, Diccionario médico Ilustrado de Dorland. 27ava ed. Philadelphia, PA: W. B. Saunders, 1988.

U.S. Department of Transportation, "Departamento de transporte de los Estados Unidos, Administración nacional de seguridad en el tráfico en las carreteras, Hechos en seguridad de tránsito 2001: Compilación de los accidentes vehiculares del sistema de reporte de muertes y el sistema de estimados generales de reportes", 2001, http://www-nrd.nhtsa.dot.gov/pdf/nrd-30/NCSA/TSFAnn/TSF2001.pdf.

[GLW—no dividir el URL como aquí. Siga las instrucciones de Chicago para el guionado del URL, o mantenga todo el URL en una sola línea. Los guiones son originales]

Van Cleave, Stephen, Walter Byrd, y Kathy Revell. Counseling for Substance Abuse and Addiction, "Consejería sobre el abuso de sustancias químicas y adicciones". Editado por Gary R. Collins. Recursos para la consejería cristiana, vol. 12. Dallas: Word, 1987.

VanVonderen, Jeff. Good News for the Chemically Dependent and those Who Love Them, "Buenas Nuevas para los fármaco-dependientes y para quienes los aman". Rev. y actualizado ed. Nashville: Thomas Nelson, 1991.

The World's Best Anatomical Charts, "Los mejores cuadros anatómicos del mundo: enfermedades y desórdenes". Skokie, IL: Compañía anatómica de cuadros, 2000.

Versículos bíblicos para memorizar

Proverbios 22:3

Proverbios 23:31-32

1 Corintios 3:16-17

Marcos 10:27

1 Corintios 10:13

Proverbios 19:20

Proverbios 20:1

Romanos 12:1-2

Romanos 14:21

Salmos 25:15

La codependencia

De la esclavitud al equilibrio

"Puesto que el primer mandamiento establece: 'No tendrás dioses ajenos delante de mí', el principal problema de la codependencia es poner a otra persona por encima de Dios. El cuidado excesivo que se le prodiga hace que se comprometan las convicciones. El exceso de lealtad hace que se pierdan los límites saludables. El 'amor' excesivo por ella, hace que usted diga 'sí' en vez de 'no'".

—June Hunt

DEFINICIONES

¿Qué es dependencia?

- Esta palabra indica que se depende o confía en otra persona o cosa para el apoyo o subsistencia personal.
- A menudo, la dependencia es una adicción a las personas, objetos o a ciertos comportamientos que representan el deseo subyacente de cubrir nuestras necesidades emocionales.[1]

Es posible depender de:

— ***Personas***

La dependencia emocional es tratar de encontrar la identidad propia en otra persona. Consiste en esperar que ella llene nuestras necesidades de amor, seguridad y significado o reconocimiento.

— ***Cosas***

Es la adicción a las drogas, el alcohol, el tabaco, la pornografía, la comida, o las posesiones.

— ***Comportamientos***

Son las adicciones al sexo, las apuestas, a gastar en exceso, al perfeccionismo, la adicción al trabajo o a los estallidos violentos de cólera.

Pregunta:

"¿Por qué es malo depender de otros?"

Respuesta:

Muchas personas tienen una dependencia excesiva de otra. Pero Dios nos diseñó para depender sólo de él.

"Y que procuréis tener tranquilidad, y ocuparos en vuestros negocios, y trabajar con vuestras manos de la manera que os hemos mandado, a fin de que os conduzcáis honradamente para con los de afuera, y no tengáis necesidad de nada". (1 Tesalonicenses 4:11-12)

Debemos valorarnos y disfrutar unos de otros, pero nunca debemos depender de los demás para cubrir todas nuestras necesidades.

¿Qué es codependencia?[2]

- El prefijo *co-* significa "con" o "junto", "es alguien que se asocia con la acción de otro".
- La palabra codependiente se usó por primera vez en los años setenta para describir a los miembros de una familia que convivían con un alcohólico.
- El término codependencia se convirtió en el término que describe la conducta disfuncional de los miembros de una familia que tratan de adaptarse al comportamiento negativo de un alcohólico.
- La codependencia es una adicción a las relaciones. Así como el alcohólico depende del alcohol, el codependiente depende de la relación con el alcohólico.
- En la actualidad, la palabra codependiente se refiere a cualquier persona que depende de otra al grado de estar controlada o manipulada por esa persona. En muchos casos, una de ellas está esclavizada por un comportamiento negativo.

Relaciones en que se puede desarrollar la Codependencia

- ***Un marido*** con una esposa obesa.
- ***Una esposa*** con un marido adicto al trabajo
- ***Un marido*** con una esposa que gasta demasiado
- ***Una mujer*** con un esposo adicto al juego y las apuestas
- ***Un hombre*** con una esposa perfeccionista
- ***Una madre*** con un hijo drogadicto
- ***Un hijo*** con un padre iracundo y abusivo
- ***Un empleado*** con un jefe que le hace exigencias exageradas
- ***Un amigo*** de una persona muy celosa
- ***Un consejero*** con un aconsejado que es emocionalmente dependiente
- ***Un discipulador*** con un nuevo creyente excesivamente devoto
- ***Una víctima*** con la persona que abusa de ella

Dependencia bíblica

- Dios quiere que usted dependa exclusivamente de él, no de otras personas, cosas, o de su esfuerzo personal.

  "En Dios está mi salvación y mi gloria; en Dios está mi roca fuerte, y mi refugio". (Salmos 62:7)

- Dios quiere que usted dependa emocionalmente de él. Con toda confianza usted puede traerle su dolor, temor y necesidades, porque él es digno de confianza.

  "Esperad en él en todo tiempo, oh pueblos; derramad delante de él vuestro corazón; Dios es nuestro refugio". (Salmos 62:8)

- Aunque la Biblia dice que sobrellevemos los unos las cargas de los otros, no se nos pide que quitemos a otros las responsabilidades que les corresponden.

  "Así que, cada uno someta a prueba su propia obra, y entonces tendrá motivo de gloriarse sólo respecto de sí mismo, y no en otro; porque cada uno llevará su propia carga". (Gálatas 6:4-5)

- Usted puede poner confiadamente en las manos de Dios el cuidado y preocupación que siente por su ser querido. Confíe en que él va a cuidar de él.

  "Echando toda vuestra ansiedad sobre él, porque él tiene cuidado de vosotros" (1 Pedro 5:7)

- Si su dependencia más intensa está en Jesús, su poder que mora en usted le permite superar sus adicciones y deseos inapropiados.

  "Así también vosotros consideraos muertos al pecado, pero vivos para Dios en Cristo Jesús, Señor nuestro. No reine, pues, el pecado en vuestro cuerpo mortal, de modo que lo obedezcáis en sus concupiscencias". (Romanos 6:11-12)

CARACTERÍSTICAS

La personalidad codependiente

Por fuera, las personas codependientes parecen capaces y autosuficientes, pero en realidad, son inseguras, dubitativas y necesitan de la aprobación de los demás. Esta necesidad de aprobación provoca un sentido de responsabilidad excesivo y la necesidad de ser aprobados por sus logros y porque son agradables a otros. Pero el deseo de Dios no es que tratemos de agradar a otros, sino a él.[3]

"Así que, hermanos, os ruego por las misericordias de Dios, que presentéis vuestros cuerpos en sacrificio vivo, santo, agradable a Dios, que es vuestro culto racional. No os conforméis a este siglo, sino transformaos por medio de la renovación de vuestro entendimiento, para que comprobéis cuál sea la buena voluntad de Dios, agradable y perfecta".
(Romanos 12:1-2)

PERFIL DE LA PERSONA CODEPENDIENTE

- "¿Me siento responsable de los sentimientos, necesidades y acciones de otra persona?"
- "¿Trato de arreglar los problemas de otra persona en detrimento de mi bienestar?"
- "¿Hago cosas por otros que ellos pueden hacer perfectamente?"
- "¿Me enojo cuando mi ayuda es rechazada?"
- "Según quienes me observan, ¿soy rígido y criticón?"
- "¿Soy más duro para juzgarme a mí mismo que a los demás?"
- "¿Oculto mis verdaderos sentimientos y necesidades?"
- "¿Me siento culpable cuando me defiendo?"
- "¿Me siento mejor dando que recibiendo?"
- "¿Trato de ser perfecto para evitar la ira y críticas de los demás?"
- "¿Busco mi autoestima en la aprobación de los demás?"
- "¿Me siento atraído por personas necesitadas y ella se sienten atraídas por mí?

La relación codependiente

Una relación codependiente se forma con una persona más débil y dependiente que necesita conectarse con una personalidad más fuerte. A su vez, la personalidad más fuerte necesita que la necesiten. Ambas personalidades son inseguras y se enredan en una telaraña de esclavitud emocional. Los dos comportamientos se combinan para producir un ciclo destructivo de manipulación y control, haciendo que se pierdan el gozo y la felicidad de la vida.[4]

"Así ha dicho Jehová: Maldito el varón que confía en el hombre, y pone carne por su brazo, y su corazón se aparta de Jehová. Será como la retama en el desierto, y no verá cuando viene el bien, sino que morará en los sequedales en el desierto, en tierra despoblada y deshabitada".
(Jeremías 17:5-6)

PERFIL DE LA RELACIÓN CODEPENDIENTE

- Ambos tienen una baja autoestima
- Ambos sienten que han perdido su identidad personal.
- Ambos violan su conciencia.
- Ambos tienen problemas para establecer relaciones saludables e íntimas.
- Ambos controlan y manipulan.
- Ambos son celosos y posesivos.
- Ambos le temen al abandono
- Ambos experimentan altas y bajas extremosas.
- Ambos se sienten atrapados en la relación.
- Ambos son maestros de la negación.
- Ambos tienen un falso sentido de seguridad
- Generalmente, ambos tienen otra adicción aparte de la relación.

CAUSAS

Causas emocionales

A menudo, la causa del comportamiento codependiente es un antecedente familiar disfuncional. El legado emocional enfermizo de necesidades no cubiertas se pasa de generación en generación.

- Falta de nutrimento saludable de los padres
- Padres manipuladores y controladores
- Ausencia de aprobación y ánimo
- Expectativas irreales por parte de los padres
- Perspectiva distorsionada del amor entre miembros de la familia
- Abuso verbal, emocional o físico
- Comportamientos adictivos de los miembros de la familia

"Y pasando Jehová por delante de él, proclamó: ¡Jehová! ¡Jehová! fuerte, misericordioso y piadoso; tardo para la ira, y grande en misericordia y verdad; que guarda misericordia a millares, que perdona la iniquidad, la rebelión y el pecado, y que de ningún modo tendrá por inocente al malvado; que visita la iniquidad de los padres sobre los hijos y sobre los hijos de los hijos, hasta la tercera y cuarta generación".
(Éxodo 34:6-7)

La raíz del problema

La raíz del comportamiento inapropiado tanto de la personalidad dependiente como de la codependiente son los patrones equivocados de pensamiento.

Creencia falsa:
(Para el dependiente)

"Debo conectarme con una persona más fuerte que me dará un sentido de amor y seguridad emocional".

Creencia verdadera:
(Para el dependiente)

"Aunque a menudo Dios expresa su amor a través de otros, él no quiere que yo me haga dependiente de otra persona. Mis necesidades deben animarme a sólo depender de Jesucristo para recibir amor y seguridad".

"Por cuanto en mí ha puesto su amor, yo también lo libraré; le pondré en alto, por cuanto ha conocido mi nombre. Me invocará, y yo le responderé; con él estaré yo en la angustia; lo libraré y le glorificaré". (Salmos 91:14-15)

Creencia falsa:
(Para el codependiente)

"Cuando me responsabilizo de las necesidades de otra persona tengo un sentido de significancia".

Creencia correcta:
(Para el codependiente)

"Si trato de llenar todas las necesidades de otra persona, estoy tomando el papel que sólo Dios puede cumplir. No puedo llenar mi necesidad de significancia complaciendo a otros, sino agradando a Dios y encontrando mi significancia en él".

"Por tanto procuramos también, o ausentes o presentes, serle agradables". (2 Corintios 5:9)

PASOS PARA ENCONTRAR LA SOLUCIÓN

Versículo clave para memorizar

"Así ha dicho Jehová: Maldito el varón que confía en el hombre, y pone carne por su brazo, y su corazón se aparta de Jehová. Será como la retama en el desierto, y no verá cuando viene el bien, sino que morará en los sequedales en el desierto, en tierra despoblada y deshabitada. Bendito el varón que confía en Jehová, y cuya confianza es Jehová". (Jeremías 17:5-7)

Pasaje clave para leer y meditar

Gálatas 6:1-5

Conozca la diferencia entre "CARGAS" (bare) y "CARGAS" (fortion)

Cargas (bare)

Gálatas 6:1-2

"Sobrellevad los unos las cargas de los otros" "Hermanos, si alguno fuere sorprendido en alguna falta, vosotros que sois espirituales, restauradle con espíritu de mansedumbre, considerándote a ti mismo, no sea que tú también seas tentado. Sobrellevad los unos las cargas de los otros, y cumplid así la ley de Cristo". (Gálatas 6:1-2)

Con toda mansedumbre exhorte a otros a que cambien su comportamiento negativo, pero cuídese de no caer en la tentación. Podría usted asumir demasiada responsabilidad de la que el Señor quiere (v. 1). La palabra "cargas" del v. 2 es *bare* (de baros), que significa "cargas pesadas, aplastantes, superiores a lo que una persona puede llevar sin ayuda".[5] Cuando la Biblia dice que debemos sobrellevar las cargas de otros indica que debemos ayudarles a dejar su relación de codependencia y enseñarles que deben depender únicamente de Jesucristo. Su reacción de amor cumplirá "la ley de Cristo".

Cargas (fortion)

Gálatas 6:3-5

"Cada uno llevará su propia carga" (fortion). "Porque el que se cree ser algo, no siendo nada, a sí mismo se engaña. Así que, cada uno someta a prueba su propia obra, y entonces tendrá motivo de gloriarse sólo respecto de sí mismo, y no en otro porque cada uno llevará su propia carga". (Gálatas 6:3-5)

Los codependientes que quieren hacerse indispensables deben evitar hacer comparaciones soberbias y no considerar que su comportamiento es mejor que el de otra persona (vv. 3-4). La palabra *carga* que aparece en el v. 5 es la palabra griega *fortion*, que significa "la carga o mochila que debe llevar un soldado".[6] El énfasis que hace esta palabra es de que hay cargas que la gente tiene y debe llevar por sí misma. Los codependientes tratan de llenar sus necesidades ayudando a otra persona. Estos versículos significan sencillamente que hay cargas que cada persona debe llevar a solas y que no deben llevarlas otros. Lo que se necesita es que tanto la persona codependiente como la dependiente vean a Cristo y su obra en su vida para satisfacer su necesidad de mayor valor y significancia.

Preguntas y respuestas acerca de la Codependencia[7]

Pregunta:

"¿Qué diferencia hay entre la codependencia y la unidad saludable en el matrimonio?"

Respuesta

Matrimonio codependiente

- Uno de ellos trata de llenar todas las necesidades de su cónyuge para hacer que éste sea el dependiente en la relación.
- El otro cónyuge acepta esa situación y permite que el cónyuge siga su comportamiento destructivo.

Matrimonio saludable

- Cada uno anima al otro a depender de Dios.
- Cada uno alienta y anima al otro.

"No tendrás dioses ajenos delante de mí". (Éxodo 20:3)

Pregunta:

"Si dos amigos dependen uno del otro, ¿se considera que es una amistad codependiente?"

Respuesta:

Amistad codependiente

- Uno es fuerte y el otro débil. (Dependencia desequilibrada.)
- Uno puede sentir celos por las relaciones significativas del otro.
- Uno puede poner al amigo en el lugar de Jesucristo.

Amistad saludable

- Ambos actúan en igualdad de niveles.
- Ambos buscan y disfrutan de otras relaciones.
- Cada uno anima al otro en el Señor.

"Entonces se levantó Jonatán hijo de Saúl y vino a David a Hores, y fortaleció su mano en Dios". (1 Samuel 23:16)

Pregunta:

"Como padre, ¿cómo puedo evitar que mi hijo tenga una dependencia enfermiza de mí?"

Respuesta:

- Enseñe a su hijo a orar acerca de sus decisiones y a depender del Señor.
- Entrénelo desde niño y permítale tomar decisiones.
- Alabe a su hijo cuando tome buenas decisiones.
- Permita que su hijo aprenda de las consecuencias de sus malas decisiones.
- Anime a su hijo a tomar decisiones para el futuro.

"Instruye al niño en su camino, y aun cuando fuere viejo no se apartará de él". (Proverbios 22:6)

Pregunta:

"¿Cómo puedo eliminar la codependencia de mi trabajo?

Respuesta:

- No trate de ser indispensable para su jefe.
- No se convierta en el que todo lo resuelve.
- No se deje controlar por la manipulación y el temor.
- No permita que se haga un hábito quedarse después del horario.
- No tema decir que no.

"Fíate de Jehová de todo tu corazón, y no te apoyes en tu propia prudencia. Reconócelo en todos tus caminos, y él enderezará tus veredas". (Proverbios 3:5-6)

Pregunta:

"Como consejero, ¿cómo puedo evitar que mis clientes desarrollen una dependencia irreal de mí?"

Respuesta:

- No se convierta en el "salvador" de su cliente.
- No esté disponible en todo tiempo.
- No deje de señalarle a su cliente el camino a Dios.
- No confíe en su sabiduría personal, confíe en la de Dios.
- No inicie la sesión sin orar y sin indicar a su cliente que el poder viene de Dios.

"Bienaventurado aquel cuyo ayudador es el Dios de Jacob, cuya esperanza está en Jehová su Dios". (Salmos 146:5)

Lista de comprobación para descubrir la CODEPENDENCIA

¿Se siente inseguro en sus relaciones significativas?

Si usted responde SÍ a cuatro o más de estas preguntas, es probable que tenga una relación codependiente.

- ☐ ¿Tiene problemas para poner y mantener límites?
- ☐ ¿Se le hace difícil expresar sus verdaderos sentimientos?
- ☐ ¿Deja que la otra persona tome la mayoría de las decisiones en su relación?
- ☐ ¿Se siente triste y solitario cuando no tiene compañía?
- ☐ ¿Se siente rechazado cuando la otra persona pasa tiempo con otros?
- ☐ ¿Piensa que la opinión de la otra persona importa más que la de usted?
- ☐ ¿Se queda callado para poder mantener la paz?
- ☐ ¿Teme a los conflictos?
- ☐ ¿Se pone a la defensiva en cuanto a su relación?
- ☐ ¿Se siente atrapado en esa relación?
- ☐ ¿Se niega o duda al hacer planes que no incluyen a la otra persona?
- ☐ ¿Siente que ha perdido su identidad personal?
- ☐ ¿Se culpa a sí mismo por la mayoría de los problemas?
- ☐ ¿Se siente controlado y manipulado?
- ☐ ¿Se enoja cuando son cambiados sus planes?
- ☐ ¿Pierde el control de sus emociones?
- ☐ ¿Siente que la otra persona en realidad no le escucha?
- ☐ ¿Utiliza el silencio o la ira para vengarse cuando ha sido herido?
- ☐ ¿Se siente tensionado o con poca energía?
- ☐ ¿Se siente usado y que se están aprovechando de usted?
- ☐ ¿Pone a la otra persona por encima de Dios y su palabra?
- ☐ ¿Duda usted de sus capacidades?

Libérese de la responsabilidad

Si usted tiene un comportamiento codependiente, usted está tratando de llenar sus necesidades a través del impulso de "hacerlo todo". O bien, siendo para la otra persona "el todo en todo". Sin embargo, usted puede iniciar el camino a la recuperación liberando su deseo de controlar o cambiar a la persona que usted ama.

Reconozca que usted es dependiente de la otra persona, y ponga su confianza en Dios.

- Admita que la codependencia es un pecado.
- Pida a Dios que le dé el deseo de ponerlo a él primero y agradarlo en todas sus relaciones.
- Decida buscar al Señor para que él llene sus necesidades de amor, significancia y seguridad.
- Acepte que Dios no lo creó para llenar todas las necesidades de otra persona.

"No tendrás dioses ajenos delante de mí". (Éxodo 20:3)

Examine sus patrones de pensamiento codependiente

- No piense que la semejanza con Cristo consiste en agradar a otras personas.
- No piense que su papel principal siempre será el de guardar la paz.
- No tenga miedo a perder el amor de los demás cuando les permite sufrir las consecuencias de sus acciones negativas.
- No diga sí cuando en realidad cree que debe decir no.

"He aquí, tú amas la verdad en lo íntimo, y en lo secreto me has hecho comprender sabiduría". (Salmos 51:6)

Libérese de su mentalidad súper responsable.

- Confiese que está tratando de ser Dios en la vida de otra persona.
- Confíe en Dios para que actúe activamente en la vida de su ser querido.
- Acepte que no puede obligar al otro a ser confiable y responsable.
- Descanse en el control soberano de Dios sobre todos los acontecimientos y circunstancias.

"Entonces el suegro de Moisés le dijo: No está bien lo que haces. Desfallecerás del todo, tú, y también este pueblo que está contigo; porque el trabajo es demasiado pesado para ti; no podrás hacerlo tú solo". (Éxodo 18:17-18)

Perdone a todos aquellos que lo hirieron en el pasado.

- Reflexione en el abuso emocional o físico que experimentó en el pasado.
- Decida a qué persona debe usted perdonar.
- Decida perdonar siempre que vuelvan a su mente los sentimientos de ira.

"Soportándoos unos a otros, y perdonándoos unos a otros si alguno tuviere queja contra otro. De la manera que Cristo os perdonó, así también hacedlo vosotros". (Colosenses 3:13)

Aprópiese de su nueva identidad en Cristo.

- Conozca la verdad.

  "Jesús les respondió: De cierto, de cierto os digo, que todo aquel que hace pecado, esclavo es del pecado. Y el esclavo no queda en la casa para siempre; el hijo sí queda para siempre. Así que, si el Hijo os libertare, seréis verdaderamente libres". (Juan 8:34-36)

  Repita: "Porque Cristo vive en mí, soy libre".

- Crea en la verdad.

  "Todo lo puedo en Cristo que me fortalece". (Filipenses 4:13)

  Repita: "Cristo mora en mi y me da la fuerza para lograr lo que no puedo con mis fuerzas".

- Aprópiese de la verdad.

  "Como todas las cosas que pertenecen a la vida y a la piedad nos han sido dadas por su divino poder, mediante el conocimiento de aquel que nos llamó por su gloria y excelencia, por medio de las cuales nos ha dado preciosas y grandísimas promesas, para que por ellas llegaseis a ser participantes de la naturaleza divina, habiendo huido de la corrupción que hay en el mundo a causa de la concupiscencia". (2 Pedro 1:3-4)

  Repita: "Rendiré mis deseos naturales a Cristo y le permitiré que me provea todo lo necesario".

  "Con Cristo estoy juntamente crucificado, y ya no vivo yo, mas vive Cristo en mí; y lo que ahora vivo en la carne, lo vivo en la fe del Hijo de Dios, el cual me amó y se entregó a sí mismo por mí". (Gálatas 2:20)

Establezca límites saludables.

- Comunique al otro la necesidad de cambiar.

  "Me he dado cuenta que no estoy reaccionando en forma saludable. He sido demasiado dependiente de ti esperando que cubras todas mis necesidades. También he tratado de llenar todas tus necesidades. Me he convencido de la necesidad de que tengamos una relación saludable y que debo poner a Dios en primer lugar. Yo sé que he reaccionado en forma negativa contigo y trataré de empezar a tener reacciones positivas tomando decisiones basado en lo que es correcto ante los ojos de Dios".

- Establezca cuáles serán los límites de su responsabilidad.
- Establezca los límites de su involucramiento.
- Mantenga una comunicación honesta sin utilizar lenguaje abusivo.

  "El avisado ve el mal y se esconde; mas los simples pasan y llevan el daño". (Proverbios 27:12)

Cambie su energía emocional por energía espiritual.

- Ponga a Dios y su crecimiento espiritual como la prioridad más importante.
- Asista a un estudio bíblico profundo.
- Memorice pasajes de las Escrituras.
- Hable con Dios y dé caminatas de oración.
- Dirija sus pensamientos al Señor.

"Guíame por la senda de tus mandamientos, porque en ella tengo mi voluntad. Inclina mi corazón a tus testimonios, y no a la avaricia. Aparta mis ojos, que no vean la vanidad; avívame en tu camino". (Salmos 119:35-37)

Cada vez que vuelva a pensar en la persona de quien usted depende, agradezca a Dios su fidelidad al ayudarle a romper con su adicción enfermiza.

La cura para la codependencia consiste en profundizar nuestra relación con Dios. La intimidad con él nos lleva en forma natural a procurar ser como Cristo.

No trataré de agradar a la gente porque Cristo no lo hizo;
Mantendré límites saludables porque así lo hizo Cristo;
No comprometeré mis convicciones porque Cristo no lo hizo.
Si conquistamos la codependencia, seremos como Cristo.
—June Hunt

Soltando las cadenas

AYUDA PARA DEJAR UNA RELACIÓN ENFERMIZA

Liberarte no es dejar de amarte, sino amarte lo suficiente
como para dejar de depender de ti.

No es dejar de preocuparme por ti,
sino preocuparme lo suficiente como para dejar de controlarte.

Dejarte ir no es apartarme de ti, sino acudir a Cristo y confiar
en que él te controlará a ti.

La liberación no es hacerte daño,
sino darme cuenta de que "mi ayuda" te ha dañado.

La liberación no es lastimarte,
sino estar dispuesto a sufrir para sanar.

La liberación no es juzgarte,
sino dejar que el Juez divino me juzgue a mí.

La liberación no es restringirte,
sino restringir mis exigencias sobre ti.

La liberación no es rechazarte,
sino rechazar la idea de ocultarte la realidad.

La liberación no es cerrarme a ti,
sino podar lo indeseable de nuestra relación.

La liberación no es para probar el poder que tengo sobre ti,
sino aceptar mi falta de capacidad para cambiarte.

La liberación no es dejar de creer en ti,
sino creer que sólo Dios puede edificar el carácter de Cristo en ti.

Dejarte libre no significa que condeno el pasado,
sino que amo el presente y entrego el futuro a Dios.

—June Hunt

NOTAS

1. Para esta sección vea Robert Hemfelt, Frank Minirth, y Paul Meier, Love Is a Choice, "El amor es una decisión" (Nashville: Thomas Nelson, 1989), 11-2.

2. Para esta sección vea Melody Beattie, Codependent No More: How to Stop Controlling Others and Start Caring for Yourself, "No seguiré siendo codependiente: Cómo dejar de controlar a otros y empezar a cuidarse a sí mismo" (New York: Harper, 1987), 29-30; Jan Silvious, Please Don't Say You Need Me: Biblical Answers for Codependency, "Por favor, no digas que me necesitas: Respuestas bíblicas a la codependencia" (Grand Rapids: Pyranee, 1989), 9-10.

3. Para esta sección vea Beattie, Codependent No More, "No seguiré siendo codependiente", 35-47.

4. Para esta sección vea Hemfelt, Minirth, y Meier, Love Is a Choice, "El amor es una decisión", 20-28.

5. W. E. Vine, Vine's Complete Expository Dictionary of Biblical Words, "Diccionario expositivo completo de palabras bíblicas de Vine", ed. electrónica. (Nashville: Thomas Nelson, 1996).

6. Vine, Vine's Complete Expository Dictionary, "Diccionario expositivo completo".

7. Para esta sección vea Silvious, Please Don't Say You Need Me, "Por favor, no digas que me necesitas", 45-119.

BIBLIOGRAFÍA

Arterburn, Stephen. Addicted to "Love": Understanding Dependencies of the Heart: Romance, Relationships, and Sex, "Adicción al 'Amor': Entendiendo la dependencia del corazón, romance, relaciones y sexo". 2d ed. Ann Arbor, Mich.: Vine, 1996.

Arterburn, Stephen, y Tim Timmons. Hooked on Life: How to Totally Recover from Addictions & Codependeny, "Enganchados en la vida: Cómo recuperarse totalmente de las adicciones y la codependencia". Nashville: Oliver Nelson, 1985.

Beattie, Melody. Beyond Codependency: and Getting Better All the Time, "Más allá de la codependencia: y mejorando cada día". Grand Rapids: Harper/Hazelden, 1989.

Beattie, Melody. Codependent No More, "No seguiré siendo codependiente". New York: Harper/Hazelden, 1987.

Berry, Carmen Renee, y Mark Lloyd Taylor. Loving Yourself as Your Neighbor: A Recovery Guide for Christians Escaping Burnout and Codependency, "Amándonos como a nuestro prójimo. Guía para la recuperación de los cristianos que quieren escapar del colapso nervioso y la codependencia". Grand Rapids: Harper & Row, 1990.

Bobgan, Martin, y Deidre Bobgan. 12 Steps to Destruction: Codependency/Recovery Heresies, "Doce pasos a la destrucción: Herejías de la codependencia/recuperación". Santa Barbara, Calif.: EastGate, 1991.

Buhler, Rich. Pain and Pretending, "Dolor y fingimiento". ed. revisada y ampliada. Nashville: Thomas Nelson, 1991.

Buhler, Rich. Love: No Strings Attached, "Amor sin condiciones". Nashville: Thomas Nelson, 1987.

Cloud, Henry, y John Townsend. The Mom Factor Workbook: Dealing with the Mother You Had, Didn't Have, or Still Contend With, "Manual para el factor madre: Cómo manejar a la madre que tuvimos, no tuvimos o con la que seguimos luchando". Grand Rapids: Zondervan, 1997.

Groom, Nancy. From Bondage to Bonding: Escaping Codependency Embracing Biblical Love, "De la esclavitud a la vinculación: Cómo escapar de la codependencia y aceptar el amor bíblico". Colorado Springs, Colo.: NavPress, 1991.

Ells, Alfred. One-Way Relationships, "Relaciones de una sola vía". Nashville: Thomas Nelson, 1990.

Hammond, Frank D. Soul Ties, "Ataduras del alma". ed. rev. Plainview, Tex.: Children's Bread Ministry, 1995.

Hemfelt, Robert, Frank Minirth, y Paul Meier. Love Is A Choice, "El amor es una decisión". Nashville: Thomas Nelson, 1989.

McIntyre, Valerie J. Sheep in Wolves' Clothing: How Unseen Need Destroys Friendship and Community and What to Do about It, "Lobos con piel de oveja: Cómo destruye la necesidad oculta la amistad y comunión y qué hacer para evitarlo". 2a ed. Grand Rapids: Baker, 1996.

Mellody, Pia. Facing Codependence: What It Is, Where It Comes, How It Sabotages Our Lives, "Enfrentando la codependencia: Qué es, de dónde viene, y cómo sabotea nuestras vidas". San Francisco, Calif.: Perennial, 1989.

Mellody, Pia, Andrea Wells Miller, y J. Keith Miller. Facing Love Addiction: Giving Yourself the Power to Change the Way You Love: The Love Connection to Codependence, "Enfrentando la adicción al amor: Obteniendo el poder para cambiar la forma de amar: La relación del amor con la codependencia". New York: Harper San Francisco, 1992.

Playfair, William L. y George Bryson. The Useful Lie, "La mentira útil". Wheaton, Ill.: Crossway, 1991.

Rinck, Margaret J. Can Christians Love Too Much?: Breaking the Cycle of Codependency, "¿Pueden los cristianos amar demasiado? Rompiendo el ciclo de la codependencia". Grand Rapids: Pyranee, 1989.

Silvious, Jan, y Carolyn Capp. Please Remind Me How Far I've Come: Reflections for Codependents, "Por favor, avísame cuando haya avanzado demasiado. Reflexiones para codependientes". Grand Rapids: Daybreak, 1990.

Stiles, Steven E. Recovery for Codependency, "Recuperación de la codependencia". Spiritual Discovery Series. Springfield, Mo.: Radiant Life, 1997.

Viorst, Judith. Necessary Losses: The Loves, Illusions, Dependencies, and Impossible Expectations that All of Us Have to Give Up in Order to Grow, "Pérdidas necesarias: Los amores, ilusiones, dependencias y expectativas imposibles que todos tenemos que abandonar para poder madurar". New York: Fireside, 1986.

Whiteman, Tom, y Randy Petersen. Victim of Love?: How You Can Break the Cycles of Bad Relationships, "¿Víctima del amor?: Cómo romper con los ciclos de las malas relaciones". Colorado Springs, Colo.: Piñon, 1998.

Versículos bíblicos para memorizar

Éxodo 20:3

Jeremías 17:5

Jeremías 17:7

Gálatas 6:4-5

Filipenses 4:13

Juan 8:36

Colosenses 3:13

Salmos 62:7

Gálatas 1:10

1 Pedro 5:7

La familia disfuncional

Haciendo las paces con el pasado

"No es fácil recuperarse de los patrones adquiridos en una familia disfuncional. Se requiere una transformación al nivel más profundo... Pero Dios nos promete intervenir activamente en esa transformación".
—Dale y Juanita Ryan[1]

DEFINICIONES

¿Qué es una familia disfuncional?[2]

- Una familia disfuncional es donde el comportamiento inadecuado o inmaduro de uno de los padres inhibe el crecimiento de la individualidad y la capacidad de relacionarse sanamente los miembros de la familia.
- En una familia disfuncional sus miembros están enfermos emocional, psicológica y espiritualmente.
- Una familia disfuncional es donde todos se ven afectados adversamente aunque sólo un miembro de la familia experimente el problema.

"El que turba su casa heredará viento; y el necio será siervo del sabio de corazón".
(Proverbios 11:29)

¿Cómo es una familia funcional?

La familia funcional edifica y cultiva

- Una familia funcional es donde el comportamiento adecuado y maduro de los dos padres produce un equilibrio saludable entre la individualidad y las capacidades para relacionarse entre los miembros de la familia.
- Una familia funcional es donde se cultiva el sano crecimiento emocional, psicológico y espiritual de todos los miembros de la familia.
- Una familia funcional es donde los miembros de ella, aunque enfrentan problemas, cultivan la capacidad de enfrentarlos con confianza y con el apoyo de los otros miembros de la familia.

"En el temor de Jehová está la fuerte confianza;
y esperanza tendrán sus hijos".
(Proverbios 14:26)

CARACTERÍSTICAS

Papeles de la familia disfuncional[3]

"Y vosotros, padres, no provoquéis a ira a vuestros hijos,
sino criadlos en disciplina y amonestación del Señor.
(Efesios 6:4)

PADRES

- ***El padre problema...***

  Actúa siguiendo un comportamiento inmaduro, inadecuado o destructivo en detrimento de los otros miembros de la familia.

- ***El padre pasivo...***

  Permite que continúe el comportamiento inadecuado y no establece los límites en detrimento de los demás miembros de la familia.

HIJOS

- ***El hijo súper-responsable***

  Es el héroe que por medio de sus logros extraordinarios trata de resolver los problemas familiares y contribuir a una imagen más positiva de la familia. Este hijo recibe la atención positiva, pero a menudo desarrolla conductas perfeccionistas y compulsivas.

- ***El hijo exageradamente rebelde***

  Es el chivo expiatorio que por medio de su comportamiento rebelde e incontrolable desvía la atención de los problemas familiares hacia sí mismo(a). Este tipo de hijo(a) consume mucho tiempo y energía de los miembros de la familia y con frecuencia desarrolla patrones de vida auto destructivos.

- ***El hijo sensible y retraído***

  Es el hijo perdido que espera que ignorándolos, desaparecerán los problemas y dificultades familiares. Esta clase de hijo(a) evita llamar la atención y a menudo es solitario y retraído.

- ***El hijo gracioso e insolente***

  Es el payaso que utiliza el buen humor y sus gracias para desviar la atención de los problemas familiares. Este hijo a menudo es hiperactivo y generalmente busca ser el centro de atención.

CAMBIO DE PAPELES

- Hubo un tiempo en que los hijos hacían todo lo que podían para complacer a sus padres en todo.
- Actualmente, los padres están haciendo todo lo que pueden para complacer a sus hijos. Pero los padres deben comunicarse con sus hijos como adultos, en forma respetuosa y positiva. No sobreproteja a sus hijos.

Lista de comprobación

Haga la siguiente prueba de los conflictos que están sin resolver de su pasado

- ☐ ¿Teme a la crítica?
- ☐ ¿Da a los demás aunque sea en detrimento de usted?
- ☐ ¿Busca la aprobación constantemente?
- ☐ ¿Esconde sus emociones?
- ☐ ¿Dice mentiras aunque sería más fácil decir la verdad?
- ☐ ¿Siente que debe rescatar a otros?
- ☐ ¿Se le dificulta divertirse o relajarse?
- ☐ ¿Confunde la lástima con el amor?
- ☐ ¿Se critica a sí mismo en exceso?
- ☐ ¿Se da cuenta que lo manipulan con facilidad?
- ☐ ¿Acepta demasiadas responsabilidades?
- ☐ ¿Siente rencor hacia algún familiar?
- ☐ ¿Evita responsabilizarse de sus acciones?
- ☐ ¿Teme al abandono?
- ☐ ¿Viola su propia conciencia con tal de complacer a otros?
- ☐ ¿Siente que debe controlar a los demás?

Pregunta:

"Crecí en una familia muy confusa y ahora estoy repitiendo muchos de los patrones de mi pasado. ¿Qué debo hacer?"

Respuesta:

Identifique cuáles patrones debe cambiar, después concéntrese en varias acciones que debe dar para moverse hacia la recuperación y salud emocional. Diga a Dios y a los que están más cerca de usted que quiere abandonar los patrones infantiles y enfermizos y pídales que le ayuden monitoreando sus avances.

"Cuando yo era niño, hablaba como niño, pensaba como niño, juzgaba como niño; mas cuando ya fui hombre, dejé lo que era de niño". (1 Corintios 13:11)

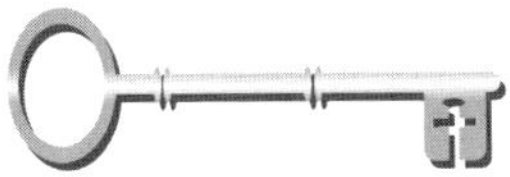

CAUSAS

Estilo de vida de la familia disfuncional[4]

Las familias disfuncionales producen familias disfuncionales

"Y pasando Jehová por delante de él, proclamó: ¡Jehová! ¡Jehová! fuerte, misericordioso y piadoso; tardo para la ira, y grande en misericordia y verdad; que guarda misericordia a millares, que perdona la iniquidad, la rebelión y el pecado, y que de ningún modo tendrá por inocente al malvado; que visita la iniquidad de los padres sobre los hijos y sobre los hijos de los hijos, hasta la tercera y cuarta generación".
(Éxodo 34:6-7)

- **La familia caótica**
  - — Tanto el hogar como los individuos están mal organizados.
  - — La familia está plagada de problemas.
  - — Los padres son inconsistentes e indecisos.
  - — Los hijos están abandonados emocionalmente.

Resultado:

Los miembros de la familia están desconectados.

Remedio:

"Por la rebelión de la tierra sus príncipes son muchos; mas por el hombre entendido y sabio permanece estable". (Proverbios 28:2)

- **La familia controladora**
  - — Está rígidamente estructurada.
  - — La comunicación es autoritaria y dictatorial.
  - — Los padres tienden a juzgar y criticar demasiado.
  - — Los hijos están centrados en hacer tareas, su valor depende de su productividad

  Resultado:

  Los miembros de la familia son temerosos e insensibles.

  Remedio:

  "Y vosotros, padres, no provoquéis a ira a vuestros hijos, sino criadlos en disciplina y amonestación del Señor". (Efesios 6:4)

- **La familia permisiva**
  - — Carece de autoridad paterna.
  - — Sobreprotege los sentimientos.
  - — Evita los desacuerdos.
  - — Los hijos son el centro de atención.

  Resultado:

  Los miembros de la familia son indisciplinados.

  Remedio:

  "El que detiene el castigo, a su hijo aborrece; mas el que lo ama, desde temprano lo corrige". (Proverbios 13:24)

- **La familia codependiente**
  - — Hay una conformidad extremada.
  - — Hay ausencia de dirección propia.
  - — Los padres son excesivamente posesivos.
  - — Se reprime a los hijos.

  Resultado:

  Los miembros de la familia son inseguros.

  Remedio:

  "Y amarás a Jehová tu Dios de todo tu corazón, y de toda tu alma, y con todas tus fuerzas". (Deuteronomio 6:5)

Estilo de vida de la familia funcional

- **La familia que cultiva**
  - — Los padres sostienen la estructura y la disciplina.
  - — Se requiere responsabilidad individual.
  - — Se fomentan el amor y la obediencia a Dios.
  - — Los hijos se sienten seguros.

Resultado:

Relaciones familiares equilibradas.

Remedio:

"Y comeréis allí delante de Jehová vuestro Dios, y os alegraréis, vosotros y vuestras familias, en toda obra de vuestras manos en la cual Jehová tu Dios te hubiere bendecido". (Deuteronomio 12:7)

La raíz del problema

Creencia falsa:

"Mis padres no me dieron el amor incondicional, la seguridad, ni la significancia que necesité cuando niño. Puesto que no puedo cambiar mi pasado, tampoco puedo cambiar lo que soy actualmente".

Creencia correcta:

"Mis necesidades de amor incondicional, significancia y seguridad las llena Cristo que vive en mí. Aunque no puedo cambiar mi pasado, sí puedo cambiar mis actitudes acerca del pasado. Dependeré de Dios para que me capacite en el aprendizaje de formas saludables de relacionarme con mi familia".

"Porque habéis muerto, y vuestra vida está escondida con Cristo en Dios". (Colosenses 3:3)

"Soportándoos unos a otros, y perdonándoos unos a otros si alguno tuviere queja contra otro. De la manera que Cristo os perdonó, así también hacedlo vosotros". (Colosenses 3:13)

PASOS PARA ENCONTRAR LA SOLUCIÓN

Versículo clave para memorizar

"Dijo entonces Jesús a los judíos que habían creído en él: Si vosotros permaneciereis en mi palabra, seréis verdaderamente mis discípulos; y conoceréis la verdad, y la verdad os hará libres".
(Juan 8:31-32)

Pasaje clave para leer y meditar

Génesis 37, 39, 41, 42, 50

Cómo romper las cadenas del pasado familiar

La historia de José que relata Génesis es el retrato bíblico de lo que Dios puede hacer en las relaciones de una familia disfuncional cuando uno de sus miembros se rinde a Dios.[5]

Génesis 37

La FAMILIA DISFUNCIONAL de José

- Falta de comunicación
- Favoritismo
- Celos
- Deshonestidad
- Enojo
- Venganza
- Deslealtad
- Temor

Génesis 39, 41

LA ENTREGA de José AL SEÑOR

- Se sometió a la voluntad divina
- Obedecía a la autoridad
- Era confiable
- Era moralmente puro
- Fue fiel
- Honesto
- Humilde
- Perseverante

Génesis 42

LA RESPUESTA de José A SU FAMILIA

- Perdonador
- Generoso
- Honorable

Génesis 50

LA RESPUESTA de José A DIOS

- Sumisión
- Confianza
- Gratitud

¡NO SIGA SIENDO PRISIONERO DEL PASADO!

"Vosotros pensasteis mal contra mí, mas Dios lo encaminó a bien, para hacer lo que vemos hoy, para mantener en vida a mucho pueblo". (Génesis 50:20)

Deje atrás el pasado[6]

"Hermanos, yo mismo no pretendo haberlo ya alcanzado; pero una cosa hago: olvidando ciertamente lo que queda atrás, y extendiéndome a lo que está delante prosigo a la meta…". (Filipenses 3:13-14)

- **Concédase tiempo para lamentar lo pasado.**[7]

  — Pídale a Dios le revele qué es lo que le causa dolor.

  — Sea honesto en cuanto a ese dolor.

  — Concédase permiso para lamentar el pasado.

  "De cierto, de cierto os digo, que vosotros lloraréis y lamentaréis, y el mundo se alegrará; pero aunque vosotros estéis tristes, vuestra tristeza se convertirá en gozo". (Juan 16:20)

- **Abandone su necesidad de controlar a los demás.**

  — Reconozca que Dios es quien controla todas las cosas.

  — Confíe en el control soberano de Dios.

  — Sométase al control de Dios en su vida.

  "Echa sobre Jehová tu carga, y él te sustentará; no dejará para siempre caído al justo". (Salmo 55:22)

- **Ponga a Cristo en primer lugar en su vida.**

  — Pida a Jesús que sea el Señor de su vida.

  — Acepte su perdón y amor.

  — Esté consciente de su continua presencia con usted.

— Permítale que lo dirija en todo lo que hace y dice.

"Y decía a todos: Si alguno quiere venir en pos de mí, niéguese a sí mismo, tome su cruz cada día, y sígame. Porque todo el que quiera salvar su vida, la perderá; y todo el que pierda su vida por causa de mí, éste la salvará". (Lucas 9:23-24)

- **Agradezca a Dios por su pasado.**

— Acepte que Dios será fiel y lo sanará.

— Reconozca que las relaciones difíciles pueden hacerle madurar.

— Busque formas positivas en que Dios puede usar el dolor que ha sufrido.

"Dad gracias en todo, porque esta es la voluntad de Dios para con vosotros en Cristo Jesús". (1 Tesalonicenses 5:18)

- **Revise la forma en que reaccionaba a sus circunstancias cuando era niño. ¿Era usted...**

— el hijo responsable?

— el hijo rebelde?

— el hijo retraído?

— el hijo inquieto?

"El corazón del entendido adquiere sabiduría; y el oído de los sabios busca la ciencia". (Proverbios 18:15)

- **Analice sus actuales características disfuncionales.**

— Pida a Dios que le revele sus debilidades.

— Ore pidiendo sabiduría para entender la forma en que debe cambiar.

— Pida a Dios que lo acerque más a Cristo que es su fortaleza, para hacer los cambios necesarios.

"Examíname, oh Dios, y conoce mi corazón; pruébame y conoce mis pensamientos; y ve si hay en mí camino de perversidad, y guíame en el camino eterno". (Salmo 139:23-24)

- **Considere los derechos que Dios le ha dado.**

— Usted tiene derecho a obedecer a Dios antes que a los demás.

— Usted tiene el derecho a tener una conciencia tranquila.

— Usted tiene derecho a obedecer la palabra de Dios.

— Usted tiene derecho a cumplir el papel que Dios le ha dado.

"Respondiendo Pedro y los apóstoles, dijeron: Es necesario obedecer a Dios antes que a los hombres". (Hechos 5:29)

- **Ponga sus propios límites.**[8]
  - — Defina quién es usted: "Soy hijo de Dios".
  - — Defina quién no es usted: "No soy una posesión".
  - — No permita que lo manipulen o maltraten.
  - — Deje de sentirse víctima: "Como adulto ya no estoy indefenso".
  - — Deje de culpar a otros: "Me responsabilizaré de mi comportamiento".
  - — Aprenda a decir "no".

  "Pues, ¿busco ahora el favor de los hombres, o el de Dios? ¿O trato de agradar a los hombres? Pues si todavía agradara a los hombres, no sería siervo de Cristo". (Gálatas 1:10)

- **Abandone el resentimiento.**
  - — Considere las consecuencias del rencor.
  - — Confiese que el rencor es pecado.
  - — Decida perdonar y seguir perdonando.

  "Antes sed benignos unos con otros, misericordiosos, perdonándoos unos a otros, como Dios también os perdonó a vosotros en Cristo". (Efesios 4:32)

- **Dése tiempo para restaurar las relaciones familiares para que sean saludables.**
  - — Dé el primer paso para reconstruir las relaciones.
  - — Esté dispuesto a pasar tiempo de calidad para desarrollar relaciones saludables.
  - — Sea generoso y dé abundante gracia a quienes tienen actitudes y conductas negativas.
  - — Sea un canal del amor incondicional y aceptación de Dios.

  "Por tanto, si traes tu ofrenda al altar, y allí te acuerdas de que tu hermano tiene algo contra ti, deja allí tu ofrenda delante del altar, y anda, reconcíliate primero con tu hermano, y entonces ven y presenta tu ofrenda". (Mateo 5:23-24)

Cultive el futuro de su familia[9]

"Porque yo sé los pensamientos que tengo acerca de vosotros, dice Jehová, pensamientos de paz, y no de mal, para daros el fin que esperáis". (Jeremías 29:11)

- Enfatice la singularidad de cada miembro de su familia.

  "Además, el cuerpo no es un solo miembro, sino muchos. Si dijere el pie: Porque no soy mano, no soy del cuerpo, ¿por eso no será del cuerpo? Y si dijere la oreja: Porque no soy ojo, no soy del cuerpo, ¿por eso no será del cuerpo? Si todo el cuerpo

fuese ojo, ¿dónde estaría el oído? Si todo fuese oído, ¿dónde estaría el olfato?" (1 Corintios 12:14-17)

- Fomente la cercanía y también la individualidad.[10]

  "Ahora bien, hay diversidad de dones, pero el Espíritu es el mismo. Y hay diversidad de ministerios, pero el Señor es el mismo. Y hay diversidad de operaciones, pero Dios, que hace todas las cosas en todos, es el mismo. Pero a cada uno le es dada la manifestación del Espíritu para provecho". (1 Corintios 12:4-7)

- Mantenga la consistencia en los mensajes que comunica.

  "De una misma boca proceden bendición y maldición. Hermanos míos, esto no debe ser así. ¿Acaso alguna fuente echa por una misma abertura agua dulce y amarga? Hermanos míos, ¿puede acaso la higuera producir aceitunas, o la vid higos? Así también ninguna fuente puede dar agua salada y dulce. ¿Quién es sabio y entendido entre vosotros? Muestre por la buena conducta sus obras en sabia mansedumbre". (Santiago 3:10-13)

- Practique la disciplina inmediata y correcta.

  "El que detiene el castigo, a su hijo aborrece; mas el que lo ama, desde temprano lo corrige". (Proverbios 13:24)

- Dé lugar a que haya un amplio margen para los errores.

  "Antes sed benignos unos con otros, misericordiosos, perdonándoos unos a otros, como Dios también os perdonó a vosotros en Cristo". (Efesios 4:32)

- Permita la manifestación correcta de las emociones.

  "Como aguas profundas es el consejo en el corazón del hombre; mas el hombre entendido lo alcanzará". (Proverbios 20:5)

- Promueva y desarrolle las capacidades y talentos naturales.

  "Instruye al niño en su camino, y aun cuando fuere viejo no se apartará de él". (Proverbios 22:6)

- Requiera que los miembros de la familia se responsabilicen de sus actitudes y acciones.

  "Así que, cada uno someta a prueba su propia obra, y entonces tendrá motivo de gloriarse sólo respecto de sí mismo, y no en otro; porque cada uno llevará su propia carga". (Gálatas 6:4-5)

- Trate a todos con amor y respeto.

  "Todas vuestras cosas sean hechas con amor". (1 Corintios 16:14)

- Fomente la dependencia de Dios.

  "Fíate de Jehová de todo tu corazón, y no te apoyes en tu propia prudencia. Reconócelo en todos tus caminos, y él enderezará tus veredas". (Proverbios 3:5-6)

Un pasado disfuncional es una excusa muy pobre para seguir igual. Con el poder de Cristo que mora en nosotros, el pasado no puede dominarnos. Nunca entregue a su pasado el poder que sólo pertenece a Cristo.
—June Hunt

Árbol Familiar

5 FORMAS EN QUE INTERACTÚA LA FAMILIA

Familia caótica y controladora	**Familia que edifica**	**Familia permisiva y codependiente**
Disfuncional	**FUNCIONAL**	Disfuncional
Extremosa	**EQUILIBRADA**	Extremosa
Individualista (egoísta)	**Individualista y RELACIONAL**	Relacional (Mezclada)
Indiferente Insensible	**Buenas RELACIONES**	Dependiente Súper-sensible
Baja Autoestima	**UN SENTIDO SALUDABLE DEL VALOR DADO POR DIOS**	Baja Autoestima

SEA SABIO CON SU FAMILIA

"Ella [la sabiduría] es árbol de vida a los que de ella echan mano, y bienaventurados son los que la retienen".
(Proverbios 3:18)

NOTAS

1. Dale y Juanita Ryan, Recovery from Family Dysfunctions: 6 Studies for Groups and Individuals. "Cómo recuperarse de una familia disfuncional: Seis estudios para grupos o individuos", Life Recovery Guides (Downers Grove, Ill.: InterVarsity Press, 1990), 12-3.

2. Para esta sección vea Jeff VanVonderen, Tired of Trying to Measure Up, "Cansado de tratar de dar el ancho" (Minneapolis, Minn.: Bethany House, 1989), 33.

3. Para esta sección vea Robert Hemfelt, Frank Minirth, y Paul Meier, Love Is a Choice, "El amor es una decisión" (Nashville: Thomas Nelson, 1989), 157-9; H. Norman Wright, Always Daddy's Girl: Understanding Your Father's Impact on Who You Are. "Siempre seré la niña de mi papi: Entendiendo el impacto que hizo su padre en usted" (Ventura, Calif.: Regal, 1989), 163-71; Nancy LeSourd, No Longer the Hero: The Personal Pilgrimage of an Adult Child, "Dejaré de ser el héroe: La peregrinación de un adulto niño" (Nashville: Thomas Nelson, 1991), 38-45.

4. Para esta sección vea David Field, Family Personalities, "Personalidades familiares" (Eugene, Ore.: Harvest House, 1988), 19-29.

5. Para esta sección vea Nancy LeSourd, No Longer the Hero, "Dejaré de ser el héroe" 198-204.

6. Para esta sección vea Jim Conway, Adult Children of Legal and Emotional Divorce: Healing Your Long-term Hurt, "Hijos adultos del divorcio legal y emocional: Cómo curar su dolor de largo plazo" (Downers Grove, Ill.: InterVarsity, 1990), 127-240.

7. Nancy LeSourd, No Longer the Hero, "Dejaré de ser el héroe", 173-174.

8. Nancy LeSourd, No Longer the Hero, "Dejaré de ser el héroe", 175-177.

9. Para esta sección vea David Mains, Healing the Dysfunctional Church Family, "Cómo sanar a la iglesia disfuncional" (Wheaton, Ill.: Victor, 1992), 145-146.

10. David Field, Family Personalities, "Personalidades familiares", 153-154.

BIBLIOGRAFÍA

Benson, Bob. Laughter in the Walls, "Risas en las paredes", Nashville: Generoux, 1990.

Bradshaw, Juan. Family Secrets: What You Don't Know Can Hurt You. "Secretos familiares: Lo que no sabe puede hacerle daño", New York: Bantam, 1995.

Bradshaw, Juan. Healing the Shame that Binds You. "Cómo sanar la vergüenza que lo esclaviza" Deerfield Beach, Fla: Health Communications, 1988.

Brown, Elizabeth B. Living Successfully with Screwed-Up People. "Cómo vivir con éxito con personas echadas a perder", Grand Rapids: Fleming H. Revell, 1999.

Carder, Dave, Earl Henslin, Juan Townsend, Henry Cloud, y Alice Brawand. Secrets of Your Family Tree: Healing for Adult Children of Dysfunctional Families, "Secretos de su árbol familiar: Cómo sanar a los hijos adultos de familias disfuncionales", Chicago: Moody, 1991.

Carlson, Randy L. Father Memories: How to Discover the Unique, Powerful, and Lasting Impact Your Father Has on Your Adult Life and Relationships, "Recuerdos del padre: Cómo descubrir el impacto único, poderoso y permanente de su padre en su vida adulta y sus relaciones", Chicago: Moody, 1992.

Coleman, William L. How to Go Home Without Feeling Like a Child, "Cómo volver a casa sin sentirse como un niño", Dallas: Word, 1991.

Conway, Jim. Adult Children of Legal or Emotional Divorce: Healing Your Long-Term Hurt, "Hijos adultos del divorcio legal y emocional: Cómo curar su dolor de largo plazo" Saltshaker Books. Downers Grove, Ill.: InterVarsity, 1990.

Curran, Dolores. Traits of a Healthy Family, "Las características de una familia sana", Nueva York: HarperCollins, 1983.

Ells, Alfred H. Family Love: What We Need, What We Seek, What We Must Create, "El amor de la familia: Lo que necesitamos, buscamos y debemos crear", Nashville: Oliver Nelson, 1995.

Field, David. Family Personalities, "Person alidades familiares", Eugene, Ore.: Harvest House, 1988.

Fish, Melinda. Adult Children of the Almighty, "Hijos adultos del Todopoderoso", Tarrytown, NY: Chosen, 1991.

Friel, Juan, y Linda Friel. Adult Children: The Secrets of Dysfunctional Families, "Hijos adultos: Secretos de las familias disfuncionales", Deerfield Beach, Fla: Health Communications, 1988.

Grayson, Curt, y Jan Juanson. Creating a Safe Place: Christians Healing from the Hurt of Dysfunctional Families, "Cómo crear un lugar seguro: Cristianos que sanan del dolor de una familia disfuncional", Nueva York: Harper San Francisco, 1991.

Harrison, Dan. Healing for Broken People, "Sanidad para personas quebrantadas", Global Issues Bible Studies, ed. Stephen Hayner & Gordon Aeschliman. Downers Grove, Ill.: InterVarsity, 1990.

Harrison, Dan. Strongest in the Broken Places: A Story of Spiritual Renewal, "Más fuertes en lo más débil: Una historia de renovación espiritual", Downers Grove, Ill.: InterVarsity, 1990.

Hapworth, William, Mada Hapworth, y Joan Rattner Heilman. Mom Loved You Best, "Tu mamá es la que más te amó", Nueva York: Viking, 1993.

Hemfelt, Robert, Frank Minirth, y Paul Meier. Love Is A Choice, "El amor es una decisión", Nashville: Thomas Nelson, 1989.

LeSourd, Nancy. No Longer a Hero: The Personal Pilgrimage of an Adult Child, "Dejaré de ser el héroe: La peregrinación de un adulto niño", Nashville: Thomas Nelson, 1991.

Lewis, Gregg, y Tim Stafford. You Call This a Family? "¿A esto llamas una familia?" Grand Rapids: Zondervan, 1990.

Mains, David. Healing the Dysfunctional Church Family, "Cómo sanar a la iglesia disfuncional", Wheaton, Ill.: Victor, 1992.

Martin, Sara Hines. Shame on You! "¡Debería darte vergüenza!"Nashville: Broadman, 1990.

McGee, Robert S. Father Hunger, "Hambre de padre", Ann Arbor, Mich.: Vine, 1993.

McGinnis, Jack, y Barbara Shlemon. The Truth Will Set You Free, "La verdad os hará libres". San Diego, Calif.: Recovery, 1991.

Miethe, Terry L., y Beverly Miethe. Serving Christ: A Family Affair, "Servir a Cristo: Asunto de familia". Joplin, Mo: College Press, 1995.

Osterhaus, James P. Counseling Families: From Insight to Intervention, "Cómo aconsejar a las familias: De la percepción a la intervención". Grand Rapids: Zondervan, 1989.

Ross, Ron. When I Grow Up... I Want to Be an Adult: Christ Centered Recovery for Adult Children, "Cuando crezca, quiero ser un adulto: Recuperación centrada en Cristo para los adultos niños". San Diego, Calif.: Recovery, 1990.

Ryan, Dale, and Juanita Ryan. Recovery from Family Dysfunctions: 6 Studies for Groups or Individuals, "Cómo recuperarse de una familia disfuncional. Seis estudios para grupos o individuos". Life Recovery Guides. Downers Grove, Ill.: InterVarsity, 1990.

Sell, Charles M. Unfinished Business: Helping Adult Children Resolve Their Past, "Asuntos inconclusos: Cómo ayudar a los hijos adultos a resolver el pasado", Portland, Ore.: Multnomah, 1989.

Sontag, Marie. When Love Is Not Perfect, "Cuando el amor no es perfecto", Lynnwood, Wash.: Aglow, 1991.

Stoop, David A., y James Masteller. Forgiving Our Parents, Forgiving Ourselves: Healing Adult Children of Dysfunctional Families, "Cómo perdonar a nuestros padres y a nosotros: Salud para los hijos adultos de familias disfuncionales", Ann Arbor, Mich.: Vine, 1991.

Stoop, David A. Making Peace with Your Father, "Cómo hacer las paces con su padre", Colorado Springs, Colo.: Alive, 1992.

The Twelve Steps for Christians: From Addictive and Other Dysfunctional Families, "Los doce pasos para cristianos: De familias adictas y otras disfunciones", San Diego, Calif.: Recovery, 1988.

VanVonderen, Jeff. Families Where Grace Is in Place,"Familias que tienen la gracia en su lugar", Minneapolis, Minn.: Bethany House, 1992.

VanVonderen, Jeff. Tired of Trying to Measure Up, "Cansado de tratar de dar el ancho" Minneapolis, Minn.: Bethany House, 1989.

Whitfield, Charles L. Healing the Child Within, "Cómo sanar al niño que llevamos dentro", Deerfield Beach, Fla: Health Communications, 1987.

Wilson, Sandra D. Released from Shame: Recovery for Adult Children of Dysfunctional Families, "Libre de la vergüenza: Recuperación de los hijos adultos de familias disfuncionales", People Helper Books, ed. Gary R. Collins. Downers Grove, Ill.: Intervarsity, 1990.

Wright, H. Norman. Always Daddy's Girl: Understanding Your Father's Impact on Who You Are, "Siempre seré la niña de mi papi: Entendiendo el impacto que hizo su padre en usted" Ventura, Calif.: Regal, 1989.

Yates, Juan, and Susan Alexander Yates. What Really Matters at Home: Eight Crucial Elements for Building Character in Your Family, "Lo que en verdad importa en la familia: Ocho elementos cruciales para edificar el carácter de su familia". Dallas: Word, 1992.

Versículos bíblicos para memorizar

1 Corintios 13:4-5

Salmos 68:5

1 Corintios 13:11

Salmos 147:3

Efesios 5:1-2

Proverbios 14:26

Mateo 5:23-24

Colosenses 3:13

Gálatas 1:10

Génesis 50:20

El rechazo
Sanando el corazón herido

"La herida más profunda es el rechazo proveniente de un ser querido. Sin embargo, no hay nada mejor para sanar nuestro corazón que saber que nuestro Señor nos acepta. Cuando su dolor parezca interminable e imposible de soportar, él le sostendrá con su gran amor hasta que experimente la restauración completa"
—June Hunt

"Cercano está Jehová a los quebrantados de corazón; y salva a los contritos de espíritu". (Salmos 34:18)

DEFINICIONES

¿Qué es el rechazo?

- Una de las palabras griegas que se traducen como rechazo es *apodokimazo*, que significa "rechazar y desaprobar como resultado del análisis".[1]
  - — El sustantivo en español rechazo, que se deriva del mismo verbo, se refiere a una persona o cosa que no es deseada, aprobada o aceptada.[2]
  - — Jesús experimentó el dolor del rechazo. Él fue la piedra angular rechazada por los constructores.

    "La piedra que desecharon los edificadores, ha venido a ser cabeza del ángulo". (Mateo 21:42)
- Otra palabra griega que se traduce rechazo es *atheteo*, que significa "prescindir de, hacer a un lado, ignorar, no tomar en cuenta o desechar como algo que no satisface y que no tiene valor".[3]
  - — Jesús dijo a los fariseos y maestros de la ley,

    "Les decía también: Bien invalidáis el mandamiento de Dios para guardar vuestra tradición". (Marcos 7:9)

Lo que Dios siente en cuanto al rechazo

- Aquellos que rechazan a los seguidores de Cristo, en realidad están rechazando a Cristo mismo.

"El que a vosotros oye, a mí me oye; y el que a vosotros desecha, a mí me desecha; y el que me desecha a mí, desecha al que me envió". (Lucas 10:16)

- Los que rehúsan ser moldeados por Dios, serán rechazados por el alfarero.

  "Plata desechada los llamarán, porque Jehová los desechó". (Jeremías 6:30) (Lea también vv. 26-30.)

- Aquellos que rechazan la verdad de Dios, recibirán su ira.

  "Pero ira y enojo a los que son contenciosos y no obedecen a la verdad, sino que obedecen a la injusticia". (Romanos 2:8)

SÍNTOMAS O INDICADORES DEL SENTIMIENTO DE RECHAZO[4]

Síntomas internos

- Ambivalencia.......................... dificultad para tomar decisiones
- Amargura .... hacia Dios/o hacia la persona que nos ha rechazado
- Desconexión emocional.......... nos rehusamos a ser vulnerables otra vez
- Temor.................................... de ser rechazados de nuevo
- Culpabilidad.......................... por estar involucrados en una relación determinada
- Incapacidad de aceptar amor .. sintiendo que no merecemos ser amados
- Incapacidad de confiar .... haciéndonos escépticos hacia las motivaciones de otros
- Subjetividad .... tomando decisiones basadas en nuestros sentimientos en lugar de en los hechos

Pregunta:

"¿Puede Dios olvidarse de un creyente genuino?"

Respuesta:

No. Un creyente genuino puede pecar, pero Dios nunca lo abandonará. Cuando sienta temor de ser olvidado, haga suya la siguiente promesa de la Palabra de Dios:

"En ti confiarán los que conocen tu nombre, por cuanto tú, oh Jehová, no desamparaste a los que te buscaron". (Salmos 9:10)

Evidencias externas

- Rebeldía .... contra la autoridad
- Exageración .... para impresionar a los demás
- Envidia.. de las sugerencias que nos hacen y del éxito de los demás
- Exceso en el trabajo y actividades . buscando la aceptación a través de los logros
- Espíritu crítico.............................. rechazo hacia otros
- Esforzándose en exceso .... complaciendo a las personas
- Drogadicción y sensualidad .... para anestesiar el dolor
- Actitud defensiva .... para protegernos nosotros mismos

Pregunta:

"¿Qué puedo hacer cuando siento que todo el mundo me rechaza?"

Respuesta:

Cuando sienta que está sufriendo por haber sido rechazado, ore a su Redentor:

"Bendito sea Dios, que no echó de sí mi oración, ni de mí su misericordia". (Salmos 66:20)

CAUSAS DEL RECHAZO

Lista de causas ocultas[5]

Abandono . . . Por parte de los padres

Brutalidad/incesto . . . Abuso físico hacia la esposa o los hijos

Confinamiento . . . Fue enviado(a) a un campamento, a un internado, o a la casa de algún pariente

Divorcio . . . Rechazo que sienten los niños o el cónyuge abandonado

Exceso de castigo . . . Maltrato de los padres

Favoritismo . . . Preferencia de un hijo sobre otro

Ganancia deshonesta . . . Cuando otra persona recibe el crédito por el trabajo que uno ha realizado

Hostilidad . . . Pleitos, uso de sobrenombres

Ignorar . . . Castigo silencioso

Juego con las emociones . . . Durante el cortejo, por una amistad o el cónyuge

Las diez C's de las causas ocultas[6]

- Humor cáustico .... sarcasmo
- Causar la muerte cruel a una mascota .... especialmente si es niño
- Cambios en las promesas hechas .... falta de cumplimiento
- Comunicación emocional bloqueada .... rechazo de las emociones
- Cumplimentar los logros .... no a la persona
- Comparación (hermanos, compañeros) .... siempre por sus logros
- Aceptación condicional .... aceptación por sus logros
- Control .... sobreprotección
- Enfermedad crónica .... muerte de un ser amado
- Crítica .... señalando los errores

La raíz del problema

Creencia falsa:

"Cuando me rechazan, siento que no valgo nada. Mi valor depende de lo que los demás piensan de mí y de su aceptación".

Creencia correcta:

No me agrada sentirme rechazado. Sin embargo, mi valor personal no está basado en lo que otros piensen de mí, sino en el hecho de que el Señor me acepta. Jesús no solamente me amó de tal manera que murió por mis pecados, sino que también vive en mí para cambiar todo mi ser.

"¿No se venden cinco pajarillos por dos cuartos? Con todo, ni uno de ellos está olvidado delante de Dios. Pues aun los cabellos de vuestra cabeza están todos contados. No temáis, pues; más valéis vosotros que muchos pajarillos". (Lucas 12:6-7)

PREGUNTA:

"¿Cómo puedo sobreponerme al rechazo que experimenté en el pasado?"

RESPUESTA:

Dígale al Señor:

- "Gracias, Señor Jesús porque tu me amas profundamente".

  "En esto hemos conocido el amor, en que él puso su vida por nosotros; también nosotros debemos poner nuestras vidas por los hermanos". (1 Juan 3:16)

- "Gracias, Señor Jesús, porque me aceptas tal como soy".

  "Por tanto, recibíos los unos a los otros, como también Cristo nos recibió, para gloria de Dios". (Romanos 15:7)

- "Gracias, Señor Jesús, porque has perdonado todos mis pecados".

  "Si confesamos nuestros pecados, él es fiel y justo para perdonar nuestros pecados, y limpiarnos de toda maldad". (1 Juan 1:9)

PASOS PARA ENCONTRAR LA SOLUCIÓN

Versículo clave para memorizar

"Y Jehová va delante de ti; él estará contigo, no te dejará, ni te desamparará; no temas ni te intimides". (Deuteronomio 31:8)

Pasaje clave para leer y meditar

Romanos 8:28-39

"Y sabemos que a los que aman a Dios, todas las cosas les ayudan a bien, esto es, a los que conforme a su propósito son llamados. Porque a los que antes conoció, también los predestinó para que fuesen hechos conformes a la imagen de su Hijo, para que él sea el primogénito entre muchos hermanos. Y a los que predestinó, a éstos también llamó; y a los que llamó, a éstos también justificó; y a los que justificó, a éstos también glorificó. ¿Qué, pues,

diremos a esto? Si Dios es por nosotros, ¿quién contra nosotros? El que no escatimó ni a su propio Hijo, sino que lo entregó por todos nosotros, ¿cómo no nos dará también con él todas las cosas? ¿Quién acusará a los escogidos de Dios? Dios es el que justifica. ¿Quién es el que condenará? Cristo es el que murió; más aun, el que también resucitó, el que además está a la diestra de Dios, el que también intercede por nosotros. ¿Quién nos separará del amor de Cristo? ¿Tribulación, o angustia, o persecución, o hambre, o desnudez, o peligro, o espada? Como está escrito: Por causa de ti somos muertos todo el tiempo; somos contados como ovejas de matadero. Antes, en todas estas cosas somos más que vencedores por medio de aquel que nos amó. Por lo cual estoy seguro de que ni la muerte, ni la vida, ni ángeles, ni principados, ni potestades, ni lo presente, ni lo por venir, ni lo alto, ni lo profundo, ni ninguna otra cosa creada nos podrá separar del amor de Dios, que es en Cristo Jesús Señor nuestro.
(Romanos 8:28-39)

Conozca el ciclo del rechazo[7]

EL RECHAZO PRODUCE MÁS RECHAZO

El proceso incluye cuatro etapas. Pasajes para terminar con el ciclo

- **Rechazo** .... Salmos 27:10

  (El rechazo produce sentimientos de bajo valor personal.)

- **El bajo valor personal** .... Juan 3:16

  (Sentir que no valemos nada produce desprecio hacia nosotros mismos.)

- **Complejo de inferioridad** .... Romanos 8:1

  (El desprecio personal incita a una conducta negativa para aliviar el dolor.)

- **Conducta negativa** .... Gálatas 5:25

  (La conducta negativa se reproduce y produce más rechazo.)

PONIENDO FIN AL CICLO DEL RECHAZO.

Memorice y medite en los siguientes pasajes bíblicos.

- **Rechazo**

  "Aunque mi padre y mi madre me dejaran, con todo, Jehová me recogerá". (Salmos 27:10)

  "Bendito sea Dios, que no echó de sí mi oración, ni de mí su misericordia". (Salmos 66:20)

- **Bajo valor personal**

  "Porque de tal manera amó Dios al mundo, que ha dado a su Hijo unigénito, para que todo aquel que en él cree, no se pierda, mas tenga vida eterna". (Juan 3:16)

  "En esto hemos conocido el amor, en que él puso su vida por nosotros; también nosotros debemos poner nuestras vidas por los hermanos". (1 Juan 3:16)

- **Complejo de inferioridad**

  "Jehová se manifestó a mí hace ya mucho tiempo, diciendo: Con amor eterno te he amado; por tanto, te prolongué mi misericordia". (Jeremías 31:3)

  "Ahora, pues, ninguna condenación hay para los que están en Cristo Jesús, los que no andan conforme a la carne, sino conforme al Espíritu". (Romanos 8:1)

- **Conducta negativa**

  "Y manifiestas son las obras de la carne, que son: adulterio, fornicación, inmundicia, lascivia, idolatría, hechicerías, enemistades, pleitos, celos, iras, contiendas, disensiones, herejías, envidias, homicidios, borracheras, orgías, y cosas semejantes a estas; acerca de las cuales os amonesto, como ya os lo he dicho antes, que los que practican tales cosas no heredarán el reino de Dios. Mas el fruto del Espíritu es amor, gozo, paz, paciencia, benignidad, bondad, fe, mansedumbre, templanza; contra tales cosas no hay ley. Pero los que son de Cristo han crucificado la carne con sus pasiones y deseos. Si vivimos por el Espíritu, andemos también por el Espíritu". (Gálatas 5:19-25)

  "No os engañéis; Dios no puede ser burlado: pues todo lo que el hombre sembrare, eso también segará". (Gálatas 6:7)

Usted es aceptado, a pesar de que se sienta rechazado

Admita el rechazo del pasado y el dolor que le ha causado.

> *"Acuérdate de mi aflicción y de mi abatimiento, del ajenjo y de la hiel; lo tendré aún en memoria, porque mi alma está abatida dentro de mí; esto recapacitaré en mi corazón, por lo tanto esperaré. Por la misericordia de Jehová no hemos sido consumidos, porque nunca decayeron sus misericordias. Nuevas son cada mañana; grande es tu fidelidad". (Lamentaciones 3:19-23)*

Clame a Dios, y reciba su amor incondicional y aceptación total.

> *"Porque los montes se moverán, y los collados temblarán, pero no se apartará de ti mi misericordia, ni el pacto de mi paz se quebrantará, dijo Jehová, el que tiene misericordia de ti". (Isaías 54:10)*

Escoja perdonar a aquellos que lo han rechazado. Reciba el rechazo como parte normal de vivir en un mundo caído.

"Soportándoos unos a otros, y perdonándoos unos a otros si alguno tuviere queja contra otro. De la manera que Cristo os perdonó, así también hacedlo vosotros". (Colosenses 3:13)

"En lo cual vosotros os alegráis, aunque ahora por un poco de tiempo, si es necesario, tengáis que ser afligidos en diversas pruebas, para que sometida a prueba vuestra fe, mucho más preciosa que el oro, el cual aunque perecedero se prueba con fuego, sea hallada en alabanza, gloria y honra cuando sea manifestado Jesucristo". (1 Pedro 1:6-7)

Proteja su mente con la palabra de Dios y permita que ésta construya nuevos patrones de pensamiento.

"No os conforméis a este siglo, sino transformaos por medio de la renovación de vuestro entendimiento, para que comprobéis cuál sea la buena voluntad de Dios, agradable y perfecta". (Romanos 12:2)

Tome tiempo para agradecer a Dios por lo que ha aprendido a través del rechazo. Esto lo puede acercar más a él.

"Bueno me es haber sido humillado, para que aprenda tus estatutos". (Salmos 119:71)

Anime a otras personas. Esto le ayudará a aumentar su valor personal.

"No nos cansemos, pues, de hacer bien; porque a su tiempo segaremos, si no desmayamos.10 Así que, según tengamos oportunidad, hagamos bien a todos, y mayormente a los de la familia de la fe". (Gálatas 6:9-10)

Descanse en el poder de Cristo que está presente en su vida. El Señor Jesucristo es su fuente de seguridad cuando la inseguridad nos inunda.

"Con Cristo estoy juntamente crucificado, y ya no vivo yo, mas vive Cristo en mí; y lo que ahora vivo en la carne, lo vivo en la fe del Hijo de Dios, el cual me amó y se entregó a sí mismo por mí". (Gálatas 2:20)

Olvídese de lo que otros piensan de usted

"Yo en muy poco tengo el ser juzgado por vosotros, o por tribunal humano; y ni aun yo me juzgo a mí mismo". (1 Corintios 4:3)

¿Se siente destrozado y sin esperanza por el rechazo? Recuerde, nuestros sentimientos son engañosos y nos pueden desviar de la verdad. Si usted se rige por sus sentimientos, está permitiendo que la cola mueva al perro y no al contrario. Viva basándose en la verdad de que Dios lo acepta por completo gracias a que Cristo mora en usted y nunca lo dejará ni lo desamparará

—June Hunt

El rechazo produce más rechazo

"No os engañéis; Dios no puede ser burlado: pues todo lo que el hombre sembrare, eso también segará".
(Gálatas 6:7)

Rechazo

"Aunque mi padre y mi madre me dejaran, con todo, Jehová me recogerá".
(Salmos 27:10)

Conducta negativa

"Mas el fruto del Espíritu es amor, gozo, paz, paciencia, benignidad, bondad, fe, mansedumbre, templanza; contra tales cosas no hay ley. Pero los que son de Cristo han crucificado la carne con sus pasiones y deseos. Si vivimos por el Espíritu, andemos también por el Espíritu".
(Gálatas 5:22-25)

Bajo valor personal

"Jehová se manifestó a mí hace ya mucho tiempo, diciendo: Con amor eterno te he amado; por tanto, te prolongué mi misericordia".
(Jeremías 31:3)

Complejo de inferioridad

"Porque de tal manera amó Dios al mundo, que ha dado a su Hijo unigénito, para que todo aquel que en él cree, no se pierda, mas tenga vida eterna".
(Juan 3:16)

"En esto hemos conocido el amor, en que él puso su vida por nosotros; también nosotros debemos poner nuestras vidas por los hermanos".
(1 Juan 3:16)

NOTAS

1. James Strong, Strong's Greek Lexicon, "Léxico Griego Strong" (ed. electrónica; Biblia en línea Milenium v. 1.13) (Timnathserah Inc., July 6, 2002).

2. Merriam-Webster Collegiate Dictionary, "Diccionario Colegial Merriam- Webster" (2001); disponible en http://www.m-w.com.

3. Strong, Strong's Greek Lexicon, "Léxico Griego Strong".

4. Para esta sección, vea Robert S. McGee, The Search for Significance, "En busca de reconocimiento", 2a ed. (Houston, Tex.: Rapha, 1990), 63-4, 71-2.

5. Charles Solomon, The Ins and Out of Rejection, "El ciclo del rechazo" (Littleton, Colo.: Heritage House, 1976), 13-18.

6. Solomon, The Ins and Out of Rejection, "El ciclo del rechazo", 18-25, 40-2; Charles Solomon, The Rejection Syndrome, "El síndrome del rechazo" (Wheaton, Ill.: Tyndale House, 1982), 29-52.

7. Para esta sección, vea Marshall Bryant Hodge, Your Fear of Love, "Temor al amor" (Garden City, N. Y.: Doubleday, 1967), 26.

BIBLIOGRAFÍA

Hodge, Marshall Bryant. Your Fear of Love. "Temor al amor" Garden City, N. Y.: Doubleday, 1967.

McGee, Robert S. The Search for Significance. "En busca de reconocimiento", 2a ed. Houston, Tex.: Rapha, 1990.

Solomon, Charles. The Ins and Out of Rejection. "EL ciclo del rechazo" Littleton, Colo.: Heritage House, 1976.

Solomon, Charles. The Rejection Syndrome. "El síndrome del rechazo" Wheaton, Ill.: Tyndale House, 1982.

Wright, H. Norman. Real Solutions for Overcoming Discouragement, Rejection, and the Blues. "Soluciones reales para sobreponerse al desánimo, al rechazo y la depresión", Ann Arbor, Mich.: Vine, 2001.

Versículos bíblicos para memorizar

1 Samuel 12:22

Isaías 41:10

Lamentaciones 3:22

Salmos 34:18

Deuteronomio 31:8

Lucas 10:16

1 Juan 3:1

Salmos 27:10

Salmos 66:20

Romanos 8:38-39

Su valor personal
Una cuestión de visión

¿Vive temiendo qué pensarán los demás de usted? Algunas personas, cuando se ven en el espejo, ven al infeliz *Patito Feo* del conocido cuento infantil. Ese pobre patito se sentía rechazado por las demás aves del corral debido a su apariencia poco atractiva y a su torpeza innegable.[1] Tristemente, muchas personas atractivas se rechazan a sí mismas... creen que tienen poco valor personal. Parte del problema es su visión distorsionada de la realidad. Al igual que el *Patito Feo*, que no veía al hermoso cisne que llevaba dentro, ven sus características externas en busca de aceptación, pero cometen el error de no mirar hacia adentro para encontrar el valor interno que Dios les ha otorgado.

"Jehová no mira lo que mira el hombre; pues el hombre mira lo que está delante de sus ojos, pero Jehová mira el corazón".
(1 Samuel 16:7)

DEFINICIONES

¿Cómo se determina el valor de algo? ¿Cuánto vale un artículo? Si cuida mucho de un auto, pensando que puede llegar a ser muy valioso, ¿cómo puede saber su valor? Con base en el modelo, el año de fabricación, los accesorios y el número de kilómetros que tenga, podría consultar el Libro Azul sobre automóviles para saber la respuesta. ¿Ha pensado alguna vez en su propio valor? ¿Mide su propio valor basándose en sus logros personales o en los elogios que recibe de las personas importantes? Si es así, su valor personal está en peligro de verse distorsionado. En lugar de esto, vaya a la Biblia, el Libro Azul de Dios para obtener las respuestas y ¡para conocer el valor que Dios mismo le ha dado! Su vida tiene un valor inmenso porque fue hecha a imagen de Dios.

"Y creó Dios al hombre a su imagen, a imagen de Dios lo creó; varón y hembra los creó".
(Génesis 1:27)

¿Qué es el valor personal?

- Valor personal es la creencia en el valor e importancia propios.[2]
- La palabra griega para valor es *axios*, que significa "de peso y valor".[3] En tiempos bíblicos, el oro y otros metales preciosos se ponían en una balanza donde el peso determinaba su valor.

- Valor significa el mérito o importancia de una persona o cosa.[4]

"¿No se venden cinco pajarillos por dos cuartos? Con todo, ni uno de ellos está olvidado delante de Dios. Pues aun los cabellos de vuestra cabeza están todos contados. No temáis, pues; más valéis vosotros que muchos pajarillos". (Lucas 12:6-7)

Pregunta:

"¿Cómo se determina mi valor?"

Respuesta:

En una subasta, ¿qué es lo que determina el valor de un artículo? Lo determina el más alto precio que se pague por él. El subastador vende cada artículo al mejor postor. El precio más alto por su vida lo pagó Jesús, y él, que estuvo dispuesto a pagar el precio más alto, estableció su valor. Jesucristo pagó el precio máximo por usted muriendo en la cruz voluntariamente por los pecados de usted, él pagó el castigo. ¡Así es como le amó!

Su verdadero valor no se basa en algo que usted haya hecho o que hará. Sin duda, Cristo ya estableció su valor. Usted valía lo suficiente como para que él muriera por usted.

"Mas Dios muestra su amor para con nosotros, en que siendo aún pecadores, Cristo murió por nosotros". (Romanos 5:8)

¿Qué es la auto-estima?

- La auto-estima es respetarse o tener un alto concepto de sí.[5]
- La palabra hebrea *nabat* significa "estimar, ver con favor o referirse con placer".[6]
- Estima significa literalmente "fijar el valor de".[7]

Pregunta:

"¿Es apropiado tener una buena auto-estima?"

Respuesta:

- La auto-estima tiene dos significados diferentes.
  - — El primero es tener una apreciación objetiva de su valor. Esta estima se basa en la humildad que le permite reconocer su pecado y su necesidad del Salvador.

    "...dice Jehová; pero miraré a aquel que es pobre y humilde de espíritu, y que tiembla a mi palabra". (Isaías 66:2)
  - — La segunda clase de auto-estima es una apreciación exagerada de su valor. Esta auto-estima arrogante se basa en el orgullo. La Biblia presenta estas dos actitudes haciendo un agudo contraste entre ellas.

    "Dios resiste a los soberbios, y da gracia a los humildes". (1 Pedro 5:5)

¿Qué es el complejo de inferioridad?[8]

- El complejo de inferioridad es el sentimiento doloroso de sentirse menos valioso que otros. Aquellos que cargan un complejo de inferioridad tienen poco valor personal, y esto resulta en

  — una conducta tímida y temerosa o

  — una conducta excesivamente agresiva

- Inferior significa de baja calidad, por debajo de los demás, no muy bueno.
- Un complejo es un grupo de ideas reprimidas asociadas con una experiencia emocional del pasado que influye en la conducta presente.

Ilustración Bíblica

2 Samuel capítulo 9

Cuando sólo tenía cinco años, Mefi-boset, hijo de Jonatán, quedó discapacitado de ambos pies. La tragedia lo golpeó nuevamente cuando tanto Jonatán su padre, como su abuelo el rey Saúl, murieron en el campo de batalla. David, el nuevo rey, había hecho un pacto de amistad con Jonatán. Por lo tanto, buscó maneras de mostrar misericordia hacia la familia de Jonatán. David envió traer a Mefi-boset: *"Y le dijo David: No tengas temor, porque yo a la verdad haré contigo misericordia por amor de Jonatán tu padre, y te devolveré todas las tierras de Saúl tu padre; y tú comerás siempre a mi mesa". (2 Samuel 9:7).* La compasión que le mostró David lo conmovió y animó, y desde ese momento en adelante se cumplió lo que dijo David: *"Mefi-boset, dijo el rey, comerá a mi mesa, como uno de los hijos del rey". (2 Samuel 9:11).*

Si tiene un complejo de inferioridad y a veces siente como que no vale nada, el Rey de reyes extiende su mano con compasión para invitarle a su mesa y hacerlo su hijo.

¿Cuál es la controversia del amor hacia uno mismo?

Los tres puntos de vista

#1 *No debo amarme a mí mismo.*

"Está mal que ame mi propia vida. En lugar de esto, debería odiarme a mí mismo".

Apoyo bíblico:

"El que ama su vida, la perderá; y el que aborrece su vida en este mundo, para vida eterna la guardará". (Juan 12:25)

"Si alguno viene a mí, y no aborrece a su padre, y madre, y mujer, e hijos, y hermanos, y hermanas, y aun también su propia vida, no puede ser mi discípulo". (Lucas 14:26)

#2 *Debo amarme a mí mismo.*

"Dios dice en su palabra que me ame a mí mismo".

Apoyo bíblico:

"Amarás a tu prójimo como a ti mismo. Yo Jehová". (Levítico 19:18)

Este mandamiento se encuentra primero en Levítico y después se repite en otros seis libros de la Biblia.

- Mateo 19:19
- Marcos 12:31
- Lucas 10:27
- Romanos 13:9
- Gálatas 5:14
- Santiago 2:8

#3 *No sé si debo amarme a mí mismo, pero sí sé que debo amar a otros.*

"Las Escrituras son confusas acerca del amor hacia uno mismo, lo que sí sé es que debo mostrar un amor sacrificial hacia los demás".

Apoyo bíblico:

"En esto hemos conocido el amor, en que él puso su vida por nosotros; también nosotros debemos poner nuestras vidas por los hermanos". (1 Juan 3:16)

Dos preguntas básicas

Pregunta #1

Pregunta:

"¿Es verdadero el punto de vista #1? ¿Realmente enseña la Biblia que me odie a mí mismo y a los demás?"

Respuesta:

Para interpretar cualquier obra correctamente, se debe aplicar un principio básico de interpretación: "Debe tomarse en cuenta todo el contexto". Por tanto, vea lo que dice la Biblia acerca del odio a la luz de todo el consejo de la palabra de Dios.

El contexto bíblico del punto de vista #1

- **En el Antiguo Testamento—**
  - —Levítico 19:17 dice: *"No aborrecerás a tu hermano en tu corazón".*
  - —El quinto de los diez mandamientos dice: *"Honra a tu padre y a tu madre".* (Éxodo 20:12). No dice ¡odia a tu padre y a tu madre!

- **En el Nuevo Testamento—**
  - — Jesús dijo estas palabras en el Sermón del Monte: *"Oísteis que fue dicho: Amarás a tu prójimo, y aborrecerás a tu enemigo. Pero yo os digo: Amad a vuestros enemigos, bendecid a los que os maldicen, haced bien a los que os aborrecen, y orad por los que os ultrajan y os persiguen"*. (Mateo 5:43-44)
  - — 1 Juan 2:9 afirma: *"El que dice que está en la luz, y aborrece a su hermano, está todavía en tinieblas"*.

Conclusión acerca del punto de vista #1

Cuando Jesús se refirió a odiar a nuestro padre, madre, hermana, hermano y aun nuestras propias vidas, no estaba promoviendo un estilo de vida de odio interpersonal. Dicho mensaje es completamente inconsecuente con el mensaje de la Biblia, y con el corazón del Señor. Más bien, Jesús pidió que sus seguidores odiaran cualquier cosa, incluyendo situaciones de sus propias vidas, que impidiera que la relación con él tuviera la máxima prioridad. Para ser un discípulo verdadero, Jesús debe tener la preeminencia en nuestra vida; él debe ocupar el lugar de más alta prioridad.

"Porque para mí el vivir es Cristo". (Filipenses 1:21)

Pregunta #2

Pregunta:

"¿Debo amarme a mí mismo, o es arrogancia y orgullo?"

Respuesta:

Cuando escuchamos la palabra amor, normalmente suponemos que significa "afecto" o "pasión". Si hemos de amar a nuestro prójimo como a nosotras mismos, necesitamos entender el contexto de ese amor y sus raíces.

El contexto bíblico del punto de vista #2

- **Una nueva perspectiva de la Ley—**
  - — Jesús reveló los mandamientos más importantes.

    "Y amarás al Señor tu Dios con todo tu corazón, y con toda tu alma, y con toda tu mente y con todas tus fuerzas. Este es el principal mandamiento. Y el segundo es semejante: Amarás a tu prójimo como a ti mismo. No hay otro mandamiento mayor que éstos". (Marcos 12:30-31)
  - — Pablo resumió toda la ley diciendo:

    "Porque toda la ley en esta sola palabra se cumple: Amarás a tu prójimo como a ti mismo". (Gálatas 5:14)

- **Una nueva perspectiva del amor—**

— No hemos de tener un amor arrogante, sino amor *ágape*.

a. El amor *ágape* busca el mayor bien de otra persona, haciendo lo que es mejor para ella.

b. El amor *ágape* no es un sentimiento basado en la pasión, sino un compromiso basado en un principio.

"Pero yo os digo: Amad a vuestros enemigos, bendecid a los que os maldicen, haced bien a los que os aborrecen, y orad por los que os ultrajan y os persiguen". (Mateo 5:44)

— Debemos amar lo que Dios ama.

a. Debemos valorar la verdad de que Dios nos ama.

"Jehová se manifestó a mí hace ya mucho tiempo, diciendo: Con amor eterno te he amado; por tanto, te prolongué mi misericordia". (Jeremías 31:3)

b. Debemos valorar la verdad de que Dios tiene un plan y un propósito para nosotros.

"Porque yo sé los pensamientos que tengo acerca de vosotros, dice Jehová, pensamientos de paz, y no de mal, para daros el fin que esperáis". (Jeremías 29:11)

Conclusión del punto de vista #2

La Biblia dice: *"Dios es amor" (1 Juan 4:8)*. La esencia de Dios es el amor *ágape*, la clase de amor que siempre busca el mayor bien a favor de otros. Por tanto, si hemos de desarrollar la devoción, debemos de valorar lo que él valora, amar lo que él ama. Debemos amar los cambios que él está produciendo en nosotros. Deberíamos tener amor *ágape* para nosotros mismos haciendo un compromiso de buscar nuestro mayor bien. Amarse a sí mismo significa cooperar completamente con el plan perfecto de Dios para nuestra vida. El amor *ágape* para su prójimo es buscar lo mejor para él. *Ágape* hacia nosotros mismos es buscar lo mejor que Dios tiene para nuestra vida.

SÍNTOMAS DE UNA BAJA AUTO-ESTIMA O BAJO VALOR PERSONAL

¿Recuerda la última vez que fue a un circo y caminó por la casa de los espejos viendo su reflejo en los espejos torcidos? Al salir de ahí, se dio cuenta de que la imagen distorsionada de su cuerpo le produjo risa y buen humor. Su cabeza parecía un balón de fútbol con ojos, y su cuello simplemente desaparecía. Sus brazos se veían como largos tentáculos y sus caderas eran tan grandes como un submarino. (Afortunadamente, eso era sólo una distorsión). Infortunadamente, algunas personas caminan por la vida llevando en su mente una imagen distorsionada de sí mismas. Con el tiempo, el espejo que cargan en su interior se va opacando con la crítica, el fracaso, la falta de amor propio y de principios que les ayuden a ser personas felices. Definitivamente, esa no es la manera en que Dios nos ve. Él nos ve a través de sus ojos llenos de amor.

"Ahora vemos por espejo, oscuramente; mas entonces veremos cara a cara. Ahora conozco en parte; pero entonces conoceré como fui conocido".
(1 Corintios 13:12)

La imagen del espejo roto

Lista de comprobación para verificar el auto-rechazo

- **Inseguridad interior**
  — Auto crítica
  — Temor al fracaso
  — Demasiada preocupación por la opinión de los demás
  — Desesperación por recibir aprobación
  — Insatisfacción o negligencia en la apariencia
  — Incapacidad de poner límites
  — Vergüenza del trasfondo familiar
- **Bloqueo en las relaciones interpersonales**
  — Demasiado crítico de los demás
  — Dificultad para expresar los sentimientos verdaderos
  — Actitud defensiva cuando hay confrontación
  — Resistencia a la autoridad
  — Dificultad para aceptar la responsabilidad de nuestras acciones
  — Adicción a sustancias, al sexo o a alguna otra cosa
  — Incapacidad de establecer relaciones íntimas profundas

- **Sustitutos del valor personal**
  - — Dejarse impresionar por símbolos que dan estatus
  - — Vivir por encima del presupuesto
  - — Excesos en los gastos
  - — Servilismo
  - — Búsqueda constante de reconocimiento
  - — Perfeccionismo para obtener aprobación
  - — Excesiva competencia
- **Saboteadores espirituales**
  - — Dificultad para aceptar el perdón de Dios y de los demás
  - — Dificultad para sentirse amado por Dios y por los demás
  - — Dificultad para vivir bajo la gracia de Dios y de los demás
  - — Dificultad para sentirse aceptado por Dios y por los demás
  - — Dificultad para perdonar a Dios y a los demás
  - — Dificultad para confiar en Dios y en los demás
  - — Dificultad para sentirse querido por Dios y por otros

Permita que Dios examine su corazón para que le muestre cualquier pensamiento, motivación o acciones que son inconsistentes con su palabra. En la medida en la que usted permita que la luz de Dios ilumine y escudriñe sus pensamientos y corazón, entonces podrá entender el valor que Dios le ha dado y podrá caminar victorioso conforme a lo que dice su palabra.

"Derribando argumentos y toda altivez que se levanta contra el conocimiento de Dios, y llevando cautivo todo pensamiento a la obediencia a Cristo",
(2 Corintios 10:5)

CAUSAS DEL BAJO VALOR PERSONAL

El Patito Feo del cuento escrito por Hans Christian Anderson se veía a través de los ojos de los habitantes de la granja. La crítica de un viejo pato piadoso, la burla de los pollos contenciosos, el ataque físico del pavo presumido lo llevaron a creer que no era digno de pertenecer a la sociedad y al club de los "amigos emplumados". Sin embargo, lo peor de su miseria fue ser rechazado por sus propios hermanos. ¡Hasta su propia madre llegó a desear que no hubiera nacido![9] Muchos adultos no están conscientes de que la crítica y las acusaciones que recibieron en su infancia les ocasionaron serios problemas más adelante en su vida. ¿Está basando su valor personal en sus experiencias negativas de la infancia, o ya ha entendido que debe verse a través de los ojos de Dios?

"Aunque mi padre y mi madre me dejaran,
con todo, Jehová me recogerá".
(Salmos 27:10)

Rechazo por parte de otras personas

- **Padres o figuras de autoridad**
  — Demasiado criticones, centrados en los logros
  — Sobreprotectores
  — Demasiado estrictos
  — Demasiado permisivos
- **Hermanos y amigos**
  — Demasiado criticones
  — Producían desánimo
  — Presión excesiva
  — Competencia
- **Sociedad**
  — Actitudes de competencia excesiva
  — Materialismo
  — Limitaciones académicas o físicas
  — Discriminación sexual o racial

MITO:

"Por la forma en la que me he visto amenazado como persona, nunca podré sentirme competente".

VERDAD:

La gente siempre les falla a los demás. Dios nunca pretendió que usted derivara su capacidad de los demás. Si cede el control de su vida al Señor, su competencia vendrá de él.

"No que seamos competentes por nosotros mismos para pensar algo como de nosotros mismos, sino que nuestra competencia proviene de Dios". (2 Corintios 3:5)

Rechazo de parte de nosotros mismos

- Comparación con los demás y considerarnos en desventaja en cuanto a nuestra apariencia, habilidad, logros o posesiones.
- Fijación de metas y expectativas irreales para nosotros mismos.
- Generalización negativa: "Fracasé. Por tanto, soy un fracaso".
- Aceptar y magnificar la simpatía de los demás.

- Pensar que es espiritual sentirse inferior a los demás.
- Aceptar culpas falsas.

Mito:

"No puedo dejar de compararme con los demás".

Verdad:

Dios dice que cualquiera que se compare con los demás es necio.

"Porque no nos atrevemos a contarnos ni a compararnos con algunos que se alaban a sí mismos; pero ellos, midiéndose a sí mismos por sí mismos, y comparándose consigo mismos, no son juiciosos". (2 Corintios 10:12)

La raíz del problema

Creencia falsa:

"Mi valor personal está basado en cómo me percibo en comparación con la medida de éxito del mundo".

Creencia correcta:

Mi valor personal está basado en la manera en que Dios me ve, pues fui creado a su imagen. No sólo Jesús pagó un precio muy alto por mí, sino que también vive en mí para cumplir su plan y propósito en mi vida.

"Porque somos hechura suya, creados en Cristo Jesús para buenas obras, las cuales Dios preparó de antemano para que anduviésemos en ellas". (Efesios 2:10)

Oración de Salvación

¿Siente que el Señor le está guiando a tener una relación personal con él? Si Jesús aún no vive en su corazón, y quiere recibirle como su Salvador personal, usted le puede expresar en este mismo momento el deseo de su corazón a través de la siguiente oración.

Dios, gracias por crearme con un propósito y con un plan único par mi vida. Reconozco que no siempre he vivido conforme a tu plan y que he pecado. Por favor perdona todos mis pecados. No quiero que éstos me alejen de tener una relación personal contigo. Gracias, Jesús por morir en la cruz en mi lugar, pagando el precio por mis pecados. Por favor, ven a mi vida y sé mi Señor y Salvador. Cambia todo mi ser y hazme la persona que tú quieres que sea. En tu precioso nombre te lo pido. Amén.

PASOS PARA ENCONTRAR LA SOLUCIÓN

Me siento insignificante, no valgo mucho, ¡me siento indigno! ¿Se siente así en algunas ocasiones? Si usted ha basado su vida en las emociones, éstas lo desviarán del camino correcto. Los sentimientos son muy cambiantes. Viva su vida basada sobre un hecho real, sobre la verdad de Dios que nunca cambia. Si usted alínea sus pensamientos con los de Dios, podrá ver el gran valor que tiene ante los ojos del Señor.

"No os conforméis a este siglo, sino transformaos por medio de la renovación de vuestro entendimiento, para que comprobéis cuál sea la buena voluntad de Dios, agradable y perfecta".
(Romanos 12:2)

Versículo clave para memorizar

"Mirad las aves del cielo, que no siembran, ni siegan, ni recogen en graneros; y vuestro Padre celestial las alimenta. ¿No valéis vosotros mucho más que ellas?"
(Mateo 6:26)

Pasaje clave para leer y meditar

Salmo 139

Requisitos indispensables para reconocer su valor personal real

- ¡Recuerde que Dios conoce cada detalle de su vida!............................ vv. 1-6
- ¡Recuerde que Dios siempre está a su lado!...................................... vv. 7-12
- ¡Respete el hecho de que Dios lo creó! .... vv. 13-14
- ¡Reconozca que Dios lo diseñó de manera única! .... vv. 15-16
- ¡Reciba los pensamientos de amor que Dios tiene para usted!......... vv. 17-18
- ¡Renuncie a los enemigos de Dios, que también son sus enemigos! .... vv. 19-22
- ¡Responda positivamente al cambio que Dios está realizando en usted!... vv. 23-24

Siete pasos para la auto-aceptación

¿Conoce personas que le ponen nombres poco comunes a sus autos? Muchas personas llegan a apreciarlos tanto, a pesar de todos sus defectos, que les ponen nombres chuscos como: *Alfredo, Campeón, MayBelle, Rover*. Es irónico, que cuanto más tiempo pasan con su automóvil, sin importarles sus fallas o raspaduras, más se encariñan con él. Aman a su auto y aceptan sus limitaciones. ¿Cuáles son las cosas que usted deber aceptar de usted mismo? ¿Sabe lo que Dios quiere que usted acepte?

- Acepte la palabra de Dios cuando dice que fue creado a su imagen.

  "Y creó Dios al hombre a su imagen, a imagen de Dios lo creó; varón y hembra los creó". (Génesis 1:27)

- Acepte que Cristo ya lo ha aceptado.

  "Por tanto, recibíos los unos a los otros, como también Cristo nos recibió, para gloria de Dios". (Romanos 15:7)

- Acepte lo que no puede cambiar de sí mismo.

  "Mas antes, oh hombre, ¿quién eres tú, para que alterques con Dios? ¿Dirá el vaso de barro al que lo formó: Por qué me has hecho así? ¿O no tiene potestad el alfarero sobre el barro, para hacer de la misma masa un vaso para honra y otro para deshonra?" (Romanos 9:20-21)

- Acepte que cometerá errores.

  "No que lo haya alcanzado ya, ni que ya sea perfecto; sino que prosigo, por ver si logro asir aquello para lo cual fui también asido por Cristo Jesús. Hermanos, yo mismo no pretendo haberlo ya alcanzado; pero una cosa hago: olvidando ciertamente lo que queda atrás, y extendiéndome a lo que está delante, prosigo a la meta, al premio del supremo llamamiento de Dios en Cristo Jesús". (Filipenses 3:12-14)

- Acepte la autocrítica y la responsabilidad de sus fracasos.

  "Mi pecado te declaré, y no encubrí mi iniquidad. Dije: Confesaré mis transgresiones a Jehová; y tú perdonaste la maldad de mi pecado". (Salmos 32:5)

- Acepte que no le va a caer bien a todo el mundo.

  "Si el mundo os aborrece, sabed que a mí me ha aborrecido antes que a vosotros... Acordaos de la palabra que yo os he dicho: El siervo no es mayor que su señor. Si a mí me han perseguido, también a vosotros os perseguirán; si han guardado mi palabra, también guardarán la vuestra". (Juan 15:18, 20)

- Acepte las circunstancias de la vida que no cambian.

  "Y sabemos que a los que aman a Dios, todas las cosas les ayudan a bien, esto es, a los que conforme a su propósito son llamados". (Romanos 8:28)

Siete respuestas para los argumentos de auto-derrota

¿Se siente a veces sin preparación, temeroso, inseguro, aun cuando sabe que no debería hacerlo? Si es así, le aseguro que no está solo. Moisés fue un hombre lleno de inseguridad y temor. El Señor se le apareció de manera sobrenatural en una zarza ardiente y le dio instrucciones para que se enfrentara al faraón.

Sin embargo, Moisés presentó sus argumentos y le dijo a Dios que no se sentía preparado para realizar tan difícil tarea. Pensó que no podría hablar delante del soberano. Pero Dios no aceptó excusas y le respondió:

> *"Y Jehová le respondió: ¿Quién dio la boca al hombre? ¿o quién hizo al mudo y al sordo, al que ve y al ciego? ¿No soy yo Jehová? Ahora pues, ve, y yo estaré con tu boca, y te enseñaré lo que hayas de hablar".*
> *(Éxodo 4:11-12)*

Consuélese con esto: Dios conoce sus limitaciones mejor que usted mismo y dichos impedimentos no pueden detener el trabajo que el Señor ha diseñado para usted.

> *"Estando persuadido de esto, que el que comenzó en vosotros la buena obra, la perfeccionará hasta el día de Jesucristo".*
> *(Filipenses 1:6)*

Si usted dice:

"No puedo hacer nada bien".

El Señor dice:

"Yo te daré mi fortaleza para hacer lo que es correcto".

"Todo lo puedo en Cristo que me fortalece". (Filipenses 4:13)

Si usted dice:

"Soy demasiado débil".

El Señor dice:

"Mi poder se perfecciona cuando eres débil".

"Bástate mi gracia; porque mi poder se perfecciona en la debilidad". (2 Corintios 12:9)

Si usted dice:

"No tengo lo que se requiere para lograr mis metas".

El Señor dice:

"Descansa en mí. Yo todo lo puedo".

"Y poderoso es Dios para hacer que abunde en vosotros toda gracia, a fin de que, teniendo siempre en todas las cosas todo lo suficiente, abundéis para toda buena obra". (2 Corintios 9:8)

Si usted dice:

"No siento que nadie me ame".

El Señor dice:

"Yo te amo".

"Jehová se manifestó a mí hace ya mucho tiempo, diciendo: Con amor eterno te he amado; por tanto, te prolongué mi misericordia". (Jeremías 31:3)

Si usted dice:

"No puedo perdonarme a mí mismo".

El Señor dice:

"Yo te puedo perdonar".

"Si confesamos nuestros pecados, él es fiel y justo para perdonar nuestros pecados, y limpiarnos de toda maldad". (1 Juan 1:9)

Si usted dice:

"Desearía no haber nacido".

El Señor dice:

"Desde antes que nacieras, ya tenía planes para ti".

"Antes que te formase en el vientre te conocí, y antes que nacieses te santifiqué, te di por profeta a las naciones". (Jeremías 1:5)

Si usted dice:

"No tengo ninguna esperanza del futuro".

El Señor dice:

"Yo conozco tu futuro".

"Porque yo sé los pensamientos que tengo acerca de vosotros, dice Jehová, pensamientos de paz, y no de mal, para daros el fin que esperáis". (Jeremías 29:11)

Una visión del valor que Dios nos ha dado

¿Lucha a veces con sentimientos de bajo valor personal? Si siente que vale poco, ¿será posible que sus sentimientos lo estén engañando? Quizá ha escuchado el dicho popular que dice que una persona "vale su precio en oro". (De hecho, es un pasaje bíblico que aparece en Lamentaciones 4:2). ¡Solamente calcule el gran valor que contiene esta maravillosa verdad! Por ejemplo, si el oro vale $250 dólares por onza, entonces, doce onzas de oro, es decir, una onza troy vale $3,000 dólares. Tomando en cuenta que una libra equivale a 16 onzas, entonces una libra de oro vale $4,000 dólares. Ahora bien, si una persona pesa 150 libras, su peso en oro vale $600,000 dólares, más de medio millón de dólares.[10]

Es interesante que la Biblia dé más valor a una persona que a cualquier valor monetario. Pedro dice que sólo la fe es "mucho más preciosa que el oro" (1 Pedro 1:7). ¿Ahora comienza a darse cuenta del inmenso valor que usted y su fe poseen ante los ojos de Dios? ¡En verdad, usted es muy valioso y precioso para Dios! Dios le ha dado un gran valor. Para comprender que usted es digno y valioso, haga suyo el siguiente pasaje de la Biblia:

"Yo pues, preso en el Señor, os ruego que andéis como es digno de la vocación con que fuisteis llamados".
(Efesios 4:1)

Digno

Deje a un lado sus actitudes y creencias negativas.

- "No esconderé mis sentimientos ni rehusaré enfrentarlos".
- "No permitiré los sentimientos de auto-compasión".
- "No proyectaré mis sentimientos sobre los demás ni me volveré criticón".

"Por lo demás, hermanos, todo lo que es verdadero, todo lo honesto, todo lo justo, todo lo puro, todo lo amable, todo lo que es de buen nombre; si hay virtud alguna, si algo digno de alabanza, en esto pensad". (Filipenses 4:8)

Indague en las Escrituras para entender lo que significa amarse a sí mismo.

- "No me amaré con amor que refleje soberbia (orgullo)".
- "Tomaré en cuenta la verdad que dice que Dios me ama y que tiene un propósito para mi vida".

— amor *ágape*: buscar el mayor bien de los demás

— amor ágape hacia mi persona: buscar el propósito sublime de Dios para mi vida

"Porque toda la ley en esta sola palabra se cumple: Amarás a tu prójimo como a ti mismo". (Gálatas 5:14)

Gratitud. Esta es la clave para evitar caer en comparaciones.

- "No me mediré de acuerdo a lo que otros pueden hacer".
- "Daré gracias a Dios por lo que me ha dado y por la manera en que está transformando mi vida".

"Porque no nos atrevemos a contarnos ni a compararnos con algunos que se alaban a sí mismos; pero ellos, midiéndose a sí mismos por sí mismos, y comparándose consigo mismos, no son juiciosos". (2 Corintios 10:12)

No olvide agradecer a Dios por su amor incondicional.

- "Adoptaré una actitud de gratitud aún cuando no sienta deseos de hacerlo".
- "Dedicaré tiempo para cultivar mi relación personal con Dios, y para agradecer su amor incondicional".

  "Nos acordamos de tu misericordia, oh Dios, en medio de tu templo". (Salmos 48:9)

Ofrezca su vida a Cristo para que lo moldee a su imagen. Asimismo, busque oportunidades para ayudar a otros.

- "Recordaré que el crecimiento personal es un proceso".
- "Pensaré que Dios está comprometido con mi crecimiento personal".

  "Porque a los que antes conoció, también los predestinó para que fuesen hechos conformes a la imagen de su Hijo". (Romanos 8:29)

- "Seré generoso al compartir con otros los dones que Dios me ha dado".
- "Al enfocarme en los demás, reconoceré que mis dones son regalo de Dios".

  "De manera que, teniendo diferentes dones, según la gracia que nos es dada, si el de profecía, úsese conforme a la medida de la fe; o si de servicio, en servir; o el que enseña, en la enseñanza; el que exhorta, en la exhortación; el que reparte, con liberalidad; el que preside, con solicitud; el que hace misericordia, con alegría". (Romanos 12:6-8)

Una visión para el ministerio

Todos hemos experimentado el maltrato. ¿Por qué entonces cuando pasamos por situaciones difíciles nos sentimos menos y no nos valoramos, mientras otros viven en victoria gozándose en el valor que Dios les ha dado? ¿En qué consiste la diferencia? El cristiano victorioso aprende lecciones muy valiosas a través del maltrato.

- Transforme el maltrato en la materia prima de su ministerio.

- No deje que el trato negativo que ha recibido de otras personas lo consuma.
- Déjese consumir por las cosas positivas que usted puede ofrecer a los que le rodean.

Recibimos bendición cuando nos concentramos en lo que damos y no en lo que recibimos. Jesús fue objeto del maltrato en su máxima expresión, sin embargo, nunca dejó que el bajo valor personal lo controlara. Su ministerio de compasión es el ejemplo de la verdad que dice:

"Más bienaventurado es dar que recibir".
(Hechos 20:35)

Nota: Escriba a Hope For The Heart para pedir el libro *Viéndonos como Dios nos ve* por June Hunt, un libro devocional para 31 días diseñado para ayudarle a apreciar el valor que Dios le ha dado y descubrir su verdadera identidad en Cristo.

NOTAS

1. Hans Christian Andersen, The Ugly Duckling, "El Patito Feo" (1844 [citado el 28 de marzo 2003]); disponible en http://hca.gilead.org.il/ugly_

duc.html.

2. Vea Naji Abi-Hashem, "Self-Esteem", in Baker Encyclopedia of Psychology & Counseling, "Auto-estima" en la Enciclopedia de Psicología y Consejería Baker. 2a ed., ed. David G. Benner and Peter C. Hill (Grand Rapids: Baker, 1999), 1085.

3. W. E. Vine, Vine's Complete Expository Dictionary of Biblical Words, "Diccionario Expositivo Completo de palabras bíblicas" ed. electrónica. (Nashville: Thomas Nelson, 1996).

4. Merriam-Webster Collegiate Dictionary, "Diccionario Colegial Merriam-Webster" (2001); disponible en http://www.m-w.com.

5. Merriam-Webster Collegiate Dictionary". Diccionario Colegial Merriam-Webster"

6. James Strong, Strong's Greek Lexicon, "Léxico griego Strong" (ed. elctrónica; Biblia Millenium edición en línea v. 1.13) (Timnathserah Inc., July 6, 2002).

7. Merriam-Webster Collegiate Dictionary. "Diccionario Colegial Merriam-Webster".

8. Para esta sección, vea Merriam-Webster Collegiate Dictionary", .Diccionario Colegial Merriam- Webster"

9. Andersen, The Ugly Duckling. "El patito feo"

10. Una libra equivale a .454 kilogramos. Ciento cincuenta libras equivalen a 68.1 kilogramos.

BIBLIOGRAFÍA

Abi-Hashem, Naji. "Self-Esteem". In Baker Encyclopedia of Psychology & Counseling, "Auto- estima" en La Enciclopedia de Psicología y Consejería Baker. 2a ed., editada por David G. Benner y Peter C. Hill, 1084-7. Grand Rapids: Baker, 1999.

Andersen, Hans Christian. The Ugly Duckling, "El patito feo" 1844 [citado el 28 de marzo de 2003]. Disponible en http://hca.gilead.org.il/ugly_duc.html.

Hunt, June. Seeing Yourself Through God's Eyes. "Viéndonos como Dios nos ve", Hope For the Heart, 2004.

Van Stone, Doris, y Erwin W. Lutzer. Dorie: The Girl Nobody Loved. "Dorie: La niña que nadie amaba" Chicago: Moody, 1979.

VanVonderen, Jeff. Tired of Trying to Measure Up. "Cansado de intentar ser alguien" Minneapolis, Minn.: Bethany House, 1989.

Versículos bíblicos para memorizar

Mateo 6:26

1 Juan 3:1

Romanos 5:8

Jeremías 31:3

2 Corintios 10:12

Lucas 10:27

1 Juan 1:9

Salmos 139:15-16

Efesios 2:10

Romanos 8:1

Las víctimas

Cómo vencer la mentalidad de víctima

Se cuenta que en el mundo del circo se somete a los elefantes recién nacidos a un entrenamiento llamado "cadena de control". En cuanto nace, se le ata la pata a una estaca. No importa cuánto trate de soltarse, no puede lograrlo. Pronto, el joven elefante se da por vencido y deja de tirar de la cadena. Acepta el hecho de que no tiene la fuerza para librarse. Con el tiempo, el elefante crece, llega a la edad adulta y alcanza un enorme tamaño. Sin embargo, su mente queda en la etapa infantil. A pesar de que posee la suficiente fuerza física como para librarse con facilidad, carece de la capacidad mental y emocional para lograrlo... y ni siquiera lo intenta. Los adultos que en su niñez fueron víctimas del abuso, viven esa misma contradicción. Su percepción de la realidad está distorsionada. Se ven a sí mismos como incapaces de soltarse de aquello que los ata. ¡No se dan cuenta de que Dios puede romper las cadenas que los atan al abuso del pasado y que él tiene el poder para liberarlos!

"Estad, pues, firmes en la libertad con que Cristo nos hizo libres, y no estéis otra vez sujetos al yugo de esclavitud".
(Gálatas 5:1)

DEFINICIONES

¿Quién es una víctima?[1]

- Una víctima es una persona tratada de manera abusiva.
  (la persona que ha sido descuidada por un esposo(a) alcohólico(a) o por padres adictos al trabajo)
- Una víctima es una persona que ha sido timada o engañada.
  (es víctima de robo y otras prácticas deshonestas)
- Una víctima es una persona que ha sido lastimada, destruida o sacrificada.
  (la víctima de incesto, violencia doméstica, violación o abuso debido a un ritual satánico)
- Una víctima es una persona sometida a la opresión, sufrimiento o maltrato.
  (una víctima de cualquier tipo de abuso emocional o físico)

Pregunta:

"¿Acaso ve Dios el dolor de mi corazón?"

Respuesta:

Sí. Él ve su dolor y lo toma muy en serio.

"Tú lo has visto; porque miras el trabajo y la vejación, para dar la recompensa con tu mano; A ti se acoge el desvalido; Tú eres el amparo del huérfano". (Salmos 10:14)

¿Quiénes son víctimas según la Biblia?

- La palabra hebrea en el Antiguo Testamento que se refiere a víctima es *cheleka*, que significa "desventurado, infortunado, desgraciado".[2]

"Se sienta en acecho cerca de las aldeas; En escondrijos mata al inocente. Sus ojos están acechando al desvalido". (Salmo 10:8)

- En el Antiguo Testamento, las diferentes traducciones para *víctima* son:

— el herido	— la víctima	— los muertos
— los accidentados	— los masacrados	— los heridos
— los despreciados	— los que perdieron la vida	

"Mas él herido fue por nuestras rebeliones, molido por nuestros pecados; el castigo de nuestra paz fue sobre él, y por su llaga fuimos nosotros curados". (Isaías 53:5)

- Ejemplo bíblico de una víctima

Tamar

2 Samuel capítulo 13

Tamar, la hija del rey David, fue víctima de una horrenda violación perpetrada por su propio hermano. Fue la inocente víctima del deseo egoísta y desenfrenado de su medio hermano Amnón. Según el trágico relato, Tamar fue doblemente agredida, pues Amnón nunca recibió castigo. Su padre, el rey David, nunca actuó a favor de ella. Los pecados de lujuria, adulterio y asesinato del mismo David lo alcanzaron de nuevo a través de los horribles actos de su propio hijo.

Dios ha dotado a cada persona de la capacidad de escoger entre lo bueno y lo malo. En ocasiones, Dios permite grandes sufrimientos y dolor para que las personas dirijan su mirada hacia él y se vuelvan de sus pecados. Sin embargo, en medio de las tormentas de la vida, y las circunstancias de las que somos víctimas, Dios promete darnos de su gracia y de su bondad para aprender y crecer durante ellas.

"Y me ha dicho: Bástate mi gracia; porque mi poder se perfecciona en la debilidad. Por tanto, de buena gana me gloriaré más bien en mis debilidades, para que repose sobre mí el poder de Cristo".
(2 Corintios 12:9)

¿Qué es la mentalidad de víctima?[3]

- La mentalidad de víctima consiste en pensar que por haber sufrido algún abuso, continúa esclavizado y es ***incapaz*** de librarse aunque el abuso ya no exista.
- Las personas con mentalidad de víctima tienden a ver a otros como personas fuertes, pero se perciben a sí mismos como débiles.
- Los niños que han sido víctimas de algún tipo de abuso fueron realmente incapaces de detenerlo, y cuando llegan a la edad adulta, siguen asumiendo la misma mentalidad. Esa manera de pensar destructiva necesita ser reemplazada con la verdad de Dios para aspirar al futuro de victoria que Dios ha planeado para ellos.

Pregunta:

¿Cómo puedo erradicar la mentalidad de víctima?"

Respuesta:

Usted puede despojarse de esa mentalidad cambiando la manera en que se percibe a sí mismo. Cuando era niño(a), era indefenso(a), pero ahora que ha alcanzado la edad adulta, ya tiene capacidad para enfrentar y detener cualquier abuso.

"Cuando yo era niño, hablaba como niño, pensaba como niño, juzgaba como niño; mas cuando ya fui hombre, dejé lo que era de niño". (1 Corintios 13:11)

Traspasando los límites personales de una víctima[4]

- Debido al abuso físico y emocional del pasado, las víctimas siguen teniendo dificultad para definir y defender sus límites personales.
- Los adultos que poseen una mentalidad de víctima y se relacionan con otras personas tienen dificultades para ser honestos y seguros de sí mismos.

Prueba para identificar si sus límites personales han sido traspasados [5]

- ☐ ¿Tiene dificultad para tomar decisiones y apegarse a ellas cuando recibe oposición?
- ☐ ¿Siente la necesidad de buscar la opinión de otras personas antes de tomar una decisión?

☐ ¿Duda en expresar su opinión cuando alguien la solicita?

☐ ¿Tiene temor de expresar lo que *siente en realidad?*

☐ ¿Le falta seguridad en sus convicciones?

☐ ¿Evita encontrarse con ciertas personas pues teme sentirse avergonzado(a)?

☐ ¿Tiene dificultad para mirar de frente a alguna persona?

☐ ¿Tiene dificultad para pedir ayuda a otros?

☐ ¿Hace favores a otras personas aunque sabe que no debería hacerlo?

☐ ¿Evita pedir a la gente alguna cosa que usted le haya prestado?

☐ ¿Tiene dificultad para recibir una palabra sincera de felicitación?

☐ ¿Necesita en gran manera que otros lo aprueben?

☐ ¿Siempre hace más de lo que le corresponde en un trabajo de equipo?

☐ ¿Tiene dificultad para señalar situaciones injustas?

☐ ¿Dice que sí a los que desearía decir que no?

Pregunta:

¿Cómo puedo dejar de complacer a toda la gente?"

Respuesta:

Comience por reconocer la verdad acerca de usted mismo estudiando la palabra de Dios. Pídale a él que abra sus ojos y mente a su verdad. Comience a buscar la aprobación de Dios según la Biblia y deje de buscar la aprobación de los hombres.

"Pues, ¿busco ahora el favor de los hombres, o el de Dios? ¿O trato de agradar a los hombres? Pues si todavía agradara a los hombres, no sería siervo de Cristo". (Gálatas 1:10)

SÍNTOMAS DE LA MENTALIDAD DE VÍCTIMA

En el corazón de una víctima, las emociones están heridas, se siente indefensa y débil. La persona cree que no puede tomar decisiones correctas en cuanto a sus circunstancias y relaciones interpersonales. La auto estima de las víctimas está seriamente dañada y en consecuencia desarrollan patrones de conducta destructivos. Debido a que no pudieron controlar lo que sufrieron en el pasado, con frecuencia sienten miedo de volver a ser controladas. Por ello, se convierten en personas controladoras. Incluso, esas dificultades emocionales no resueltas, pueden acarrear consecuencias físicas.

"Ten misericordia de mí, oh Jehová, porque estoy enfermo;
Sáname, oh Jehová, porque mis huesos se estremecen".
(Salmos 6:2)

¿Cuáles son algunas de las dificultades emocionales?

- **Baja auto-estima**[6]
  — Acepta el abuso
  — Acepta la culpa
  — Acepta la condenación
- **Temor**[7]
  — Al abandono
  — A las muestras de cariño
  — A las figuras de autoridad
- **Obsesión**
  — Por tener el control
  — Por ser una persona demasiado seria
  — Por el trabajo
- **Dependencia**[8]
  — De la comida
  — De las drogas /alcohol
  — De la gente
- **Compulsión**
  — Perfeccionismo
  — Irresponsabilidad
  — De seguir siendo víctima de la situación de abuso

"Cercano está Jehová a los quebrantados de corazón"
(Salmos 34:18)

¿Cuáles son las consecuencias físicas?[9]

- **Problemas sexuales**
  — Frigidez/impotencia
  — Promiscuidad

- **Interrupción del sueño**
  - Pesadillas
  - Insomnio
- **Desórdenes alimenticios**
  - Anorexia
  - Bulimia
- **Alteración de la memoria**
  - Bloqueo de la memoria/olvido
  - Regresiones mentales

Pregunta:

"Si he sido víctima de abuso, ¿realmente hay esperanza para salir adelante?"

Respuesta:

Si, con el poder de Dios. Puede llevar tiempo, pero el camino a la sanidad interior puede ser un proceso positivo que le ayude a experimentar crecimiento espiritual.

"Sáname, oh Jehová, y seré sano; sálvame, y seré salvo; porque tú eres mi alabanza". (Jeremías 17:14)

¿Cuál es el grito de angustia del corazón de una víctima?

¿Dónde estás, Dios?

"¿Por qué estás ausente en el tiempo de angustia?
¿Por qué permites que gobiernen los que no te temen?
Las víctimas son objeto de abuso, son pisoteadas y lastimadas,
a los hombres malvados no les importa... son soberbios y crueles.

Digo en mi corazón: ¡Dios se ha olvidado!
¡No está presente! ¡Nunca ve lo que sucede!
Pero vuelvo en mí y veo que tú das valor al afligido y lo levantas.

Quebrantas el brazo fuerte del mal.

Tú sí escuchas el llanto de los que sufren,
tomas al corazón herido en las alas de los ángeles,

me haces mirar la gloria de los cielos,
tú, mi Dios, ¡eres mi Padre, mi Rey!"

—Basado en el salmo 10

"El deseo de los humildes oíste, oh Jehová; tú dispones su corazón, y haces atento tu oído".
(Salmos 10:17)

CAUSAS DE LA MENTALIDAD DE VÍCTIMA

Los niños que han sufrido el trauma del abuso llevan sobre sus hombros una carga imposible de soportar. A menudo sacan conclusiones distorsionadas acerca de sí mismos y del mundo que los rodea. Esos conceptos incorrectos llevan a esos tiernos corazones a adoptar distintos patrones de conducta para esconder su intenso dolor. Sin saberlo, las víctimas permiten que sus actitudes inmaduras levanten barreras que impiden una relación cercana con Dios. Sin embargo, el Señor en su amor, utiliza los fracasos y problemas que enfrentamos en nuestras relaciones interpersonales como adultos para resolver las dificultades enterradas de nuestra infancia. Cuando Dios nos llama a cuentas de manera individual, su deseo es derribar las barreras que construimos a nuestro alrededor para ***¡dar libertad a los cautivos***!

"Pues habiendo conocido a Dios, no le glorificaron como a Dios, ni le dieron gracias, sino que se envanecieron en sus razonamientos, y su necio corazón fue entenebrecido".
(Romanos 1:21)

Barreras espirituales

Prisionero del pasado

Pensamientos falsos	***Pensamientos infantiles***	***Verdad***
• *Culpar a Dios*	— "Es culpa de Dios". — "¡Dios es injusto!"	*"El es la Roca, cuya obra es perfecta, porque todos sus caminos son rectitud; Dios de verdad, y sin ninguna iniquidad en él; es justo y recto". (Deuteronomio 32:4)*

Pensamientos falsos	***Pensamientos infantiles***	***Verdad***
• *Enojo contra Dios*	— "¿Cómo pudo permitir Dios que me sucediera esto a mí?" — "A Dios no le importa lo que me suceda".	*"Justo es Jehová en todos sus caminos, y misericordioso en todas sus obras". (Salmos 145:17)*
• *Falta de confianza en Dios*	— "No puedo confiar en Dios". — "No creo en Dios".	*"Fíate de Jehová de todo tu corazón, y no te apoyes en tu propia prudencia". (Proverbios 3:5)*
• *Miedo de Dios*	— "Le tengo miedo a Dios". — "Quiero huir de Dios".	*"Jehová es mi luz y mi salvación; ¿de quién temeré? Jehová es la fortaleza de mi vida; ¿de quién he de atemorizarme?". (Salmos 27:1)*
• *Duda del amor de Dios*	— "Realmente Dios no me ama". — "No merezco el amor de Dios".	*"Jehová se manifestó a mí hace ya mucho tiempo, diciendo: Con amor eterno te he amado; por tanto, te prolongué mi misericordia".(Jeremías 31:3)*

Barreras emocionales

Prisionero del pasado

	Pensamientos infantiles	***Verdad***
• *Amargura*	— "Desearía no haber nacido en esta familia". — "Desearía ser otra persona".	*"Mirad bien, no sea que alguno deje de alcanzar la gracia de Dios; que brotando alguna raíz de amargura, os estorbe, y por ella muchos sean contaminados". Hebreos 12:15)*

	Pensamientos infantiles	***Verdad***
• *Culpa falsa*	—"Todo esto es por mi culpa". —"No debo decir nada, o tendré problemas".	*"He aquí, tú amas la verdad en lo íntimo, y en lo secreto me has hecho comprender sabiduría". (Salmos 51:6)*
• *Vergüenza*	—"Algo anda mal conmigo". —"Soy una persona mala".	*"Te alabaré; porque formidables, maravillosas son tus obras; estoy maravillado, y mi alma lo sabe muy bien". (Salmos 139:14)*
• *Falta de perdón*	—"Nunca lo(s) perdonaré". —"Desearía estar muerto(a)".	*"Y cuando estéis orando, perdonad, si tenéis algo contra alguno, para que también vuestro Padre que está en los cielos os perdone a vosotros vuestras ofensas". (Marcos 11:25)*
• *Temor*	—"¿Qué pasará si alguien se entera?" —"¿Y si alguien me lastima otra vez?"	*"Busqué a Jehová, y él me oyó, y me libró de todos mis temores". (Salmos 34:4)*
• *Desesperanza*	—"Las cosas nunca han sido buenas". —"La vida no mejorará".	*"Hubiera yo desmayado, si no creyese que veré la bondad de Jehová en la tierra de los vivientes". (Salmos 27:13)*
• *Egocentrismo*	—"Nunca me divierto ni disfruto la vida como los demás". —"No puedo pensar en otra cosa que mi infelicidad".	*"Porque yo sé los pensamientos que tengo acerca de vosotros, dice Jehová, pensamientos de paz, y no de mal, para daros el fin que esperáis". (Jeremías 29:11)*

A medida que las víctimas de abuso infantil crecen, tratan de sobreponerse a su tragedia e intentan ver la vida de manera diferente. Entierran el pasado y comienzan a buscar satisfacción persiguiendo sus metas, tales como servir al Señor, el matrimonio, la paternidad o maternidad, el éxito financiero y otros logros personales. Infortunadamente, los patrones que se desarrollan para poder sobrevivir aún están arraigados en su personalidad; se erigen como una muralla de acero alrededor de las heridas emocionales e impiden al corazón ser vulnerable, sincero y sensible para desarrollar relaciones profundas con los demás. Aunque el anhelo del corazón es experimentar el amor maduro, para ellos es aterrador ¡el sólo pensar en volver a escarbar en su corazón apagado![10]

"Engañoso es el corazón más que todas las cosas,
y perverso; ¿quién lo conocerá?"
(Jeremías 17:9)

La raíz del problema

Las personas que siguen esclavizadas por la mentalidad de víctima no pueden ser libres. Siguen pensando que son incapaces de cambiar la situación de abuso y ésta los sigue controlando. Rehúsan asumir la responsabilidad de promover su recuperación emocional y crecimiento.

Creencia falsa:

"Mi pasado en sumamente doloroso. No tengo la fuerza para cambiar. Además, no tengo lo que se requiere para salir de esto. Otros pueden, yo no. Me paraliza el temor a ser descubierto como un fracasado".

Creencia correcta:

"Soy hijo(a) de Dios, Cristo vive en mí y me da el poder que necesito para cambiar. Entrego mi temor al fracaso en sus manos y acepto la responsabilidad de trabajar para vencer el pasado porque sé que Dios es fiel. ¡Él lo hará!"

"Como todas las cosas que pertenecen a la vida y a la piedad nos han sido dadas por su divino poder, mediante el conocimiento de aquel que nos llamó por su gloria y excelencia". (2 Pedro 1:3)

"Fiel es el que os llama, el cual también lo hará".
(1 Tesalonicenses 5:24)

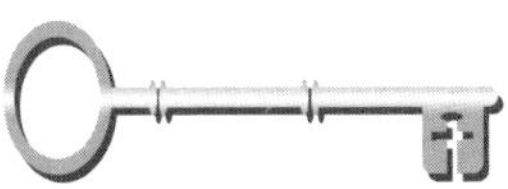

PASOS PARA ENCONTRAR LA SOLUCIÓN

Versículo clave para memorizar

"Tú lo has visto; porque miras el trabajo y la vejación, para dar la recompensa con tu mano; a ti se acoge el desvalido; tú eres el amparo del huérfano". (Salmo 10:14)

Pasaje clave para leer y meditar

Lea el Salmo 91

SUS ÁNGELES GUARDIANES NOS CUIDAN

"Pues a sus ángeles mandará acerca de ti, que te guarden en todos tus caminos" (Salmo 91:11)

- **Confíe** en la **presencia** del Dios Todopoderoso. .... v. 1
- **Confíe** en que su Dios amoroso lo **defiende**. .... v. 2
- **Crea** en la **fidelidad** de Dios. .... vv. 3-7
- **Espere** la rei**vindicación** de parte de Dios. .... v. 8
- **Viva** bajo las alas **protectoras** de Dios. .... vv. 9-10
- **Recuerde** que Dios envía a sus ángeles para **protegerlo**. .... vv. 11-13
- **Cuente** con la **protección** del Dios de amor. .... v. 14
- **Pida liberación** de su Dios y Salvador. .... vv. 15-16

Mecanismos de defensa para sobrevivir que terminan por derrotarnos

En ocasiones, todos recurrimos a ciertos trucos que sacamos de la manga para evitar las situaciones desagradables y evadir nuestra responsabilidad. Pero el individuo que vive controlado por la mentalidad de víctima se convierte en un mago de la auto-protección. Dicha habilidad se adquiere muy temprano en la vida ya sea por ejemplo o por creatividad propia. Son conductas aprendidas o formas de relacionarse con los demás que llegan a ser indispensables para sobrevivir. Ese comportamiento, que a menudo opera al nivel del subconsciente, va minando nuestra relación con nuestros seres queridos y detiene el proceso de sanidad emocional.

"He aquí, tú amas la verdad en lo íntimo, Y en lo secreto me has hecho comprender sabiduría". (Salmos 51:6)

Personalidad de Supervivencia

- El que ***depende de los demás—***

  Delega sus responsabilidades de las distintas áreas de su vida a otros y utiliza el pretexto de que *"no puede"* para obtener el apoyo de los demás. Con esa máscara que utiliza, envía el mensaje, *"Yo te necesito"* y aún cuando llega a la edad adulta, sigue recurriendo a esa arma poderosa para controlar y manipular a los demás.

- El que ***complace a todo el mundo—***

  Vive bajo el lema "paz a cualquier precio". En su deseo de complacer a todo el mundo, ese individuo paga un *precio muy alto* para obtener la aprobación y aceptación de los demás. Cuando el *complaciente* llega a su edad adulta, ya ha perdido gran parte de su identidad como persona.

- El que lo ***soluciona todo—***

  Padece de una baja auto-estima e intenta compensarla sintiéndose *responsable de solucionar la vida a los demás*. Las personas que pretenden solucionarlo todo son consideradas muy sacrificiales, interesadas en los demás y muy espirituales. Sin embargo, esto puede ser un problema, pues están tan preocupadas por arreglar la vida a otros, que se olvidan de sus propias necesidades.

- El que siempre ***logra lo que se propone—***

  Aparece como alguien *altamente competente* y parece tener todo bajo control. La meta de esta clase de personas es hacer todo de manera perfecta. A pesar de que sí existe cierto nivel de satisfacción personal al realizar tantas cosas tan bien, internamente se sienten paralizados por el miedo de que se descubran sus debilidades.

- El que c***ontrola todas las situaciones—***

  Sólo se siente seguro cuando tiene el control de todo. Cuando alcanza la edad adulta, el *controlador* llega a creer que siempre tiene la razón y que los demás lo tienen en alta estima. El temor a mostrar vulnerabilidad es lo que hace que una ovejita se comporte como un león.

- El ***mártir—***

  Con frecuencia sufre en verdad. Ciertamente una persona que ha sido víctima de algún tipo de abuso merece la compasión de otros, pero el mártir pretende controlar a los demás *exigiendo compasión por tiempo indefinido* por haber sido sacrificado en el altar del abuso.

"Por tanto, nosotros también, teniendo en derredor nuestro tan grande nube de testigos, despojémonos de todo peso y del pecado que nos asedia, y corramos con paciencia la carrera que tenemos por delante, puestos los ojos en Jesús, el autor y consumador de la fe, el cual por el gozo puesto delante de él sufrió la cruz, menospreciando el oprobio, y se sentó a la diestra del trono de Dios".
(Hebreos 12:1-2)

Cómo librarse de las cadenas que lo atan a un pasado abusivo

La recuperación es un proceso que lleva tiempo y tiene períodos de regresión. Puede que tenga temporadas en las que parezca que no hay ningún avance. El primer paso es tomar la decisión de querer recuperarse y creer que esto es posible sólo con la ayuda de Dios. Si pone su esperanza en él, busque conocer su plan para usted y espere pacientemente, él le mostrará el camino.

"Ciertamente ninguno de cuantos esperan en ti será confundido; serán avergonzados los que se rebelan sin causa. Muéstrame, oh Jehová, tus caminos; enséñame tus sendas".
(Salmos 25:3-4)

Pregunta:

"¿Cómo puedo sanar mis heridas?"

Respuesta:

Crea y confíe en las promesas de la palabra de Dios.

"Envió su palabra, y los sanó, y los libró de su ruina". (Salmos 107:20)

Enfrente su prisión

- ¿Siente que no hay salida para sus problemas?
- ¿Se siente incapaz de relacionarse bien con los demás?
- ¿Desconfía de los demás?

Pregunta:

"¿Es posible que me recupere?"

Respuesta:

¡Claro que sí! *"para Dios todo es posible"*. (Mateo 19:26)

Pregunta:

"¿En quién puedo confiar para que me ayude?"

Respuesta:

Dios sabe cómo aclarar las cosas en medio de la confusión y él es digno de toda su confianza.

"Fíate de Jehová de todo tu corazón, y no te apoyes en tu propia prudencia. Reconócelo en todos tus caminos, y él enderezará tus veredas". (Proverbios 3:5-6)

ENFRENTE EL PASADO[11]

- Recordar que es el primer paso hacia la recuperación.

  Para activar nuestra memoria, a veces Dios usa

  — regresiones mentales

  — paternidad/maternidad

  — eventos que vemos a través de los medios de comunicación

  — el contacto físico

  — victoria sobre alguna adicción

  — sueños y pesadillas

  — a muerte de alguien cercano

  — el testimonio de otras personas

- Llevar un diario le ayuda a caminar a través de las diferentes etapas de su pasado

  Escribir lo que está pensando y sintiendo le ayudará a:

  — enfrentar el ***hecho*** de que sufrió abuso

  — recordar cómo se ***sintió*** cuando abusaron de usted

  — intentar sacar la ***furia*** que sintió cuando abusaron de usted

PREGUNTA:

"¿Qué puedo hacer si tengo dificultad para recordar?"

RESPUESTA:

Pida a Dios que traiga a su mente cualquier cosa que él quiera que usted recuerde. Haga esta oración, "Señor, estoy dispuesto(a) a enfrentar cualquier situación dolorosa del pasado. Sé que no es necesario recordar todos los detalles para alcanzar una recuperación emocional completa. Ayúdame a recordar aquello que tu quieras utilizar".

"He aquí, tú amas la verdad en lo íntimo, y en lo secreto me has hecho comprender sabiduría". (Salmos 51:6)

ENFRENTE SUS PATRONES DE CONDUCTA[12]

- "¿Qué está haciendo para satisfacer sus necesidades interiores?"

  — ¿Está comprometiendo sus valore para sentirse ***amado(a)***?

  — ¿Es perfeccionista, adicto al trabajo o siempre quiere solucionarlo todo para sentirse ***importante***?

— ¿Depende más de lo debido de otras personas para sentirse ***seguro***?

Pregunta:

"¿Cómo puedo eliminar mis patrones negativos de conducta?"

Respuesta:

Recuerde que en Cristo es libre de los viejos patrones del pasado.

"Sabiendo esto, que nuestro viejo hombre fue crucificado juntamente con él, para que el cuerpo del pecado sea destruido, a fin de que no sirvamos más al pecado". (Romanos 6:6)

Enfrente su gran secreto[13]

- Hablar acerca del pasado ayuda a ubicarlo en la realidad.
- Contárselo a alguien le da credibilidad a su pasado.

Pregunta:

"¿Para qué contárselo a alguien? ¡Es demasiado vergonzoso!"

Respuesta:

Guardar el "secreto" tiene un gran poder sobre usted y el "silencio" le mantiene en una esclavitud que debe romper.

"Péseme Dios en balanzas de justicia, y conocerá mi integridad". (Job 31:6)

Enfrente el dolor[14]

- El dolor confirma la situación de abuso.
- El dolor expresado es dolor liberado.

Pregunta:

"¿Cómo puedo soportar recuerdos tan dolorosos?"

Respuesta:

El Señor le ayudará y él llevará sus cargas. Viva un día a la vez, dependiendo del Señor.

"Bendito el Señor; cada día nos colma de beneficios el Dios de nuestra salvación". (Salmos 68:19)

Enfrente al agresor, pero evite el peligro[15]

- Ore pidiendo el tiempo de Dios y pida que él le prepare para el encuentro.
- Cuando llegue el tiempo apropiado, pida a alguien de confianza que lo acompañe.
- Abandone sus esperanzas y expectativas secretas.

- Identifique cuál es el objetivo de la confrontación.
- Comparta antes con alguien lo que piensa decir.
- Vaya preparado(a) para que el agresor niegue las cosas.

Pregunta:

"¿Es apropiada la confrontación para un cristiano?"

Respuesta:

Si. La confrontación es un principio bíblico. Mateo 18:15-17 incluye directrices muy específicas para llevarla a cabo.

"Por tanto, si tu hermano peca contra ti, ve y repréndele estando tú y él solos; si te oyere, has ganado a tu hermano". (Mateo 18:15)

Pregunta:

"¿Cuándo debo confrontar a la persona?"

Respuesta:

Cuando no exista peligro. Cuando sienta la fortaleza para hacerlo y cuando lo pueda hacer de manera positiva.

"Hay hombres cuyas palabras son como golpes de espada; mas la lengua de los sabios es medicina". (Proverbios 12:18)

Enfrente el perdón[16]

- Perdónese usted mismo.
- Perdone al agresor.
- El perdón le da a Dios la libertad de tomar la venganza en sus manos.[17]

Pregunta:

"¿Tengo que perdonar aunque la ofensa haya sido terrible?"

Respuesta:

El enfoque debe estar en perdonar a su agresor, no el abuso.[18]

"Porque si perdonáis a los hombres sus ofensas, os perdonará también a vosotros vuestro Padre celestial; mas si no perdonáis a los hombres sus ofensas, tampoco vuestro Padre os perdonará vuestras ofensas". (Mateo 6:14-15)

Pregunta:

"¿Perdonar significa que debo seguir siendo víctima del abuso?"

Respuesta:

No. Perdonar lo libera de la falsa culpa que lo está esclavizando.[19]

"Mas si no perdonáis a los hombres sus ofensas, tampoco vuestro Padre os perdonará vuestras ofensas". (Mateo 6:15)

Enfrente el hecho, Dios lo permitió[20]

- Distinga entre el libre albedrío humano de la voluntad de Dios.[21]
- Permitir el pecado no es lo mismo que causarlo o estar de acuerdo con los actos pecaminosos.
- Dios juzgará todo pecado.

Pregunta:

"¿Dónde estaba Dios cuando estaban abusando de mí?"

Respuesta:

Dos de los atributos que Dios posee son su omnisciencia (todo lo sabe) y su omnipresencia (esta en todas partes). Dios nunca desea el mal, y él está a nuestro lado cuando somos víctimas del sufrimiento.[22]

"Los ojos de Jehová están en todo lugar, mirando a los malos y a los buenos". (Proverbios 15:3)

"Porque no aflige ni entristece voluntariamente a los hijos de los hombres". (Lamentaciones 3:33)

Pregunta:

"¿Por qué Dios no castiga al agresor?"

Respuesta:

Él castigará a los que cometen maldad y levantará a los inocentes a su tiempo.

"Porque los brazos de los impíos serán quebrados; mas el que sostiene a los justos es Jehová". (Salmos 37:17)

Pregunta:

"¿Si Dios es amor, ¿cómo pudo permitir esto?"

Respuesta:

De la misma manera que permitió el sufrimiento de su propio Hijo Jesús, nuestro Padre celestial tiene un propósito para permitir que sucedan las cosas.

"Porque esto merece aprobación, si alguno a causa de la conciencia delante de Dios, sufre molestias padeciendo injustamente". (1 Pedro 2:19)

"Pues para esto fuisteis llamados; porque también Cristo padeció por nosotros, dejándonos ejemplo, para que sigáis sus pisadas". (1 Pedro 2:21)

"Quien cuando le maldecían, no respondía con maldición; cuando padecía, no amenazaba, sino encomendaba la causa al que juzga justamente". (1 Pedro 2:23)

Encuentre la promesa

¿Existe en su vida un evento aislado o una serie de experiencias dolorosas que han apagado su corazón, ahogado su gozo y dominado su existencia hasta el día de hoy? Todos llevamos heridas del pasado, algunos más que otros, pero sólo el que es hijo de Dios tiene esperanza y la promesa de una nueva vida.

"No os acordéis de las cosas pasadas, ni traigáis a memoria las cosas antiguas. He aquí que yo hago cosa nueva; pronto saldrá a luz; ¿no la conoceréis? Otra vez abriré camino en el desierto, y ríos en la soledad". (Isaías 43:18-19)

Pregunta:

"¿Cómo recibo una 'nueva vida' de parte de Dios?"

Respuesta:

Una nueva vida es un regalo de Dios. Puede ser suya con sólo pedirla. Todo aquél que abre su corazón será recibido.

"He aquí, yo estoy a la puerta y llamo; si alguno oye mi voz y abre la puerta, entraré a él, y cenaré con él, y él conmigo". (Apocalipsis 3:20)

- Reconozca y confiese su pecado de enojo y falta de perdón
- Confíe en que la muerte de Cristo en la cruz ha pagado la pena de sus pecados.
- Renuncie al control que tiene de su propia vida y entréguelo a Dios que lo creó.
- Reciba a Cristo en su vida y confíe en él como su Señor.

Oración pidiendo nueva vida

"Padre celestial, me siento sin fuerzas para enfrentar la culpa y el dolor que llevo dentro. Gracias por tu promesa de amarme sin importar lo que haya sucedido en el pasado. Quiero comenzar una nueva vida por medio de una relación genuina contigo. Decido confiar en ti con todo mi corazón y acepto el perdón que me ofreces por todos mis pecados. Jesús, te pido que entres en mi vida y que seas el Señor de ella. Gracias por el regalo de la vida eterna. Gracias porque Cristo quiere vivir en mí y darme el poder para comenzar una nueva vida que te agrade. En el nombre de Jesús. Amén".

¡Dios puede romper las "cadenas que lo controlan"!
¡Permita que su poder sanador lo libre de lo que lo ha estado atando ***al pasado!***
—June Hunt

Una nueva cadena de eventos

"¿No es más bien el ayuno que yo escogí, desatar las ligaduras de impiedad, soltar las cargas de opresión, y dejar ir libres a los quebrantados, y que rompáis todo yugo? ¿No es que partas tu pan con el hambriento, y a los pobres errantes albergues en casa; que cuando veas al desnudo, lo cubras, y no te escondas de tu hermano? Entonces nacerá tu luz como el alba, y tu salvación se dejará ver pronto; e irá tu justicia delante de ti, y la gloria de Jehová será tu retaguardia".
(Isaías 58:6-8)

Cuando Dios nos libra de las cadenas que nos han esclavizado por años, vemos su gracia fluyendo en nuestras vidas por medio de diferentes canales. Puede ser a través del apoyo de otras personas o por nuevas oportunidades de servicio. El último paso para lograr la recuperación emocional no consiste en seguir mirando hacia nuestro interior, sino mirar hacia afuera para ayudar a otros. Los sobrevivientes del abuso pueden entender a otros y sentir simpatía por los corazones heridos que necesitan la ayuda de alguien que les muestre el camino para salir de su situación. ¡En la medida que extienda su mano hacia aquellos que tienen necesidad, Dios extenderá su mano hacia usted, tocando su corazón con el milagro de la recuperación total!

Eslabones de la nueva cadena

Eslabón 1: Ponga su confianza en Dios y compruebe que si él comenzó la obra en usted, la completará fielmente.

Eslabón 2: Haga de su relación con Dios su prioridad

Eslabón 3: Aproveche las oportunidades de apoyo y crecimiento espiritual que Dios ponga en su camino

— Asista a una iglesia donde se predique y honre la palabra de Dios.

— Participe en estudios bíblicos y seminarios de madurez espiritual.

— Desarrolle nuevas amistades y permita que le pregunten cómo va en su proceso.

Eslabón 4: Esté preparado para cuando Dios le de la oportunidad de compartir parte de su experiencia con alguien, aunque piense que todavía no está listo(a).

— Pida a Cristo que le de sabiduría para utilizar palabras apropiadas al compartir.

— Enfóquese en cómo ha encontrado en Jesucristo la fuente de sanidad verdadera.

Eslabón 5: Considere la oración como un pilar en su vida.

Eslabón 6: Considere a su familia como su primera oportunidad de ministerio.

Eslabón 7: Busque la dirección de Dios cuando él abra nuevas alternativas de ministerio.

Eslabón 8: Vea a las personas que llegan a su vida como "enviadas por Dios".

Eslabón 9: Comience a ver que Dios transforma su vida "de cenizas en belleza".

Eslabón 10: Reconozca el tremendo valor que tiene servir a otros.

"Bendito sea el Dios y Padre de nuestro Señor Jesucristo, Padre de misericordias y Dios de toda consolación, el cual nos consuela en todas nuestras tribulaciones, para que podamos también nosotros consolar a los que están en cualquier tribulación, por medio de la consolación con que nosotros somos consolados por Dios".
(2 Corintios 1:3-4)

NOTAS

1. Para esta sección vea Merriam-Webster's Collegiate Dictionary "Diccionario Colegial Merriam-Webster" (ed. electrónica) (Merriam-Webster, 2001).

2. James Strong, Strong's Hebrew Lexicon "Léxico Hebreo Strong" (ed. electrónica; Online Bible Millennium Edition "Biblia en línea Millenium" v. 1.13) (Timnathserah Inc., July 6, 2002).

3. Para esta sección vea Malcolm Smith, No Longer A Víctim "Ya no más una víctima" (Tulsa, Okla.: Pillar, 1992), 9-10.

4. Vea Carmen Renee Berry y Mark W. Baker, Who's to Blame?: Escape the Victim Trap & Gain Personal Power in Your Relationships "¿Quién tiene la culpa?: Escape de la mentalidad de víctima y logre vencer en sus relaciones interpersonales" (Colorado Springs, Colo.: Piñon, 1996), 35-40, 52-58.

5. Vea Berry y Baker, Who's to Blame, "¿Quién tiene la culpa?"49-60; Lynda D. Elliott y Vicki L. Tanner, My Father's Child: Help and Healing for the Victims of Emotional, Sexual, and Physical Abuse "La niña de papá: Ayuda y recuperación para víctimas de abuso sexual y físico" (Brentwood, Tenn.: Wolgemuth & Hyatt, 1988), 7-8.

6. Candace Walters, Invisible Wounds "Heridas ocultas" (Portland, Ore.: Multnomah, 1987), 62.

7. Rich Buhler, Pain and Pretending, "El dolor y la simulación" ed. rev. y ed. aumentada. (Nashville: Thomas Nelson, 1991), 65.

8. Ellen Bass y Laura Davis, The Courage to Heal: A Guide for Women Survivors of Child Sexual Abuse "El valor para sanar: Una guía para mujeres que han sobrevivido al abuso sexual infantil" (New York: Harper & Row, 1988), 49.

9. Para esta sección vea Bass and Davis, The Courage to Heal, "El valor para sanar" 213, 217-9; Joyce Meyer, Beauty For Ashes: Receiving Emotional Healing "De las cenizas a la belleza: Experimentando sanidad emocional" (Tulsa, Okla.: Harrison House, 1994), 29-30.

10. Elliott y Tanner, My Father's Child, "La niña de papá" 9-12.

11. Dan B. Allender, The Wounded Heart "El corazón herido" (Colorado Springs, Colo.: NavPress, 1990), 183-197.

12. Elliott y Tanner, My Father's Child, "La niña de papá" 109-124.

13. Allender, The Wounded Heart, "El corazón herido" 197.

14. Meyer, Beauty for Ashes: Receiving Emotional Healing, "De las cenizas a la belleza: Experimentando la sanidad emocional" 52-3.

15. Bass y Davis, The Courage to Heal, "El valor para sanar" 134-6.

16. Smith, No Longer A Victim, "No más una víctima" 25-7.

17. Allender, The Wounded Heart, "El corazón herido" 227-9.

18. Meyer, Beauty for Ashes: Receiving Emotional Healing, "De las cenizas a la belleza: Experimentando la sanidad emocional" 107-8.

19. Buhler, Pain and Pretending, "EL dolor y la simulación" 198-9; Meyer, Beauty for Ashes: Receiving Emotional Healing, "De las cenizas a la belleza: Experimentando la sanidad emocional" 63-7.

20. Doris Van Stone y Erwin W. Lutzer, No Place to Cry: The Hurt and Healing of Sexual Abuse "No hay lugar donde llorar: Las heridas y recuperación del abuso sexual" (Chicago: Moody, 1990), 90-2.

21. Smith, No Longer A Victim, "No más una víctima" 33-5.

22. David A. Seamands, If Only "Si tan solo…" (Wheaton, Ill.: Victor, 1995), 59.

BIBLIOGRAFÍA

Allender, Dan B. The Wounded Heart. "El corazón herido" Colorado Springs, Colo.: NavPress, 1990.

Bass, Ellen, y Laura Davis. The Courage to Heal: A Guide for Women Survivors of Child Sexual Abuse. "El valor para sanar : Una guía para mujeres que han sobrevivido al abuso sexual de niñas", New ork: Harper & Row, 1988.

Berry, Carmen Renee, y Mark W. Baker. Who's to Blame?: Escape the Victim Trap & Gain Personal Power in Your Relationships. "¿Quién tiene la culpa?: Escape de la mentalidad de víctima y logre vencer en sus relaciones interpersonales" Colorado Springs, Colo.: Piñon, 1996.

Buhler, Rich. Pain and Pretending. "El dolor y la simulación" ed. rev. aumentada. Nashville: Thomas Nelson, 1991.

Bulkley, Ed. Only God Can Heal the Wounded Heart. "Sólo Dios puede sanar el corazón herido" Eugene, Ore.: Harvest House, 1995.

Dobson, James C. When God Doesn't Make Sense. "Cuando lo que Dios no tiene sentido" Wheaton, Ill.: Tyndale House, 1993.

Elliott, Lynda D., y Vicki L. Tanner. My Father's Child: Help and Healing for the Victims of Emotional, Sexual, and Physical Abuse. "La niña de papá: Ayuda y sanidad para las víctimas del abuso emocional, físico y sexual" Brentwood, Tenn.: Wolgemuth & Hyatt, 1988.

Meyer, Joyce. Beauty for Ashes: Receiving Emotional Healing. "De las cenizas a la belleza: Experimentando la sanidad emocional" Tulsa, Okla.: Harrison House, 1994.

Seamands, David A. If Only. "Si tan solo..". Wheaton, Ill.: Victor, 1995.

Smith, Malcolm. No Longer A Victim. "No más una víctima" Tulsa, Okla.: Pillar, 1992.

Van Stone, Doris, y Erwin W. Lutzer. No Place to Cry: The Hurt and Healing of Sexual Abuse. "No hay lugar donde llorar: El dolor y la recuperación del abuso sexual" Chicago: Moody, 1990.

Walters, Candace. Invisible Wounds. "Heridas ocultas" Portland, Ore.: Multnomah, 1987.

Versículos bíblicos para memorizar

Salmo 34:18

1 Pedro 2:19, 21

Salmo 62:5-6

Proverbios 3:5-6

Lucas 4:18

Romanos 12:2

Salmo 107:20

Mateo 18:15

Colosenses 3:13

Juan 8:36

Violación

Rescatada y restaurada

"Aunque ande en valle de sombra de muerte, no temeré mal alguno, porque tú estarás conmigo; tu vara y tu cayado me infundirán aliento".
(Salmos 23:4)

DEFINICIONES

¿Qué es violación?

- La violación es la relación sexual impuesta por medio de amenazas, la fuerza o el engaño.[1]
- La palabra latina para violación es *rapere*, que significa "atrapar".[2]

¿Qué es la violación estatutaria?

- La violación estatutaria es la relación sexual sin consentimiento con un hombre o mujer menor de edad, con o sin el uso de la fuerza.[3]
- La mayoría de edad varía de un lugar a otro.
- No importa si la víctima consintió o no en la relación.

¿Qué es el ataque sexual con agravantes?

- El ataque sexual con agravantes es un término legal que se utiliza para juzgar el delito de violación estatutaria.
- El término con agravantes también implica la amenaza visible con un arma o la amenaza de muerte o secuestro hecha a cualquier persona mayor de edad.

Mito:

"En el fondo, todas las mujeres quieren ser violadas".

Verdad:

Nadie quiere ser víctima de un acto criminal y violento. Nadie quiere ser violado ya sea emocional o sexualmente por otra persona.

¿Qué es la violación por un extraño?

- La violación por un extraño es la relación sexual forzada por alguien que es desconocido para la víctima.

Mito:

"Las mujeres provocativas son la causa de las violaciones".

Verdad:

Nadie hace que una persona viole a otra. La persona más vulnerable es la probable víctima. Sin importar cómo se vista o se presente una persona, nadie merece ser violado. La responsabilidad final es del violador, no de la víctima.

¿Qué es la violación por el cónyuge?

- La violación de la pareja se define como las relaciones sexuales forzadas por el esposo.
- Muchos estados no persiguen al esposo por violar a la esposa con la cual están viviendo.

Mito:

"La esposa debe estar dispuesta a tener relaciones sexuales con su esposo en cualquier momento. La Biblia dice que las esposas no deben negarse a sus esposos sexualmente".

"La mujer no tiene potestad sobre su propio cuerpo, sino el marido; ni tampoco tiene el marido potestad sobre su propio cuerpo, sino la mujer". (1 Corintios 7:4)

Verdad:

La esposa no es un objeto que tiene dueño. La expresión sexual fue diseñada por Dios como un acto de amor, no de violencia. El sexo forzado no es motivado por el amor.

"Maridos, amad a vuestras mujeres, y no seáis ásperos con ellas". (Colosenses 3:19)

¿Qué es la violación por un conocido?

Más de la mitad de las violaciones son cometidas por alguien que la víctima conoce (novio, pariente, compañero de trabajo, vecino, amigo, esposo). Es muy difícil convencer a la víctima que denuncie este tipo de violación.

- **Violación por un pretendiente**

TRAMPA DE TRES ETAPAS

Etapas	Victimario	Víctima
• Invasión	• Invade el espacio personal de la víctima — toques no deseados — miradas incómodas — preguntas indeseables	• Trata de que le deje en paz
• Pérdida de sensibilidad	• Presiona en contra de la sensibilidad de la víctima — palabras insinuantes — manoseo más atrevido	• Se acostumbra a la invasión
• Aislamiento	• Aísla a la víctima — usando el engaño — usando la fuerza	• Siente la necesidad de ser cortés — permanece pasiva y finalmente es violada

PREGUNTA:

"Me preocupa una joven que dice que fue víctima de violación por un pretendiente. Sin embargo, ella no se dio cuenta cuando fue violada. ¿Es esto posible?"

RESPUESTA:

Infortunadamente, sí, en especial con la creciente disponibilidad de drogas que lo hacen posible. Por ejemplo, una pequeña cantidad de GHB (gama hidroxi butirato) en una bebida, rápidamente inhabilita a una mujer al grado de que pierde la capacidad de resistir una relación sexual no deseada. Normalmente, cuando queda inconsciente, no tiene control sobre su cuerpo o mente; por tanto, no puede defenderse contra un ataque de esa naturaleza. Una vez que se encuentra bajo la influencia de lo que se conoce como "éxtasis líquido", se convierte en el blanco perfecto para la violación por su pretendiente, lo que para algunas víctimas termina en muerte. La Biblia da esta advertencia:

"El que odia disimula con sus labios; mas en su interior maquina engaño. Cuando hablare amigablemente, no le creas; porque siete abominaciones hay en su corazón". (Proverbios 26:24-25)

Pregunta:

"¿Qué puedo hacer para evitar que alguien ponga una droga en mi bebida?"

Respuesta:

Alguien podría planear inmovilizarla poniendo una droga en su bebida sin su conocimiento. Sin embargo, si usted está atenta, puede evitar caer en esa trampa sexual tomando tres sencillas precauciones.

- Observe que la bebida que se le entrega provenga de su recipiente original.
- No tome ninguna bebida que le ofrezca un extraño. Nunca deje su bebida sola. Si necesita levantarse de la mesa y no tiene a nadie de confianza que vigile su bebida, pida una nueva cuando regrese a la mesa.
- No salga con ningún hombre a menos que usted o alguien a quien respete pueda dar testimonio de su carácter.

"Hijo mío, no se aparten estas cosas de tus ojos; guarda la ley y el consejo". (Proverbios 3:21)

CARACTERÍSTICAS

Características de un violador conocido

Muchas víctimas de violación viven con el temor de ser violadas otra vez. Tenga en mente que los más vulnerables son los que serán atacados con mayor probabilidad. Por tanto, fíjese en las personas que le rodean. Esta puede ser su mayor protección. Si alguien muestra algunas de las siguientes características, usted debe evitar estar en un lugar donde el violador podría aprovecharse de usted.

- **Acaso él...**

— ¿Es emocionalmente inmaduro?

— ¿Actúa con agresividad o con demasiada iniciativa?

— ¿Hace preguntas indiscretas acerca de su vida?

— ¿Utiliza el "juego de la culpa" para hacerla sentir culpable?

— ¿Ve a las mujeres como enemigas?

— ¿Acapara su atención cuando está con otros?

— ¿Ve a las mujeres como conquistas?

— ¿Exige su aprobación cuando usted dice no?

— ¿Le falta empatía hacia otros?

— ¿Se enoja con facilidad?

— ¿Carece de conciencia social?

— ¿Proyecta un mensaje de macho acerca de sí mismo?

— ¿Presume de sus hazañas físicas?

— ¿Usa la palabra "nosotros" para incluirse?

— ¿Se invita a las actividades de usted?

— ¿Habla mal de las mujeres en general?

— ¿Se comporta celosamente con usted?

— ¿Busca separarla se sus amistades?

— ¿Es posesivo?

— ¿Usa su encanto para bajar las defensas de usted?

— ¿Invade su espacio personal?

— ¿Ignora los límites que usted le fijó?

— ¿La acusa de ser demasiado rígida?

— ¿Trata de tocarla en forma indebida?

"El corazón del entendido adquiere sabiduría; y el oído de los sabios busca la ciencia".
(Proverbios 18:15)

Los tres pasos para la recuperación[4]

#1 La etapa del trauma

Por espacio de dos días a dos semanas, la víctima está en crisis.

"En paz me acostaré, y asimismo dormiré; porque solo tú, Jehová, me haces vivir confiado".
(Salmos 4:8)

	Emocionalmente	Físicamente
Terror	• Temor extremo	• Imágenes mentales breves de la escena / pesadillas
Rehúsa pensar en el hecho	• Negación	• Pérdida de la memoria y del sueño

Alteración emocional	• Ira	• Incapacidad de comer, llanto
Acciones incontrolables	• Abrumada	• Histeria, sollozos
Mala interpretación de los hechos	• Se echa la culpa	• Náusea, diarrea
Ansiedad	• Aprensión	• Tensión muscular severa, fatiga

#2 La etapa del desequilibrio

Durante un año o más y a veces hasta la muerte, la víctima tendrá altas y bajas, algunas veces ocultando sus emociones, y otras, expresándolas.

"El temor del hombre pondrá lazo; mas el que confía en Jehová será exaltado". (Proverbios 29:25)

Temores de la víctima...

- a quedarse sola
- a las reacciones de sus seres queridos (rechazo y abandono)
- sentirse seguida
- a ser juzgada
- a lugares extraños
- al embarazo
- a la oscuridad
- enfermedades venéreas, SIDA
- al lugar de la violación
- cercanía con los hombres

Pregunta:

"¿Cómo puedo continuar con mi vida si fui violada? Parece que Dios está muy lejos".

Respuesta:

A todos nos impacta nuestro pasado, pero Dios no quiere que éste nos incapacite. La violación es pecado y Dios odia el pecado. Así que él aborrece lo que le sucedió. Él sabe que su corazón ha sido herido profundamente. Es natural que su corazón esté adormecido, pero el Señor no está lejos de usted.

"Cercano está Jehová a los quebrantados de corazón; y salva a los contritos de espíritu". (Salmos 34:18)

#3 La etapa de la confianza

La víctima ve el incidente desde una perspectiva equilibrada.

- No confía en todo el mundo, sino que elige amigos dignos de confianza.

- No confía en todas las circunstancias, pero confía en Dios, que está por encima de todas las circunstancias.

"Fíate de Jehová de todo tu corazón, y no te apoyes en tu propia prudencia. Reconócelo en todos tus caminos, y él enderezará tus veredas". (Proverbios 3:5-6)

PREGUNTA:

"¿Cómo puedo confiar en los hombres nuevamente después de haber sido violada?"

RESPUESTA:

Tenga presente la tendencia que muchas personas experimentan después del trauma: "tienden a generalizar". Para usted, eso significa adjudicar el pecado de un hombre a todos los hombres. Hay hombres piadosos así como hombres malvados. También hay mujeres piadosas y mujeres malvadas.

¿Consideraría usted que el apóstol Pablo no es digno de confianza? ¿Y qué de José, que huyó cuando la esposa de su amo quería seducirlo? ¿Los considera usted indignos de confianza? Muchos hombres en la actualidad han seguido los pasos de Job, y han hecho un pacto con Dios para mantenerse sexualmente puros.

"Hice pacto con mis ojos; ¿Cómo, pues, había yo de mirar a una virgen?" (Job 31:1)

PREGUNTA:

"¿Qué puedo hacer si mi esposa, que fue violada hace varios años, continúa retrayéndose sexualmente? Dice que a veces me odia".

RESPUESTA:

Si usted estuviera en un equipo de atletismo y se rompiera la pierna, no esperaría correr como lo hacía antes. De la misma forma, su esposa ha sido quebrantada y quizás la "ruptura" que sufrió no ha sanado correctamente. Por tanto, sigue lastimada emocionalmente y no puede responderle como lo hacía antes. La curación requiere tiempo y tratamiento adecuado.

Pregúntele qué necesita de usted, y qué no necesita de usted, y responda con compasión. Pídale que le perdone por cualquier falta de sensibilidad hacia ella y que le ayude a entender lo que despierta en ella los sentimientos de odio hacia usted. En vez de enfocarse en lo que ella está quitándole, véala como una creación de Dios quebrantada cuyo corazón necesita ser curado.

"Él sana a los quebrantados de corazón, y venda sus heridas". (Salmos 147:3)

CAUSAS DE LA VIOLACIÓN

Clases de violadores[5]

- Violador vengativo ....motivado por el deseo de castigar
- Violador asaltante...........motivado por el deseo de lastimar, mutilar o matar
- Violador de poder ....motivado por el deseo de controlar
- Violador erótico ....motivado por el deseo de experimentar actos cada vez más pervertidos, como se ven en los materiales pornográficos

Causas culturales

La violación es un crimen violento que sucede cada seis minutos en los Estados Unidos.[6] Sus causas son:

- Decadencia de los valores morales.
- Falta de respeto por la dignidad de la mujer.
- Pornografía degradante.
- Ineficiencia del sistema legal para perseguir a los violadores y proteger a las futuras víctimas.
- Decisión de las víctimas de no reportar la violación

La raíz del problema

Creencia falsa:

"Puedo ejercer poder y control al tener relacione sexuales con quien yo elija porque tengo la necesidad de sentirme importante".

Creencia correcta:

La expresión sexual fue creada por Dios como un cuadro de la intimidad y la relación entre un hombre y una mujer, no para ejercer control egoísta. Mi sentido de importancia se basa en mi relación personal con Dios por medio del Señor Jesucristo.

"Ahora, así dice Jehová, Creador tuyo, oh Jacob, y Formador tuyo, oh Israel: No temas, porque yo te redimí; te puse nombre, mío eres tú... Porque a mis ojos fuiste de gran estima, fuiste honorable, y yo te amé; daré, pues, hombres por ti, y naciones por tu vida". (Isaías 43:1, 4)

(Lea también 2 Corintios 5:17-21.)

PASOS PARA ENCONTRAR LA SOLUCIÓN

Versículo clave para memorizar

"Cercano está Jehová a los quebrantados de corazón; y salva a los contritos de espíritu". (Salmos 34:18)

Pasaje clave para leer y meditar

Salmos 37

El ABC de la reacción ante una violación[7]

Asegure su bienestar. (Lea Salmos 23.)

- Relájese.
- Respire profundamente.
- Repita:

  "Jehová es mi pastor... Aunque ande en valle de sombra de muerte, no temeré mal alguno". (Salmos 23:1, 4)
- Envuélvase con una cobija.

Busque ayuda.

- Reporte el incidente a la policía. (Con el objeto de preservar la evidencia física, no se lave ni se bañe.)
- Pida a una amiga que la lleve a un chequeo médico para verificar que no existan daños o enfermedades venéreas.8
- Busque consejo legal para conocer los derechos de las víctimas de violación.

  "Aplica tu corazón a la enseñanza, y tus oídos a las palabras de sabiduría". (Proverbios 23:12)

Cuente con el apoyo emocional de otros.

- Llame a alguien en quien confíe.
- Llame a un centro de ayuda para víctimas de violación.
- Busque consejería profesional.

  "El hombre que tiene amigos ha de mostrarse amigo; y amigo hay más unido que un hermano". (Proverbios 18:24)

Pregunta:

"¿Qué puedo hacer para ayudar a mi hija adolescente que fue violada en la escuela por un estudiante mayor? El director de la escuela se niega a reunirse conmigo y la policía casi no responde".

Respuesta:

Debido a que el director no responde, usted podría apelar a una autoridad más alta y reportar el hecho ante esa instancia hasta que tome una acción apropiada. Considere estos otros caminos de apelación.

Comuníquese con el presidente de la asociación de padres de familia (APF). Abogue ante la directiva y la APF para que se tomen medidas que eviten más violaciones en la escuela. Si conoce a un oficial de policía pida su opinión en cuanto a cómo proceder. Comuníquese con el periódico y la estación de televisión locales si lo anterior no da resultado, pidiéndoles que reporten la situación. Asegúrese de que estas agencias estén de acuerdo en mantener en el anonimato el nombre de su hija.

Comuníquese con un abogado para que la defienda. Investigue la responsabilidad en que incurre la escuela si no toma acción contra el muchacho. ¿Qué va a suceder si viola a otra estudiante?

Observe que cuando el apóstol Pablo fue tratado injustamente por la corte judía, apeló a la corte del César. De manera que sí es bíblico apelar a una autoridad más alta.

"A los judíos no les he hecho ningún agravio... a César apelo". (Hechos 25:10-11)

Dígase la verdad

Quizás en mayor grado que otros grupos de personas, las víctimas de violación experimentan una batalla continua y frecuentes derrotas, debido a las mentiras que han creído, mentiras acerca de sí mismas, acerca del futuro, y acerca de Dios. La mejor manera de combatir esas mentiras es repetirse a usted misma la verdad continuamente. Evalúe las mentiras que usted ha creído, y después, cada día, simplemente decida creer la verdad de Dios.

"Y conoceréis la verdad, y la verdad os hará libres".
(Juan 8:32)

Mentira:

"Simplemente no puedo superar esto".

Verdad:

El Señor su Dios andará con usted todo el camino, hasta el final.

"Cuando pases por las aguas, yo estaré contigo; y si por los ríos, no te anegarán. Cuando pases por el fuego, no te quemarás, ni la llama arderá en ti". (Isaías 43:2)

Mentira:

"Creo que nunca dejaré de llorar".

Verdad:

A su tiempo, el llanto menguará, y la alegría retornará a su corazón.

"Por la noche durará el lloro, y a la mañana vendrá la alegría". (Salmos 30:5)

Mentira:

"Siempre me sentiré sucia".

Verdad:

Una persona con la mente sucia le hizo algo despreciable, pero ¡usted no es sucia! Cada día, aprópiese de su verdadera identidad en Cristo: usted es santa y sin mancha.

"En su cuerpo de carne, por medio de la muerte, para presentaros santos y sin mancha e irreprensibles delante de él". (Colosenses 1:22)

Mentira:

"Nada bueno puede salir de todo esto".

Verdad:

Dios promete que lo que otros nos hagan para mal, él lo usará para nuestro bien. A su tiempo, usted verá esta promesa cumplida en su propia vida.

"Y sabemos que a los que aman a Dios, todas las cosas les ayudan a bien, esto es, a los que conforme a su propósito son llamados". (Romanos 8:28)

Mentira:

"Me siento totalmente sola. Ni siquiera Dios está conmigo".

Verdad:

Cuando deja que Cristo entre en su corazón, nunca estará sola. Al despertar cada mañana, repita este pasaje:

"Despierto, y aún estoy contigo". (Salmos 139:18)

Mentira:

"Nadie querrá casarse conmigo".

Verdad:

Hasta que el Señor traiga un esposo a su vida, él promete ser su esposo, su proveedor, su protector.

"Porque tu marido es tu Hacedor; Jehová de los ejércitos es su nombre; y tu Redentor, el Santo de Israel; Dios de toda la tierra será llamado". (Isaías 54:5)

Mentira:

"Nunca voy a tener relaciones sexuales. Los recuerdos que tengo son muy dolorosos".

Verdad:

El Señor es capaz de sanar todo daño emocional, sin importar cuán severo sea.

"Sáname, oh Jehová, y seré sano; sálvame, y seré salvo; porque tú eres mi alabanza". (Jeremías 17:14)

Mentira:

"No tengo fuerzas para seguir adelante".

Verdad:

Cuando usted no tenga la fuerza para vivir día con día, el Señor Jesús le dará de su fuerza.

"Todo lo puedo en Cristo que me fortalece". (Filipenses 4:13) (Lea Isaías 40:28-31.)

Mentira:

"Mi vida está demasiado dañada para que Dios me pueda usar algún día".

Verdad:

Ahora usted puede sentir compasión por aquellas personas que han experimentado el mismo trauma. Ahora puede acercarse a ellas y mostrarles verdadero amor y compasión.

"El cual nos consuela en todas nuestras tribulaciones, para que podamos también nosotros consolar a los que están en cualquier tribulación, por medio de la consolación con que nosotros somos consolados por Dios." (2 Corintios 1:4)

Mentira:

"Siempre me consumirá el temor".

Verdad:

Todas las personas experimentan temor cuando sus vidas se encuentran realmente en peligro; eso es normal. Sin embargo, el Señor la librará de un temor excesivo gracias a su presencia en la vida de usted.

"Y Jehová va delante de ti; él estará contigo, no te dejará, ni te desamparará; no temas ni te intimides". (Deuteronomio 31:8)

Mentira:

"No tengo esperanza para el futuro".

Verdad:

Ya que Dios es un Dios de esperanza, su futuro se encuentra seguro en sus manos.

"Porque yo sé los pensamientos que tengo acerca de vosotros, dice Jehová, pensamientos de paz, y no de mal, para daros el fin que esperáis". (Jeremías 29:11)

El sacrificio del sufrimiento

La Dra. Elena Roseveare no es ajena al terror. Esa misionera médica vivió en el Congo durante más de 12 años. De pronto, un día experimentó el trauma de su vida. El país estaba sufriendo severos problemas políticos debido a la lucha entre negros y blancos. Así surgió un levantamiento civil.[9]

¿Por qué? Oh Dios, ¿por qué? *Por qué* es la pregunta más común de todas... especialmente en tiempos de terror.

En un sitio que duró diez semanas, miles de nativos negros fueron asesinados. Como resultado, los blancos se convirtieron en sus enemigos y por eso mataron a 27 misioneros. Los demás fueron apresados. En una noche horrible, la Dra. Elena fue lanzada al suelo, pateada, golpeada y violada; le rompieron los dientes y costillas, y su boca y nariz fueron lastimadas severamente.

Esa horrible noche ella se preguntaba por qué le estaba sucediendo eso. Literalmente quería morir, porque había visto la brutalidad con que habían sido tratados sus compañeros misioneros. Sin embargo, Dios le habló al oído: "¿Podrías agradecerme por confiarte esta experiencia aun si nunca te digo por qué sucedió?"

Elena pensó: Dios, gracias. No tengo idea de cómo o por qué, pero confío en que tú sabes lo que estás haciendo, y que nunca te equivocas. Tú no puedes fallar. Tu promesa debe cumplirse. Así que te agradezco por confiarme esto aunque no sé cómo alguien podría beneficiarse de algo así.

Poco tiempo después, Elena fue sentenciada a muerte junto con los demás misioneros. Al ser llevados como animales, ella tuvo que apoyarse en otros para caminar, porque su cuerpo había sido maltratado en extremo.

Cuando el líder de los rebeldes la vio, le preguntó, "¿quién te dejó así?"

Ella respondió, "uno de tu grupo". El líder rebelde respondió: "Eres una mentirosa". Ella dijo: "Te voy a decir su nombre". El líder rebelde convocó a una corte del pueblo. Sin embargo, antes de hacerlo, instruyó a los hombres de la tribu para que gritaran "¡es una mentirosa... es una mentirosa!" cuando ella testificara.

Llegó el momento del juicio. Apegándose a la verdad, ella contó a ese gran grupo de personas los detalles del ataque. Entonces algo milagroso sucedió. Cuando terminó, se escucharon las voces de 800 hombres que sollozaban. Se dieron cuenta de que ella era su doctora, la que había atendido los partos de sus bebés, curado sus cortadas y cuidado sus heridas. Aun así, alguno de los suyos la había violado.

Durante las semanas y meses que siguieron, ocurrió un despertar espiritual por primera vez en doce años, algo que nunca había ocurrido antes. La gente recibió la salvación... muchos corazones fueron tocados porque se identificaron con el sufrimiento de ella. Aun los griegos que vivían en la región querían saber cómo establecer una relación con Jesucristo, y fueron salvos.

Después, ya de vuelta en Inglaterra, su país de origen, Elena daba conferencias con frecuencia. Una tarde, el Señor la guió para que hablara de su violación. Dos muchachas se quedaron después de que terminó la conferencia. Una de ellas le preguntó: "¿puede usted hablar con mi hermana? Hace cinco semanas que fue violada y desde entonces no ha dicho palabra".

La otra chica corrió, sollozando incontrolablemente, y abrazó a Elena. Por espacio de tres horas sin parar, esta joven víctima de una violación habló del incidente. Finalmente, las dos mujeres que habían tenido la misma experiencia salieron, sintiendo una gran paz en sus corazones. ¿Qué hizo la diferencia? La joven simplemente dijo:

"Nunca nadie me dijo que podía dar gracias a Dios por confiarme esa experiencia aunque nunca sepa el porqué".

"No será sino hasta que la rueca deje de dar vueltas, que Dios abrirá la tela y nos dirá por qué. Los hilos negros son tan necesarios como los de oro y plata para que el tejedor Maestro realice el diseño que planeó. (parte de un poema entregado a Helen Roseveare cuando era joven.)

Sufrir

Sea una persona de oración. Dios le brindará ayuda sobrenatural para sobreponerse a las consecuencias de la violación.

"Y esta es la confianza que tenemos en él, que si pedimos alguna cosa conforme a su voluntad, él nos oye. Y si sabemos que él nos oye en cualquiera cosa que pidamos, sabemos que tenemos las peticiones que le hayamos hecho". (1 Juan 5:14-15)

Use su experiencia para comprender que los cristianos no somos inmunes al infortunio, sino que somos llamados a sufrir.

"Pues para esto fuisteis llamados; porque también Cristo padeció por nosotros, dejándonos ejemplo, para que sigáis sus pisadas". (1 Pedro 2:21)

Facilite la cosas perdonando a su ofensor y dejando la venganza a Dios. (Pida que el poder de Dios haga esto, usted no puede hacerlo sola.)

"No os venguéis vosotros mismos, amados míos, sino dejad lugar a la ira de Dios; porque escrito está: Mía es la venganza, yo pagaré, dice el Señor". (Romanos 12:19)

Razone y perdone a otros (miembros de la familia y amigos) y principalmente a usted misma.

"Soportándoos unos a otros, y perdonándoos unos a otros si alguno tuviere queja contra otro. De la manera que Cristo os perdonó, así también hacedlo vosotros". (Colosenses 3:13)

Intercambie su antigua identidad por su nueva identidad en la persona de Cristo.

"Pero cuantas cosas eran para mí ganancia, las he estimado como pérdida por amor de Cristo. Y ciertamente, aun estimo todas las cosas como pérdida por la excelencia del conocimiento de Cristo Jesús, mi Señor, por amor del cual lo he perdido todo, y lo tengo por basura, para ganar a Cristo, y ser hallado en él, no teniendo mi propia justicia, que es por la ley, sino la que es por la fe de Cristo, la justicia que es de Dios por la fe". (Filipenses 3:7-9)

Recuerde, el Señor es su Pastor.

"Jehová es mi pastor; nada me faltará. En lugares de delicados pastos me hará descansar; junto a aguas de reposo me pastoreará. Confortará mi alma; me guiará por sendas de justicia por amor de su nombre. Aunque ande en valle de sombra de muerte, no temeré mal alguno, porque tú estarás conmigo; tu vara y tu cayado me infundirán aliento. Aderezas mesa delante de mí en presencia de mis angustiadores; unges mi cabeza con aceite; mi copa está rebosando. Ciertamente el bien y la misericordia me seguirán todos los días de mi vida, y en la casa de Jehová moraré por largos días". (Salmos 23:1-6)

Precauciones prácticas para evitar una violación

En el hogar

"El que confía en su propio corazón es necio; mas el que camina en sabiduría será librado".
(Proverbios 28:26)

- Instale un sistema de seguridad confiable.[10]
- Instale cerraduras de seguridad en las puertas exteriores.
- Instale una cadena en la puerta principal.

- No abra la puerta a nadie que no esté esperando.
- En caso de emergencias, haga que los extraños esperen afuera. Mantenga la puerta cerrada y ofrezca hacer la llamada por ellos.
- Pida que los técnicos de reparaciones se identifiquen debidamente.
- Instale relojes eléctricos para que las luces se enciendan automáticamente cuando no esté en casa.
- Al llegar a la cochera, esté alerta e inspeccione sus alrededores. Espere hasta que la puerta de la cochera se haya cerrado por completo antes de salir del auto.
- Cuando esté sola en la noche, no entre en su casa si ve las luces de algún auto siguiéndole.
- Tenga un "cuarto seguro" con cerradura y teléfono dentro de su casa.
- Mantenga varias linternas que funcionen bien en varias habitaciones de la casa.
- No dé información personal por teléfono.

"La ciencia del prudente está en entender su camino; mas la indiscreción de los necios es engaño".
(Proverbios 14:8)

Fuera de Casa

"Hijo mío, no se aparten estas cosas de tus ojos; guarda la ley y el consejo, entonces andarás por tu camino confiadamente, y tu pie no tropezará".
(Proverbios 3:21, 23)

- Confíe en su instinto, y tenga precaución cuando sienta que está en peligro.[11]
- Luzca confiada y segura cuando camine.
- Siempre esté alerta y al pendiente de lo que le rodea.
- Revise el asiento trasero de su auto antes de entrar.
- Tenga listas sus llaves para abrir las puertas de su auto rápidamente, y ponga sus seguros justo después de entrar.
- Estaciónese en lugares bien iluminados y con movimiento.
- Nunca se acerque al auto de un extraño para responder una pregunta.
- En los elevadores, haga contacto visual con las otras personas y esté alerta.

- Si es posible, viaje con un teléfono celular programado con el número de la policía.
- No vaya sola de compras de noche a centros comerciales u otras tiendas.
- Si sale tarde de un centro comercial, pida al guardia de seguridad que la acompañe a su auto.
- Tenga cuidado de incidentes actuados y peticiones de ayuda.

"El avisado ve el mal y se esconde; mas los
simples pasan y reciben el daño".
(Proverbios 22:3)

Cómo aconsejar a una víctima de violación: Qué hacer y qué no hacer

NO Reaccione con sorpresa u horror.

SÍ Responda con compasión.

NO Sugiera a la víctima que pudo haberlo evitado.

SÍ Afirme que la víctima no tiene ninguna culpa.

NO Pida detalles del incidente.

SÍ Sugiera que la víctima escriba los detalles para las autoridades.

NO Ofrezca respuestas rápidas y simplistas.

SÍ Anime a la víctima con el amor infalible de Dios.

NO Presione a la víctima para que inicie el perdón de inmediato.

SÍ Envíe a la víctima a un consejero profesional.

NO Critique las elecciones o decisiones que tomó la víctima.

SÍ Insista en que la víctima reporte el delito.

NO Sugiera que lo que pasó fue castigo de Dios por el pecado.

SÍ Insista en que la vea un médico.

NO Cambie el tema.

SÍ Pida a la víctima que escriba sus sentimientos.

NO diga nada si no sabe qué decir.

SÍ Consuélela con su presencia.

"Tiempo de callar, y tiempo de hablar;"
(Eclesiastés 3:7)

"Jehová se manifestó a mí hace ya mucho tiempo, diciendo: Con amor eterno te he amado; por tanto, te prolongué mi misericordia."
(Jeremías 31:3)

NOTAS

1. Merriam-Webster Collegiate Dictionary, "Diccionario Colegial Merriam Webster" (2001); disponible en http://www.m-w.com.

2. American Heritage Electronic Dictionary, "Diccionario Electrónico American Heritage" (Houghton Mifflin, 1992).

3. American Heritage Electronic Dictionary, "Diccionario Electrónico American Heritage" (Houghton Mifflin, 1992).

4. Para esta sección, vea Jennifer Botkin-Maher, Nice Girls Don't Get Raped, "No violan a las chicas buenas" (San Bernardino, Calif.: Here's Life, 1987), 74-7.

5. Para esta sección vea Jennifer Botkin-Maher, Nice Girls Don't Get Raped, "No violan a las chicas buenas" (San Bernardino, Calif.: Here's Life, 1987), 97-8; Candace Walters, Invisible Wounds, "Heridas ocultas" (Portland, Ore.: Multnomah, 1987), 27.

6. Vea Crime in United States 2001, "Crímenes en los Estados Unidos 2001" (Departamento de Justicia de los Estados Unidos, Oficina Federal de Investigaciones, 28 de octubre del 2002 [citado el 1 de julio del 2003]), 29; disponible en http://www.fbi.gov/ucr/cius_01/01crime.pdf.

7. Para esta sección, vea Jennifer Botkin-Maher, Nice Girls Don't Get Raped, "No violan a las chicas buenas" (San Bernardino, Calif.: Here's Life, 1987), 18-22.

8. Jennifer Botkin-Maher, Nice Girls Don't Get Raped, "No violan a las chicas buenas" (San Bernardino, Calif.: Here's Life, 1987), 23-41.

9. Para esta sección, vea Helen Roseveare, Why Does a God of Love Allow Suffering? Si Dios es amor, ¿por qué permite el sufrimiento?" (Barrie, Ontario: Women Alive, s.f.), audiocasete.

10. Para esta sección, vea Jennifer Botkin-Maher, Nice Girls Don't Get Raped, "No violan a las chicas buenas" (San Bernardino, Calif.: Here's Life, 1987), 20-2.

11. Jennifer Botkin-Maher, Nice Girls Don't Get Raped "No violan a las chicas buenas" (San Bernardino, Calif.: Here's Life, 1987), 122-6.

BIBLIOGRAFÍA

Anderson, Neil T. A Way of Escape. "Una forma de escapar" Eugene, Ore.: Harvest House, 1994.

Botkin-Maher, Jennifer. Nice Girls Don't Get Raped, "No violan a las chicas buenas" San Bernardino, Calif.: Here's Life, 1987.

Crime in United States 2001 "Crímenes en los Estados Unidos 2001" U. S. Department of Justice, Federal Bureau of Investigation, 28 October 2002 [cited 1 July 2003]. Departamento de Justicia de los Estados Unidos, Oficina Federal de Investigaciones, 28 de octubre del 2002 (citado el 1° de julio del 2003) Disponible en http://www.fbi.gov/ucr/cius_01/01crime.pdf.

Gaddis, Patricia Riddle. Dangerous Dating: Helping Young Women Say No to Abusive Relationships. "Citas peligrosas: Ayuda para que las mujeres digan "no" a las relaciones de abuso" Colorado Springs, Colo.: Shaw, 2000.

Roseveare, Helen. Why Does a God of Love Allow Suffering? "Si Dios es amor, ¿por qué permite el sufrimiento?" Barrie, Ontario: Women Alive, s.f. audiocasete.

Scott, Kay. Sexual Assault: Will I Ever Feel Okay Again? "Asalto sexual: Jamás me sentiré bien de nuevo" Minneapolis, Minn.: Bethany House, 1993.

Walters, Candace. Invisible Wounds. "Heridas ocultas" Portland, Ore.: Multnomah, 1987.

Versículos bíblicos para memorizar

Proverbios 3:5-6

Salmos 119:28

Salmos 34:18

Salmos 37:7, 9

Romanos 12:19

Salmos 119:50

2 Corintios 4:8-9

Job 11:15-16

2 Corintios 1:3-4

Isaías 43:18-19

Violencia doméstica
Ataque contra la dignidad de la mujer

Él era muy conocido en su comunidad. ¿Qué mujer no se sentiría orgullosa de ser su esposa? Ciertamente él le daba todo lo que podía desear. Y sus hijos... ¿acaso no tenían todo lo que podía comprar el dinero? ¿Cómo podía siquiera pensar en destruir ese perfecto cuadro familiar o arriesgarse a vivir en el futuro como una desconocida? ¿Adónde iría? ¿Qué haría? ¿Cómo ganaría dinero para sostenerse? Y lo que era peor, ¿perdería a sus hijos si se atrevía a hablar de la horrible verdad? Estaba desesperada. Además, ¿quién iba a creerle? Se había hecho experta en esconder sus emociones, los golpes y los ojos morados. Con el rostro surcado por las lágrimas y los ojos hinchados de tanto llorar, se dijo a sí misma: *"De todas maneras, yo tengo la culpa, ¡me lo merezco!"*.

Aun cuando parece que la razón se nubla, los salmos ofrecen esperanza a los afligidos:

"El deseo de los humildes oíste, oh Jehová; tú dispones su corazón, y haces atento tu oído, para juzgar al huérfano y al oprimido, a fin de que no vuelva más a hacer violencia el hombre de la tierra".
(Salmos 10:17-18)

DEFINICIONES

Es indudable que tanto el hombre como la mujer pueden cometer actos de violencia doméstica. Pero estadísticamente, la mayoría de las veces las mujeres son las víctimas.[1] Tradicionalmente y hasta legalmente se ha tolerado el maltrato de la esposa, pero ese tipo de comportamiento entristece a Dios. Son muy dolorosas las consecuencias que trae la violencia en esta, que es la más sagrada de las relaciones, pero Dios promete estar al lado de la víctima que sufre a manos de su esposo violento.

"Cercano está Jehová a los quebrantados de corazón; y salva a los contritos de espíritu".
(Salmos 34:18)

¿Qué es violencia doméstica?

- En general, la palabra *abuso* significa "lastimar, maltratar, insultar o herir".[2]
- Las palabras *abuso y violencia* se usan con frecuencia indistintamente aunque violencia sugiere un abuso más grave pues utiliza el temor a ser lastimada como medio para controlar a la víctima.[3]
- La palabra hebrea del Antiguo Testamento que con más frecuencia se traduce como "violento" o "violencia", es *chamac*, y significa "maltratar".[4] Esa misma palabra se traduce en otros lados como *malicia, destruir, hacer mal, crimen, cruel, y terror.*

Dios castiga a cualquiera que abusa de otros o es violento con ellos

"Porque Jehová Dios de Israel ha dicho que él aborrece el repudio, y al que cubre de iniquidad su vestido, dijo Jehová de los ejércitos. Guardaos, pues, en vuestro espíritu, y no seáis desleales".
(Malaquías 2:16)

- El término legal que se utiliza para referirse al maltrato del cónyuge, hijos, ancianos, o a cualquier otra relación abusiva dentro del hogar o la familia es ***violencia familiar o doméstica***.[5]
- La violencia doméstica se refiere a un patrón de comportamiento coercido y violento que realiza un adulto relacionado íntimamente con otra persona.[6]
- La violencia doméstica ***no*** es un asunto relacionado con los "problemas matrimoniales" o "diferencias irreconciliables" que se resuelve con una simple "solución del conflicto".

EL ABUSO...

Afecta a todos los miembros de la familia.

Busca controlar y dominar a los demás

Usado para rebajar la dignidad humana

Sube de intensidad y se hace más frecuente

Opera en todos los niveles de la sociedad sin importar raza, religión, geografía o economía.

Los líderes espirituales, la familia y los amigos, deben actuar con sabiduría cuando saben que un cónyuge abusa del otro. No debe tolerarse la violencia en ninguna de sus formas ni permitir que se esconda tras el disfraz de la "sumisión bíblica". Dios quiere que la iglesia sea un lugar de refugio... un baluarte contra la violencia.

"Dios mío, fortaleza mía, en él confiaré; mi escudo, y el fuerte de mi salvación, mi alto refugio; Salvador mío; de violencia me libraste".
(2 Samuel 22:3)

Clases de violencia[7]

El comportamiento violento puede ser activo o pasivo, físico o psicológico, directo o indirecto. Pero sin importar el método, todo comportamiento violento surge del deseo de castigar, manipular y controlar.[8]

"Antes en el corazón maquináis iniquidades; hacéis pesar la violencia de vuestras manos en la tierra".
(Salmos 58:2)

Violencia verbal

Se define como el uso de *palabras o tono de voz* para controlar, lastimar o destruir la auto estima de otra persona.[9] La violencia verbal es tan devastadora como la violencia física en el matrimonio porque destruye el respeto, la confianza y la intimidad. El lenguaje violento se utiliza para:

- Atemorizar por medio de amenazas
- Avergonzar y acusar al otro
- Menospreciar por medio de insultos
- Confundir mentalmente al otro
- Acosar a una persona haciendo demasiadas preguntas
- Engañar y decir mentiras
- Insultar con palabras soeces

"Llena está su boca de maldición, y de engaños y fraude; debajo de su lengua hay vejación y maldad".
(Salmos 10:7)

Violencia emocional

Aunque todas las formas de maltrato afectan emocionalmente, algunas actitudes se pueden considerar específicamente como "violencia emocional". Un comportamiento que es emocionalmente abusivo puede ser pasivo o activo.

- ***Violencia emocional pasiva***. Sus características son:
  - — Negarse a apoyar emocionalmente al otro
  - — Negarse a dar atención o el debido reconocimiento al cónyuge
  - — Usar el silencio como arma

— Negarse a expresar los verdaderos sentimientos
— Ser indiferente a las reuniones familiares importantes
— No regresar a casa a la hora debida

- ***Violencia emocional activa.*** Consiste en:

— No permitir que el cónyuge participe en la toma de decisiones importantes
— Ser tacaño con el dinero e impedir el uso de la chequera
— Esconder las llaves del auto para controlar al otro
— Conducir el auto sin precaución para infundir temor
— Impedir que la persona duerma
— Aislar al cónyuge de familiares y amigos
— Maltratar a la mascota favorita

"Con arrogancia el malo persigue al pobre; será atrapado en los artificios que ha ideado".
(Salmos 10:2)

Violencia física

Es utilizar el tamaño, fuerza o personalidad para controlar o lastimar a alguien. Con frecuencia comienza con amenazas verbales como: "¡Vas a desear no haber nacido!"... "¡Te voy a dar tu merecido!". Esa clase de violencia verbal va en aumento hasta que estalla la violencia física.

- ***Los actos de violencia incluyen:***

— Empujones	— Cachetadas	— Patadas
— Sujetar	— Punzar	— Ahogar
— Tirar del pelo	— Quemar	— Atar
— Encadenar	— Atacar con algún objeto	— Amenazar con un arma

"No tengas envidia de los hombres malos, ni desees estar con ellos; porque su corazón piensa en robar, e iniquidad hablan sus labios".
(Proverbios 24:1-2)

Violencia sexual

Debido a que muchos piensan que la esposa debe someterse a todos los deseos del esposo, muchas mujeres casadas sufren la violencia sexual sin darse cuenta. La violencia o abuso sexual incluye:

- Tratamiento y actitudes sexualmente degradantes
- Discriminación debido al género

- Amenazar o forzar las relaciones sexuales (violación de la pareja)
- Acusaciones infundadas de tener relaciones con otros
- Flirteo descarado con personas del sexo opuesto
- Actividades con homosexuales
- Adulterio
- Obligar al cónyuge a tener relaciones sexuales con otros

"Honroso sea en todos el matrimonio, y el lecho sin mancilla; pero a los fornicarios y a los adúlteros los juzgará Dios".
(Hebreos 13:4)

¿Qué es la misoginia?[10]

La palabra *misoginia* procede del griego *misogynia* (*miso*, que significa "odio" y *gyn*—, "mujer"). Entonces, *misoginia* es el "odio y desconfianza de las mujeres".[11] Es probable que el misógino haya sufrido daño emocional o físico de una mujer durante su infancia. Entonces, generaliza pensando que todas las mujeres son iguales. Por tanto, su comportamiento con ellas, en especial con su esposa, refleja la amargura y odio acumulados en su alma.

"El hombre bueno, del buen tesoro del corazón saca buenas cosas; y el hombre malo, del mal tesoro saca malas cosas".
(Mateo 12:35)

El misógino:

- Desprecia a las mujeres debido a su género
- Cree que las mujeres son débiles y las desprecia por ello
- Las lágrimas lo enfurecen o se siente amenazado por ellas
- Manifiesta amor y odio con las mujeres
- Para controlar a las mujeres, utiliza principalmente el abuso emocional y mental

¿Y dónde está Dios en todo esto?

¿Es Dios un espectador que observa pasivamente el sufrimiento de los inocentes mientras prospera la maldad? La Biblia dice que Dios ¡nunca es indiferente! Entonces, ¿dónde está el Dios de toda misericordia en medio de tanta injusticia? Sigue estando en el mismo lugar que cuando su Hijo sufrió la violencia en el momento más importante de la historia, la crucifixión. Dios el Hijo estaba en la cruz pagando el precio del pecado del mundo mientras Dios el Padre observaba —con el corazón sangrando. Cuando clamamos desde lo más profundo del corazón, él responde con el más profundo amor y compasión que nadie más puede darnos.

"Antes si aflige, también se compadece según la multitud de sus misericordias; porque no aflige ni entristece voluntariamente a los hijos de los hombres". (Lamentaciones 3:32-33)

Lo que Dios piensa de la violencia

- **Dios odia la violencia**

  "Jehová prueba al justo; pero al malo y al que ama la violencia, su alma los aborrece". (Salmos 11:5)

- **Dios castiga a los violentos.**

  "Dijo, pues, Dios a Noé: He decidido el fin de todo ser, porque la tierra está llena de violencia a causa de ellos; y he aquí que yo los destruiré con la tierra". (Génesis 6:13)

- **A Dios le desagrada el comportamiento violento.**

  "Y me dijo: ¿No has visto, hijo de hombre? ¿Es cosa liviana para la casa de Judá hacer las abominaciones que hacen aquí? Después que han llenado de maldad la tierra, se volvieron a mí para irritarme..." (Ezequiel 8:17)

- **Dios ordena a los violentos que cambien su forma de ser.**

  "Así ha dicho Jehová el Señor: ¡Basta ya, oh príncipes de Israel! Dejad la violencia y la rapiña. Haced juicio y justicia; quitad vuestras imposiciones de sobre mi pueblo, dice Jehová el Señor". (Ezequiel 45:9)

Pregunta:

"Si Dios es justo, ¿por qué permite la violencia doméstica?

Respuesta:

Dios no hizo a los seres humanos como títeres. Él permite a la gente que escoja entre el bien y el mal. No culpe a Dios por los que deciden seguir el mal. No dude de que Dios sea justo, y que castigará a los violentos.

"Porque es justo delante de Dios pagar con tribulación a los que os atribulan". (2 Tesalonicenses 1:6)

Lo que Dios piensa de la víctima

- **Dios escucha el clamor de los golpeados y de los que sufren violencia**

  El deseo de los humildes oíste, oh Jehová; tú dispones su corazón, y haces atento tu oído". (Salmos 10:17)

- **Dios sostiene en la palma de su mano a los sufren violencia.**

  "He aquí que en las palmas de las manos te tengo esculpida; delante de mí están siempre tus muros". (Isaías 49:16)

- **Dios rescatará a los que sufren violencia.**

  "De engaño y de violencia redimirá sus almas, y la sangre de ellos será preciosa ante sus ojos". (Salmos 72:14)

- **Dios afirma que la víctima es de alta estima y tiene gran valor.**

  "Pues aun los cabellos de vuestra cabeza están todos contados. No temáis, pues; más valéis vosotros que muchos pajarillos". (Lucas 12:7)

- **Dios convierte en bendición la maldad de otros.**

  "Todas las cosas ha hecho Jehová para sí mismo, y aun al impío para el día malo". (Proverbios 16:4)

CARACTERÍSTICAS

¿Quiénes son los que practican la violencia? ¿Conoce a alguien que sufre la violencia? Puesto que una de cada tres mujeres son víctimas de la violencia doméstica, probablemente usted conoce alguien en esa situación. Ella puede ser su doctora o su dentista, su secretaria o su hermana, su estilistsa, su jefa, o su mejor amiga. Él puede ser su pastor, su cartero, el vendedor, su hijo, su banquero o su mejor amigo.

Pocas veces sabemos lo que sucede tras las puertas cerradas, pero Dios ve todas las cosas y él conoce las heridas que hay en cada corazón.

*"Y no hay cosa creada que no sea manifiesta en su presencia;
antes bien todas las cosas están desnudas y abiertas a los ojos
de aquel a quien tenemos que dar cuentas"
(Hebreos 4:13)*

Las distintas etapas de la violencia[12]

Al igual que un volcán, la violencia no empieza con un estallido imprevisto de fuerza física. Más bien, los patrones de conducta se van desarrollando hasta formar un ciclo cada vez más violento. Las personas de la familia que aprenden a reconocer las señales previas se sienten paralizadas en anticipación del estallido. Infortunadamente, esta característica de agravamiento rara vez se detiene a menos que alguien intervenga y responsabilice al culpable.

*"Quebranta tú el brazo del inicuo, y persigue la maldad
del malo hasta que no halles ninguna".
(Salmos 10:15)*

- **Etapa de agitación**

  Esta fase inicial se caracteriza por un ambiente de tirantez y ansiedad. El esposo comunica su estrés o insatisfacción y culpa a la esposa de sus problemas. Se ejerce el control *psicológico pasivo* por medio del abuso verbal directo o indirecto, poniendo así el escenario para el estallido inminente. En esta etapa muchas mujeres aceptan que son las causantes principales de la infelicidad de su esposo. Posteriormente ambos ajustan su comportamiento esforzándose por reducir la tensión en el hogar.

"Porque los caminos del hombre están ante los ojos de
Jehová, y él considera todas sus veredas".
(Proverbios 5:21).

- **Esta etapa se caracteriza por:**

  — Retraimiento e irritabilidad

  — Se despiertan los celos y las sospechas

  — Se aplica el "tratamiento silencioso"

  — Se retira el apoyo emocional

  — Menosprecia y ataca la dignidad personal

  — Hace comentarios sarcásticos y humillantes

  — Acusa o amenaza al cónyuge

  — Se abstiene del contacto sexual

  — Impide dormir al cónyuge

  — Hace demasiadas preguntas

  — Descuida sus responsabilidades familiares

- **Etapa aguda**

  Estalla la tensión que había estado en ebullición. Cuando se da rienda suelta al comportamiento violento, a menudo la gente llama a la familia, a los vecinos o a la policía para que detengan el acceso de ira. Esta etapa de conducta *agresiva* no es muy larga, pero los estallidos tienden a ser más frecuentes y peligrosos.

"El hombre iracundo levanta contiendas,
y el furioso muchas veces peca".
(Proverbios 29:22)

- **Esta etapa tiene las siguientes características:**

  — Empujones, estrangulamiento, bofetadas

  — Golpes, patadas, etc.

  — Se obliga al cónyuge a tener relaciones sexuales

  — Se ata o encadena al cónyuge

— Se rompe o destruye la propiedad

— Se lanzan objetos contra el otro

— Aislamiento o encierro

— Se utilizan armas diversas

- **Etapa de arrepentimiento**

  En esta etapa de "luna de miel", el agresor se arrepiente y la esposa se siente aliviada por las muestras de amor de su cónyuge. Debido a que no pierde la esperanza de que cambie y por su profundo deseo de tener un matrimonio exitoso, perdona a su esposo y el ciclo vuelve a comenzar.

"El avisado ve el mal y se esconde; mas los simples pasan y llevan el daño". (Proverbios 27:12)

- **Esta etapa se caracteriza por:**

— Pedir disculpas

— Remordimiento

— Busca hacer las paces

— Hace regalos

— Arrepentimiento

— Lágrimas

— Hace promesas

— Acepta su culpa temporalmente

PREGUNTA:

¿Qué puedo hacer si abandoné a mi esposo violento porque vivía en continua zozobra y temor? Él ha prometido cambiar. ¿Debo divorciarme o volver con él?

RESPUESTA:

Si su marido no ha sido adúltero, no existen bases bíblicas para el divorcio. Sin embargo, si él no ha recibido la ayuda que necesita para controlar su ira, su hogar nunca será seguro. Su integridad personal (y la de sus hijos si los tiene) es lo más importante. Puede seguir separada, pero procure cultivar un corazón perdonador y conciliador para cuando su esposo busque ayuda y muestre con sus hechos que efectivamente ha cambiado.

"Y si se separa, quédese sin casar, o reconcíliese con su marido; y que el marido no abandone a su mujer". (1 Corintios 7:11)

El escenario

Una esposa nunca debe pensar que es la "causa" de la violencia de su marido. Sólo él es responsable de su conducta y de la forma en que la trata, aunque ambos aportan al matrimonio ciertas deficiencias emocionales que crean una relación disfuncional. Para que se pueda romper el ciclo, es indispensable que se efectúe un cambio en la forma en que cada uno reacciona hacia el otro. El violento debe dejar su abuso o bien, ella debe dejar de aceptar ese patrón de conducta. Sólo se requiere que una de las partes decida liberarse del doloroso patrón relacional que los tiene esclavizados a ambos. Aunque es difícil, es posible romperlo con el poder de Dios.[13]

"Mis ojos están siempre hacia Jehová,
porque él sacará mis pies de la red".
(Salmos 25:15)

El Agresor

- Baja auto estima
- Emocionalmente codependiente de ella
- Depresivo
- Cree en la superioridad del hombre
- Celos exagerados
- Egoísmo exagerado
- Tiene "mecha corta"
- Emociones explosivas
- Vive dudando
- Teme a la traición
- Utiliza la relación sexual para dominar
- Demuestra su ira
- Culpa al cónyuge de la agresión
- No acepta que es parte del problema

La Víctima

- Baja auto estima
- Emocionalmente codependiente de él
- Depresiva
- Cree en la unidad familiar
- Se siente culpable
- Inseguridad
- Soporta el sufrimiento
- Suprime sus emociones
- Vive temerosa
- Teme al abandono
- Usa la relación sexual para establecer relaciones
- Se resiste a enojarse
- Asume la responsabilidad de la violencia
- Cree que ella es el problema

Pregunta:

¿Puede cambiar de verdad una persona?

Respuesta:

Sí. Dios nunca diría a la gente que cambiara si no fuera posible.

"Quítense de vosotros toda amargura, enojo, ira, gritería y maledicencia, y toda malicia". (Efesios 4:31)

CAUSAS

Con frecuencia, la forma en que las personas se relacionan dentro del matrimonio es un espejo de lo que observaron en su hogar durante la niñez. Los patrones de comportamiento son aprendidos. Se hace una "norma" la forma en que el esposo y la mujer interactúan dentro de la estructura familiar. Esto es lo que provoca que algunos pecados se transmitan de generación en generación.

"Mi pueblo fue destruido, porque le faltó conocimiento".
(Oseas 4:6)

¿A qué se debe el comportamiento violento?[14]

- A que la persona se crió en un hogar violento
- Fue víctima de maltrato en su niñez.
- Nunca le enseñaron a amar.
- Teme perder a su esposa
- Tiene miedo de que su mujer le sea infiel.
- Se irrita cuando ella muestra debilidad.
- La culpa a ella porque él se siente menos.
- Piensa que la violencia demuestra su poder y superioridad.
- Quiere sentirse importante y en control de las cosas.
- Sus ideas en cuanto a la sumisión no son bíblicas.
- Resuelve las presiones de forma inmadura.
- Piensa que como esposo, tiene "derecho" a usar la fuerza.
- Considera que ella es su posesión, no una persona.

Pregunta:

"Si el pecado pasa de generación a generación, ¿cómo puede cambiar una persona?"

Respuesta:

Porque ¡la violencia es asunto del corazón! Mateo 12:35 dice: *"El hombre bueno, del buen tesoro del corazón saca buenas cosas; y el hombre malo, del mal tesoro saca malas cosas".* La promesa de Dios es que los que vienen a él recibirán un corazón nuevo.

"Os daré corazón nuevo, y pondré espíritu nuevo dentro de vosotros; y quitaré de vuestra carne el corazón de piedra, y os daré un corazón de carne". (Ezequiel 36:26)

¿Por qué ella no lo deja?[15]

Porque:

- Se siente indefensa, no puede evitarlo.
- No sabe que no debe aceptar esta situación, cree que es algo normal.
- Tiene baja auto estima.
- Él la manipula amenazando suicidarse.
- Cree que puede cambiar a su esposo.
- Tiene ideas incorrectas acerca de la sumisión bíblica.
- No sabe que tiene derecho a separarse para poder tener una relación saludable.
- Se culpa a sí misma y piensa que merece el maltrato.
- Su deseo es proteger la imagen de la familia y cree que nadie tiene por qué conocer sus problemas.
- Piensa que sus hijos necesitan a su padre.
- Teme no poder sostenerse económicamente sin él.
- Vive lejos de personas que podrían apoyarla.
- Tiene miedo a la soledad.
- Le da vergüenza depender de la beneficencia pública o vivir en algún refugio del gobierno.
- Piensa que lo único que tiene es a su esposo y a sus hijos.
- Le han dicho que está loca y teme que pueda ser cierto.
- No sabe que hay organizaciones y servicios que pueden ayudarla.
- Cree en las promesas que él le hace de que no volverá a suceder.

Pregunta:

"Si estoy en una situación violenta o amenazadora, ¿hay base bíblica para que abandone el hogar?"

Respuesta:

La sumisión bíblica indica que hay una jerarquía en la que Dios es la autoridad máxima. En las Escrituras hay casos en que la gente piadosa a veces se separaba de sus autoridades impías. En ellas se nos dice que nos sometamos a las autoridades que gobiernan, pero aun así, David huyó del rey Saúl... con la bendición de Dios. Aunque David sólo era uno de los súbditos reales, escapó cuando el rey se tornó violento.

"Mas Saúl estaba temeroso de David, por cuanto Jehová estaba con él, y se había apartado de Saúl...y Saúl procuró enclavar a David con la lanza a la pared, pero él se apartó de delante de Saúl, el cual hirió con la lanza en la pared; y David huyó, y escapó aquella noche". (1 Samuel 18:12; 19:10)

¿En qué casos puede ella abandonar al marido? Cuando:

- Se da cuenta que las cosas no cambiarán si no cambian las circunstancias.
- Piensa que abandonarlo es la única forma en que su marido puede cambiar.[16]
- Sus amenazas de maltrato se están convirtiendo en realidad.
- Su violencia es cada vez más frecuente.
- Ha comenzado a maltratar a los hijos.
- Decide que debe proteger a los hijos de la violencia y quiere evitar que ellos imiten el ejemplo de él.
- Encuentra auxilio de amigos, familiares, iglesia, o una organización profesional.
- Reconoce que no es la voluntad divina que siga aceptando el maltrato.
- Teme por su vida y la de sus hijos.
- Finalmente reconoce que entre las amenazas y el asesinato sólo hay un paso.[17]

Pregunta:

"Puesto que la Biblia enseña que la mujer *debe someterse a su marido*, ¿no es una desobediencia abandonar al esposo agresivo?"[18]

Respuesta

La Biblia no se queda callada en cuanto a una esposa cuyo marido no controla su carácter. Cuando se encuentra en peligro, es correcto que la mujer se separe temporalmente.

"No te entremetas con el iracundo, ni te acompañes con el hombre de enojos". (Proverbios 22:24)

Pregunta:

"Sara es un buen ejemplo de una esposa piadosa (1 Pedro 3:5-6). Aun así, ¿estuvo en lo correcto en unirse con Abraham para engañar al faraón de Egipto (Génesis 12:10-20) así como al rey Abimelec?" (Génesis 20:1-10

Respuesta:

Abraham y Sara no estaban confiando en Dios para que los librara del peligro. Ese comportamiento engañoso trae deshonra personal y no glorifica a Dios.

"Después llamó Abimelec a Abraham, y le dijo: ¿Qué nos has hecho? ¿En qué pequé yo contra ti, que has atraído sobre mí y sobre mi reino tan grande pecado? Lo que no debiste hacer has hecho conmigo". (Génesis 20:9)

La raíz del problema

Algunas personas no comprenden los porqués de la violencia. "¿Por qué lo hace?" "¿Cómo lo acepta ella?" En el corazón de cada persona existen tres necesidades íntimas dadas por Dios: amor, reconocimiento o significancia y seguridad. A veces tratamos de llenar esas necesidades en forma ilegítima. El *violento* abusa de su víctima para sentirse reconocido. La *víctima* se queda en la relación violenta para sentirse segura, ya sea porque siente que no puede vivir sin él o porque le aterra que la violencia aumente si lo abandona. La solución divina es que ambos busquen al Señor para que él llene sus necesidades emocionales.

"Jehová te pastoreará siempre, y en las sequías saciará tu alma, y dará vigor a tus huesos; y serás como huerto de riego, y como manantial de aguas, cuyas aguas nunca faltan". (Isaías 58:11)

CREENCIA FALSA:

El violento:

"Si no controlo a mi esposa, podría perderla. La necesito para *sentirme importante*".

La víctima:

"Si no cedo ante mi esposo, podría perderlo. Lo necesito para *sentirme segura*.

CREENCIA CORRECTA:

"Aunque pierda a mi cónyuge, nunca perderé el amor que Dios me tiene. Mi Hacedor divino ha prometido proveer a todas mis necesidades. Confiaré en él para que las cubra.

"Porque tu marido es tu Hacedor; Jehová de los ejércitos es su nombre; y tu Redentor, el Santo de Israel; Dios de toda la tierra será llamado". (Isaías 54:5)

PASOS PARA ENCONTRAR LA SOLUCIÓN

"Cuando nos casamos, él era amoroso y fácil de sobrellevar, pero esto cambió después de algunos años. Una ocasión se enojó por algo que yo consideré trivial y me empujó contra la pared, poniendo sus manos alrededor de mi garganta. Superamos esa crisis y las cosas se arreglaron hasta esta mañana. Estábamos discutiendo acerca de dinero y le dije que no tenía ganas de hablar de ello. Se encolerizó, me tomó por el cuello y otra vez me lanzó contra la pared. Parecía que otra persona se había posesionado de su mente y cuerpo. En esta ocasión *¡en verdad me asusté!* No entiendo cómo alguien puede estallar tan rápidamente. Siempre tengo que aceptar sus decisiones y puntos de vista para evitar que reaccione de esa manera. Estoy muy triste y confundida. ¿Cómo es posible que no se dé cuenta del daño que nos hace su mal carácter?"

"Líbrame, oh Jehová, del hombre malo;
guárdame de hombres violentos".
(Salmos 140:1)

Versículo clave para memorizar:

"El de grande ira llevará la pena; y si usa de violencias, añadirá nuevos males".
(Proverbios 19:19)

Pasaje clave para leer y meditar

"¿Hasta cuándo, Jehová? ¿Me olvidarás para siempre? ¿Hasta cuándo esconderás tu rostro de mí? ¿Hasta cuándo pondré consejos en mi alma, con tristezas en mi corazón cada día? ¿Hasta cuándo será enaltecido mi enemigo sobre mí? Mira, respóndeme, oh Jehová Dios mío; alumbra mis ojos, para que no duerma de muerte; para que no diga mi enemigo: Lo vencí. Mis enemigos se alegrarían, si yo resbalara. Mas yo en tu misericordia he confiado; mi corazón se alegrará en tu salvación. Cantaré a Jehová, porque me ha hecho bien".
(Salmos 13:1-6)

Corrija los malos entendidos

Una esposa que sinceramente desea complacer y obedecer a Dios fácilmente puede ser víctima de la violencia por interpretar en forma incorrecta la enseñanza bíblica en cuanto a la sumisión. Es vulnerable al maltrato y a otras conductas violentas del esposo, todo porque se ha consagrado a obedecer a Dios. Una clave para corregir los malos entendidos es aprender a interpretar las Escrituras a la luz de su contexto. Esto se logra:

- Observando los versículos que rodean al pasaje
- Buscando el propósito del pasaje o del libro en que se encuentra el versículo
- Meditando en todo el consejo de Dios en cuanto a cómo debemos relacionarnos unos con otros

"Procura con diligencia presentarte a Dios aprobado, como obrero que no tiene de qué avergonzarse, que usa bien la palabra de verdad". (2 Timoteo 2:15)

Razonamientos y Respuestas

Razonamiento:

Cuando Jesucristo dijo: "Vuélvele la otra mejilla, quiso decir que las esposas cristianas deben aceptar los malos tratos".[19]

Respuesta:

Al analizar las palabras de Jesús, vemos que el contexto se refiere a la venganza. No debemos pagar mal por mal. Jesucristo no estaba condonando el abuso.

"Oísteis que fue dicho: Ojo por ojo, y diente por diente. Pero yo os digo: No resistáis al que es malo; antes, a cualquiera que te hiera en la mejilla derecha, vuélvele también la otra". (Mateo 5:38-39)

El sentido de "poner la otra mejilla" es no vengarse. De ninguna manera se refiere a aceptar el maltrato.

Razonamiento:

Puesto que Jesús se sometió a los malos tratos, si una mujer quiere parecerse a él, también debe aceptar el abuso.

Respuesta:

Si una mujer quiere parecerse a Cristo, debe saber que en muchas ocasiones cuando los enemigos del Señor trataron de hacerle daño, él escapó de sus enemigos. Es claro que Jesucristo no aceptó el abuso en forma indiscriminada. No obstante, cuando llegó el momento de morir para quitar los pecados del mundo, él, que no cometió pecado, decidió dar su sangre para pagar por el precio del perdón de nuestras iniquidades.

"Después de estas cosas, andaba Jesús en Galilea; pues no quería andar en Judea, porque los judíos procuraban matarle. Procuraron otra vez prenderle, pero él se escapó de sus manos". (Juan 7:1; 10:39)

Razonamiento:

Primera de Pedro 2 dice que hemos sido llamados a "padecer injustamente". Por tanto, las esposas deben aceptar ese sufrimiento como "aprobado por Dios".

"Porque esto merece aprobación, si alguno a causa de la conciencia delante de Dios, sufre molestias padeciendo injustamente". (1 Pedro 2:19)

Respuesta:

El contexto de este pasaje señala al sufrimiento que viene "a causa de la conciencia delante de Dios", que se refiere al rechazo, ridículo y críticas por causa de la fe. En ocasiones, se nos llama a soportar cuando Dios no nos proporciona un medio de escape. Sin embargo, el Señor no *llama* a los creyentes a que sigan un estilo de vida de maltrato continuo. Los hombres que maltratan a sus esposas lo hacen por su impiedad. Dios manda a los esposos a amar a sus mujeres y a respetarlas.

"Vosotros, maridos, igualmente, vivid con ellas sabiamente, dando honor a la mujer como a vaso más frágil, y como a coherederas de la gracia de la vida, para que vuestras oraciones no tengan estorbo". (1 Pedro 3:7)

Razonamiento:

Una mujer maltratada debe ver su sufrimiento como "la cruz" que Dios le ha dado.

"Entonces Jesús dijo a sus discípulos: Si alguno quiere venir en pos de mí, niéguese a sí mismo, y tome su cruz, y sígame". (Mateo 16:24)

Respuesta:

La Biblia nunca dice que la cruz es un instrumento de tortura física y emocional que deba llevar la esposa. En el contexto, Jesucristo dijo que la cruz es un símbolo de muerte, significa morir a la vida egoísta y al gobierno propio, dejando que sea Jesús el que dirija nuestra vida. El siguiente versículo confirma que la cruz significa rendir nuestra vida al Señor:

"Porque todo el que quiera salvar su vida, la perderá; y todo el que pierda su vida por causa de mí, la hallará". (Mateo 16:25)

Razonamiento:

Dios hizo a la mujer inferior al hombre, él es superior.

Respuesta:

Dios hizo al hombre y a la mujer diferentes entre sí, con papeles y funciones distintos. La Biblia no dice que Dios considera al hombre superior a la mujer.

"Ya no hay judío ni griego; no hay esclavo ni libre; no hay varón ni mujer; porque todos vosotros sois uno en Cristo Jesús". (Gálatas 3:28)

Razonamiento:

Puesto que Efesios 5:24 dice: "las casadas estén sujetas a sus maridos en todo", la esposa debe someterse incondicionalmente, aun al maltrato del marido.[20]

Respuesta:

Un ejemplo de sumisión a la jerarquía se muestra cuando los apóstoles rehusaron obedecer al sumo sacerdote y continuaron predicado en el nombre de Jesús. Ellos cometieron una grandísima ofensa que se castigaba con severidad al desobedecer al sumo sacerdote deliberadamente. De la misma manera, si se obliga a una esposa a hacer algo que Dios considera malo, la esposa debe obedecer a Dios y desobedecer a su marido. Claramente, Dios declara su posición contra la violencia y afirma que los maridos deben tratar a sus esposas con respeto. Si una mujer acepta el comportamiento violento de su marido sometiéndose voluntariamente a él y no da pasos para evitarlo, equivale a hacerse cómplice de él al pecar contra Dios.

"Respondiendo Pedro y los apóstoles, dijeron: Es necesario obedecer a Dios antes que a los hombres". (Hechos 5:29)

Razonamiento:

La esposa no debe oponerse al maltrato de su marido porque la Biblia dice que "el marido es cabeza de la mujer".[21]

Respuesta:

Sí, la esposa debe someterse a la *dirección* del marido, pero en ningún lado la Biblia sugiere que debe someterse a su *maltrato*. Debe respetar su posición, no sucumbir a su poder violento. En Efesios 5:23, el esposo es comparado con Cristo, y la esposa se comprara con la iglesia. Cristo se describe como cabeza de su iglesia, que es "su cuerpo". Del mismo modo, ningún marido o cabeza abusa de su propio cuerpo, ¡a menos que esté loco! Más bien, él debe proteger y proveer para su esposa.

"Porque el marido es cabeza de la mujer, así como Cristo es cabeza de la iglesia, la cual es su cuerpo, y él es su Salvador... Así también los maridos deben amar a sus mujeres como a sus mismos cuerpos. El que ama a su mujer, a sí mismo se ama. Porque nadie aborreció jamás a su propia carne, sino que la sustenta y la cuida, como también Cristo a la iglesia". (Efesios 5:23,28-29)

Analice sus opciones

Vivir con un hombre violento esperando a que surja el siguiente estallido de violencia, no es la única opción. Como sucede con otras decisiones importantes de la vida, no existe sólo una opción viable. El asunto de mayor importancia es su seguridad personal, porque hasta que encuentre un refugio protegido, usted no puede pensar con claridad para decidir el curso de acción a seguir. Usted debe saber que tiene un Dios que no sólo vigila su vida, sino que la guiará en cualquier decisión que tome.

"Tú eres mi refugio, me guardarás de la angustia; con cánticos de liberación me rodearás. Te haré entender y te enseñaré el camino en que debes andar; sobre ti fijaré mis ojos".
(Salmos 32:7-8)

- **La perspectiva del avestruz**

  Niega la situación, minimiza su gravedad, o justifica el comportamiento violento, hasta el punto de culparse a sí misma. *"Si yo hiciera todo bien, él no sería así. ¡Yo tengo la culpa!"*

- **La mentalidad de víctima**

  Opta por sufrir en silencio y vivir una relación destructiva. Esta opción es peligrosa. Para sobrevivir, hace todo lo posible para no contradecirlo, so pena de que reaccione con violencia.

- **Un matrimonio sólo de nombre**

  Hace a un lado sus sentimientos, niega su enojo y vive en un divorcio emocional. Pero esta opción no aleja el peligro latente. Los matrimonios violentos no son estáticos. El comportamiento destructivo que queda impune se agrava más cada vez.

- **Continuando la búsqueda**

  Se divorcia de él y empieza a buscar otro marido para obtener el amor y apoyo que necesita. A menos que usted descubra las razones del comportamiento violento y esté dispuesta a dar pasos para proteger su vida y la de sus hijos, continuará el ciclo de la violencia. Lo más seguro es que volverá a casarse con un hombre violento.

- **Establezca límites**

  Decídase a poner límites saludables y sólo permita el comportamiento aceptable y no violento. Pida a Dios que le dé sabiduría y valor para enfrentar la oposición que sin duda vendrá cuando establezca nuevos patrones para la forma en que la trata su esposo.

- **Medidas drásticas**

  Aléjese por un tiempo y rompa con el ciclo de la violencia. Busque consejería para usted y ponga como requisito que su esposo obtenga ayuda profesional.

"Tú eres mi refugio; me guardarás de la angustia; con cánticos de liberación me rodearás. Te haré entender, y te enseñaré el camino en que debes andar; sobre ti fijaré mis ojos".
(Salmos 32:7-8)

Pregunta:

"¿Cómo puedo saber si mi esposo ha cambiado realmente?"

Respuesta:

Los patrones habituales del comportamiento abusivo rara vez cambian a menos que haya una intervención y una guía profesional. A veces el marido se convence de sus métodos egoístas y permite que el Señor le dé un nuevo corazón, nuevos deseos y el poder de cambiar. Si su esposo promete que ha cambiado, usted necesita sabiduría para saber si el cambio sólo es temporal para manipularla o si en verdad se está responsabilizando de su comportamiento.

"Para librarte del mal camino, de los hombres que hablan perversidades". (Proverbios 2:12)

Hágase las siguientes preguntas:

- ¿Ya no tengo miedo cuando estoy con él?
- ¿Ha aprendido a controlar su ira sin maltratarme verbal o emocionalmente?
- ¿Respeta mi derecho a disentir?
- ¿Es capaz de expresar su enojo en forma calmada, sin amenazas?
- ¿Comunica otros sentimientos que no sean de ira?
- ¿Ha dejado de culparme por sus problemas?
- ¿En verdad me respeta?
- ¿Es amable y considerado?

Vosotros, maridos, igualmente, vivid con ellas sabiamente, dando honor a la mujer como a vaso más frágil, y como a coherederas de la gracia de la vida, para que vuestras oraciones no tengan estorbo". (1 Pedro 3:7)

Determine los límites

Decida pensar en forma distinta acerca de usted, de Dios, y del maltrato.

- Dios no la salvó para ser maltratada.
- El maltrato es un pecado contra la creación de Dios.
- Usted no fue creada para que la maltrataran.

"No os conforméis a este siglo, sino transformaos por medio de la renovación de vuestro entendimiento, para que comprobéis cuál sea la buena voluntad de Dios, agradable y perfecta". (Romanos 12:2)

Estudie el mandato bíblico que hace responsables a los violentos.

- La confrontación es bíblica
- El Espíritu de Dios puede usar la confrontación para convencer de pecado
- La falta de confrontación permite a los violentos seguir maltratando a otros.

"Quebranta tú el brazo del inicuo, y persigue la maldad del malo hasta que no halles ninguna". (Salmos 10:15)

Tenga en mente que lo más importante es su seguridad personal y la de sus hijos

- Diseñe un plan de acción
- Conozca de antemano a dónde irán y a quién llamará.
- Tenga esos números a la mano.
- Involucre a su iglesia. Conozca con quién debe comunicarse para pedir ayuda.

"En paz me acostaré, y asimismo dormiré, porque solo tú, Jehová, me haces vivir confiado". (Salmos 4:8)

Entienda la perspectiva de Dios en cuanto a la sumisión.

- La sumisión no es licencia para el maltrato
- La sumisión bíblica no debe exigirse, someterse es ceder *voluntariamente* a los deseos de otros.
- La sumisión es una forma de vida diseñada por Dios para todos

"Someteos unos a otros en el temor de Dios". (Efesios 5:21)

Reconozca su enojo y practique el perdón.

- Acepte que la han lastimado.
- Confiese su enojo.
- Decida sanar.

"Mirad bien, no sea que alguno deje de alcanzar la gracia de Dios; que brotando alguna raíz de amargura, os estorbe, y por ella muchos sean contaminados". (Hebreos 12:15)

Medite en que puede eliminar el temor a lo desconocido entregando su futuro a Dios

Memorice:

- *"Busqué a Jehová, y él me oyó, y me libró de todos mis temores". (Salmos 34:4)*
- *"Y Jehová va delante de ti; él estará contigo, no te dejará, ni te desamparará; no temas ni te intimides". (Deuteronomio 31:8)*
- *"En el día que temo, yo en ti confío". (Salmos 56:3)*

  "No temas, porque yo estoy contigo; no desmayes, porque yo soy tu Dios que te esfuerzo; siempre te ayudaré, siempre te sustentaré con la diestra de mi justicia". (Isaías 41:10)

Identifique los mejores límites para usted y decida mantenerse firme en ellos

- Dé a conocer esos límites
- Explique lo que hará si él traspasa esos límites
- Cumpla lo que dijo cuando él traspase esos límites.

  Por ejemplo: La próxima vez que él la maltrate, usted llamará la policía... o él tendrá que irse de la casa... o usted se irá con sus hijos.

  "El de grande ira llevará la pena; y si usa de violencias, añadirá nuevos males". (Proverbios 19:19)

Notifique a otros su situación y necesidades (amigos, parientes y otras personas).

- Ellos deben creerle
- Deben ser confiables
- No deben decir a su esposo dónde se encuentra en caso de que usted se vaya.

  "Sobrellevad los unos las cargas de los otros, y cumplid así la ley de Cristo". (Gálatas 6:2)

Acepte sus patrones codependientes que usa en sus relaciones y cambie la forma en que reacciona.

- No reaccione con temor o negando la verdad.
- No piense que puede cambiar a su esposo.

- No acepte la responsabilidad de su comportamiento.

  "Pues, ¿busco ahora el favor de los hombres, o el de Dios? ¿O trato de agradar a los hombres? Pues si todavía agradara a los hombres, no sería siervo de Cristo". (Gálatas 1:10)

Recuerde que tiene una nueva identidad. No se vea sólo como esposa, lo cual puede cambiar, sino como hija preciosa de Dios, lo cual no puede cambiar.

- Dios la eligió
- Dios la adoptó
- Dios la redimió

  "Mirad cuál amor nos ha dado el Padre, para que seamos llamados hijos de Dios; por esto el mundo no nos conoce, porque no le conoció a él". (1 Juan 3:1)

Estrategias para sentirse segura

Un estallido de violencia pueden darse en cualquier momento.[22] Si usted ha establecido los límites o decidido abandonar el hogar, podría estar viviendo en el tiempo más peligroso. Muchos maridos violentos se enfurecen más cuando descubren que hay una nueva dinámica en su relación. Temen que van a perder el control de usted y de la casa. El mayor peligro es cuando el marido descubre que la esposa tiene intenciones de abandonarlo. Una esposa que es sabia estará preparada para lo peor y tendrá un plan seguro para salir del hogar.[23]

"El avisado ve el mal y se esconde; mas los simples pasan y llevan el daño". (Proverbios 27:12)

- Hable con amigos o parientes dignos de confianza acerca de su difícil situación. Pregúnteles si puede quedarse con ellos sin previo aviso si fuera necesario.
- Reúna algo de dinero y escóndalo o entréguelo a una amiga de confianza para que se lo guarde. Tal vez deba guardar algo de joyería o artículos de plata (cosas que su esposo no note) que se puedan vender con facilidad en caso de emergencia.
- Esconda un juego de las llaves del auto.
- Guarde ropa para usted y sus hijos en casa de alguna amiga o pariente.
- Guarde evidencias del maltrato físico con una amiga de confianza o en una caja de seguridad en el banco. Por ejemplo:
  - —Los documentos que demuestren las heridas recibidas por usted y sus hijos.
  - —Fotografías de mobiliario roto o puertas y paredes dañadas por los golpes.

- Guarde los papeles importantes y documentos en un solo lugar para que estén a la mano. Por ejemplo:
  - — Registros médicos de la familia
  - — Chequera
  - — Papeles del seguro médico
  - — Agenda de direcciones
  - — Actas de nacimiento
  - — Recuerdos sentimentales
  - — Los juguetes favoritos de sus hijos
  - — Escrituras y otros registros legales
  - — Fotografías
- Haga una lista de números telefónicos que pueda necesitar en caso de emergencia
  - — Número local de emergencias si existe
  - — Policía
  - — Refugio para mujeres maltratadas
  - — De las autoridades locales si es que ya existe una demanda de usted
  - — Ejército de Salvación
  - — Teléfono de su trabajo
  - — El número de la casa de su empleador o supervisor
  - — Número de la iglesia
  - — Número de la casa del pastor
  - — Línea de emergencia para violencia doméstica

PREGUNTA:

"El marido de mi amiga es muy violento con ella. Aparte de abandonarlo junto con sus hijos, ¿qué otra alternativa tiene?"

RESPUESTA:

Una esposa que sufre los malos tratos de su esposo no debe ser una *víctima doble* al tener que abandonar su hogar. Puesto que él es el violento, no por eso ella debe dejar su casa. Primero, puede llamar a las autoridades para preguntar acerca de las leyes estatales y órdenes de protección que pueden obligar al marido a dejar el hogar. Si le es difícil encontrar información, llame a un refugio para mujeres maltratadas, a la línea de emergencia para violencia doméstica, al Ejército de Salvación, o a un abogado especialista en asuntos familiares que le indique cuáles son los medios legales para proteger a toda la familia.

"La ciencia del prudente está en entender su camino; mas la indiscreción de los necios es engaño". (Proverbios 14:8)

Pregunta:

¿Qué protección hay a través del sistema legal?[24]

Respuesta:

Si no ha entablado la demanda de divorcio, se puede levantar un acta ante las autoridades civiles con el fin de proteger a la mujer y los hijos de la violencia. Si la demanda de divorcio ya se hizo, y con el fin te proteger a toda la familia, el abogado pedirá que se expida una orden para evitar que el hombre se acerque a la casa. Esa orden la expide en forma rutinaria un juez familiar. Las sospechas de violencia o las amenazas no son suficientes para garantizar la expedición de ninguna orden por parte del juez. Antes que el juez pueda expedir alguna orden, se deben presentar evidencias del maltrato que se pueden obtener de los informes policíacos.

"Mas los que lo reprendieren tendrán felicidad, y sobre ellos vendrá gran bendición". (Proverbios 24:25)

Si usted vive el en un lugar donde el sistema legal no ofrece protección contra la violencia doméstica, encuentre ayuda a través de su iglesia o busque protección con amigos o vecinos que la quieran ayudar. Dios conoce su situación y sin duda la guiará hasta un lugar seguro.

"En paz me acostaré, y asimismo dormiré; porque solo tú, Jehová, me haces vivir confiado". (Salmos 4:8)

Ley de derechos bíblicos para sobrevivir a un hogar violento

- Usted tiene derecho a ser respetada por su esposo

  "Vosotros, maridos, igualmente, vivid con ellas sabiamente, dando honor a la mujer como a vaso más frágil, y como a coherederas de la gracia de la vida, para que vuestras oraciones no tengan estorbo". (1 Pedro 3:7)

- Usted tiene derecho a la sumisión mutua.

  "Someteos unos a otros en el temor de Dios". (Efesios 5:21)

- Usted tiene derecho a hablar la verdad en amor.

  "Sino que siguiendo la verdad en amor, crezcamos en todo en aquel que es la cabeza, esto es, Cristo". (Efesios 4:15)

- Usted tiene derecho a expresar su enojo en forma apropiada.

  "Airaos, pero no pequéis; no se ponga el sol sobre vuestro enojo". (Efesios 4:26)

- Usted tiene derecho a pasar tiempo a solas.

  "Levantándose muy de mañana, siendo aún muy oscuro, salió y se fue a un lugar desierto, y allí oraba". (Marcos 1:35)

- Usted tiene derecho a usar sus talentos y dones únicos para servir a otros.

  "Cada uno según el don que ha recibido, minístrelo a los otros, como buenos administradores de la multiforme gracia de Dios". (1 Pedro 4:10)

- Usted tiene derecho a vivir libre de temor.

  "Pues no habéis recibido el espíritu de esclavitud para estar otra vez en temor, sino que habéis recibido el espíritu de adopción, por el cual clamamos: ¡Abba, Padre!" (Romanos 8:15)

- Usted tiene derecho a buscar apoyo espiritual y emocional de otras personas.

  "No dejando de congregarnos, como algunos tienen por costumbre, sino exhortándonos; y tanto más, cuanto veis que aquel día se acerca". (Hebreos 10:25)

- Usted tiene derecho a informar a las autoridades cuando sea necesario en caso de violencia.

  "Por causa del Señor someteos a toda institución humana, ya sea al rey, como a superior, ya a los gobernadores, como por él enviados para castigo de los malhechores y alabanza de los que hacen bien". (1 Pedro 2:13-14)

- Usted tiene derecho a salir de una relación violenta cuando sea necesario.

  "El avisado ve el mal y se esconde; mas los simples pasan y llevan el daño". (Proverbios 27:12)

¿Tiene el esposo derecho a maltratar a su esposa por ser el líder del hogar? No. Por el contrario. ¿Acaso la cabeza trata de lastimar a su mano? O, ¿su cerebro trata de romper sus huesos? No. La cabeza protege y provee a su cuerpo de todo lo necesario. De la misma manera, el esposo, por ser la cabeza ordenada por Dios, debe proteger a su esposa de cualquier daño o perderá su derecho a ser la cabeza. ¡Qué importante es que Cristo, como cabeza de la iglesia, no sólo la amó, sino que se entregó por ella!

—June Hunt

ACCIONES POSITIVAS DESDE EL PÚLPITO

Con demasiada frecuencia, desde el púlpito se recuerda a las mujeres el pasaje de *Efesios 5:22: "Las casadas estén sujetas a sus propios maridos, como al Señor"*; pero no se hace hincapié en el resto del mismo pasaje que dice: *"Maridos, amad a vuestras mujeres, así como Cristo amó a la iglesia, y se entregó a sí mismo por ella". (Efesios 5:25)* Es triste que la iglesia haya guardado silencio tanto tiempo acerca del asunto de la violencia contra la mujer. Pero ya no puede seguir evitando pronunciarse a este respecto. Los pastores deben hablar desde el púlpito contra todas las formas de violencia doméstica e iniciar programas que tomen en cuenta las necesidades de las víctimas. Las iglesias deben tomar en serio este asunto y abrir sus puertas para actuar según la responsabilidad que les fue dada por Dios.[25]

"Entonces también ellos le responderán diciendo: Señor, ¿cuándo te vimos hambriento, sediento, forastero, desnudo, enfermo, o en la cárcel, y no te servimos? Entonces les responderá diciendo: De cierto os digo que en cuanto no lo hicisteis a uno de estos más pequeños, tampoco a mí lo hicisteis".
(Mateo 25:44-45)

- Abiertamente admita que hay esposas maltratadas dentro del cuerpo de la iglesia.
- Exija que las parejas que planean casarse reciban consejería prematrimonial. Trate con ellos específicamente el problema de la violencia doméstica así como la forma de resolver el enojo y las discusiones.
- Predique sermones, dé estudios bíblicos y seminarios acerca de como manejar el enojo y resolver los conflictos.
- Póngase en contacto con consejeros entrenados en violencia doméstica y abogados que se especialicen en leyes familiares
- Enfrente al esposo que maltrata a su esposa y ofrézcale ayuda para que aprenda a manejar tanto la ira como los conflictos.
- Hable y ore con las esposas acerca de la posibilidad de que dejen temporalmente a su marido si éste las maltrata físicamente y si continúa la violencia.
- Provea un lugar de refugio temporal para las esposas e hijos que vivan en peligro.
- Organice sesiones de consejería para los esposos violentos así como para esposas maltratadas.
- Establezca procedimientos en su iglesia para pedir cuentas a los esposos violentos.
- Invite a las mujeres que han sobrevivido al maltrato a que den su testimonio en la iglesia así como a los esposos que se hayan recuperado de su comportamiento violento.

"Libra a los que son llevados a la muerte; salva a los que están en peligro de muerte. Porque si dijeres: Ciertamente no lo supimos, ¿Acaso no lo entenderá el que pesa los corazones? El que mira por tu alma, él lo conocerá, Y dará al hombre según sus obras".
(Proverbios 24:11-12)

Recomendaciones para la Amiga de una Esposa Maltratada

La mayoría de las víctimas de violencia doméstica prefieren negar la seriedad de su situación desarrollando un fuerte sistema defensivo. Además de afirmar una y otra vez que todo está bien, las esposas maltratadas tienden a minimizar o justificar el comportamiento abusivo de sus maridos. Se requiere de mucho valor para reconocer aún frente a su mejor amiga que su matrimonio "es menos que perfecto". Prepárese para responder en amor cuando su amiga empiece decirle los secretos de su corazón.[26]

"Como aguas profundas es el consejo en el corazón del hombre;
[y la mujer] mas el hombre [o persona] entendido lo alcanzará".
(Proverbios 20:5)

No: Cambie de tema o muestre pena.

> **Sí:** Anímela a que hable cuando ella quiera y dispóngase a escucharla.

No: Ofrezca respuestas de cliché.

> **Sí:** Asegúrele que Dios será su guía y le dará sabiduría cuando no sepa qué hacer.

No: La culpe por sus problemas.

> **Sí:** Ayúdela a entender que nadie puede hacer pecar a otra persona. La violencia de su esposo es únicamente decisión de él.

No: La acuse de que no es sumisa.

> **Sí:** Explíquele que no es la voluntad perfecta de Dios que alguien sufra maltrato por ninguna causa. La sumisión o falta de ella no es el problema.

No: Le aconseje que trate de mantener la unidad de su familia a cualquier costo.

> **Sí:** Asegúrele que retirarse con sus hijos del peligro o separarse no es lo mismo que divorciarse.

No: Permita que regrese a su hogar si ha sido golpeada.

> **Sí:** Déle refugio temporal y ayúdela a tomar sabias decisiones.

No: Trate de darle más consejos de los que esté entrenada para dar.

> **Sí:** Muestre interés genuino y prometa que le ayudará a obtener consejería de alguien con experiencia en víctimas de violencia.

No: Trate el problema con ligereza ni lo minimice.

Sí: Reconozca que la violencia es un asunto de vida o muerte y que el maltrato de la esposa es un delito contra la ley civil, moral, y divina.

"Jehová será refugio del pobre, refugio para el tiempo de angustia. En ti confiarán los que conocen tu nombre, Por cuanto tú, oh Jehová, no desamparaste a los que te buscaron".
(Salmos 9:9-10)

NOTAS

1. What Every Congregation Needs to Know About Domestic Violence, "Lo que toda iglesia debe saber acerca de la violencia doméstica" (Seattle, Wash.: Center for the Prevention of Sexual and Domestic Violence)

2. Vea American Heritage Electronic Dictionary, "Diccionario Herencia Americana" ed. electrónica (Houghton Mifflin, 1992).

3. Vea American Heritage Electronic Dictionary, "Diccionario Herencia Americana"

4. Vea James Strong, Strong's Hebrew Lexicon, "Léxico hebreo de Strong" (ed. electrónica; Online Bible Millennium Edition v. 1.13) (Timnathserah Inc., July 6, 2002.

5. Vea Kathy L. Cawthon, Getting Out: An Escape Manual for Abused Women, "El escape: Manual para las mujeres que sufren violencia" (Lafayette, La.: Huntington House, 1996), 22-3; Family Violence and Addiction: Implications for Treatment, "La violencia familiar y las adicciones: Implicaciones del tratamiento" (Texas Department of Human Services, 1989).

6. What Every Congregation Needs to Know About Domestic Violence, "Lo que toda iglesia debe saber acerca de la violencia doméstica".

7. Para esta sección vea Cawthon, Getting Out, "El escape", 89-92.

8. Cawthon, Getting Out, "El escape", 40; S. R. McDill y Linda McDill, Shattered and Broken, "Golpeada y rota" (Tarrytown, NY: Fleming H. Revell, 1991), 19, 21.

9. Christina B. Parker, When Someone You Love Drinks Too Much: A Christian Guide to Addiction, Codependence, & Recovery, "Cuando alguien que usted conoce bebe demasiado: Guía cristiana para las adicciones, codependencia y recuperación" (New York: Harper and Row, 1990), 118.

10. Para esta sección vea Margaret J. Rinck, Christian Men Who Hate Women: Healing Hurting Relationships, "Hombres cristianos que odian a las mujeres: Cómo sanar las relaciones dolorosas", Lifelines for Recovery (Grand Rapids, Zonderva, 1990) 15-26.

11. Vea Merriam-Webster's Collegiate Dictionary, "Diccionario colegial Merriam-Webster (ed. electrónica Merriam-Webster, 2001).

12. For this section see Patricia Riddle Gaddis, Battered But Not Broken: Help for Abused Wives and Their Church Familias, "Golpeada pero no destruida: Ayuda para mujeres golpeadas y su familia de la iglesia" (Valley Forge, Pa.: Judson, 1996), 27-29; Kay Marshall Strom, In the Name of Submission: A Painful Look at Wife Battering, "En el nombre de la sumisión: Una dolorosa mirada a las mujeres golpeadas" (Portland, Ore.: Multnomah, 1986),

44-46; Lenore E. Walker, The Battered Woman, "La mujer golpeada" (New York: HarperPerennial, 1979), 55-70.

13. Para esta sección vea Strom, In the Name of Submission, "En el nombre de la sumisión", 20-39.

14. Para esta sección vea Strom, In the Name of Submission, "En el nombre de la sumisión", 20-26.

15. Para esta sección vea McDill y McDill, Shattered and Broken, "Golpeada y rota" 76-82; Ginny NiCarthy and Sue Davidson, You Can Be Free: An Easy-to Read Handbook for Abused Women, "Usted puede ser libre: Manual sencillo de leer para

mujeres golpeadas" (Seattle, Wash.: Seal, 1989), 16-9; Strom, In the Name of Submission, "En el nombre de la sumisión", 35-39.

16. Vea Strom, In the name of Submission, "En el nombre de la sumisión", 76-77.

17. Vea Strom, In the name of Submission, "En el nombre de la sumisión", 83.

18. Marie Marshall Fortune, Keeping the Faith: Questions and Answers for the Abused Woman, "Guardando la fe: Preguntas y respuestas para la mujer golpeada" (New York: HarperSanFrancisco, 1987),

19. Fortune, Keeping the Faith: Questions and Answers for the Abused Woman, "Guardando la fe: Preguntas y respuestas para la mujer golpeada", 28-29.

20. Vea Strom, In the name of Submission, "En el nombre de la sumisión", 56.

21. Vea Strom, In the name of Submission, "En el nombre de la sumisión", 56-58.

22. Para ese párrafo vea Cawthon, Getting Out, "El escape", 123.

23. Para la siguiente lista, vea Domestic Violence: The Facts, "Violencia doméstica: Los hechos" (Boston: Peace at Home, 1995), 13.

24. For this section see Texas Young Lawyers Association, Family Violence: Legal Choices for Battered Women, "Asociación de abogados de Texas, La violencia familiar: Opciones legales para mujeres golpeadas" (Texas Department of Human Services, 1985). Consulte las leyes de su región.

25. Para la siguiente sección vea, In the Name of Submission, "En el nombre de la sumisión", 111-121.

26. Para esta sección vea Strom, In the Name of Submission, "En el nombre de la sumisión", 102-106.

BIBLIOGRAFÍA

Alsdurf, James, y Phyllis Alsdurf. Battered Into Submission. Downers Grove, Ill.: Intervarsity, 1989.

Buhler, Rich. New Choices New Boundaries. Nashville: Thomas Nelson, 1991.

Cloud, Henry, and John Townsend. Boundaries: When to Say Yes, When to Say No to Take Control of Your Life. Grand Rapids: Zondervan, 1992.

Gaddis, Patricia Riddle. Battered But Not Broken: Help for Abused Wives and Their Church Families. Valley Forge, Pa.: Judson, 1994.

Gaddis, Patricia Riddle. Dangerous Dating: Helping Young Women Say No to Abusive Relationships. Colorado Springs, Col.: Harold Shaw/Waterbrook, 2000.

Hemfelt, Robert, Frank Minirth, y Paul Meier. Love is a Choice: Recovery for Codependent Relationships. Minirth-Meier Series. Nashville: Thomas Nelson, 1989.

Jackson, Tim, y Jeff Olson. When Violence Comes Home: Help for Victims of Spouse Abuse. Grand Rapids: Radio Bible Class, 1995.

Jantz, Gregory L. Healing the Scars of Emotional Abuse. Grand Rapids: Baker, 1995.

Jantz, Gregory L. Healing the Scars of Emotional Abuse. "Cómo curar las cicatrices del abuso emocional", Grand Rapids: Baker, 1995.

Ketterman, Grace. Verbal Abuse: Healing the Hidden Wound. Ann Arbor, Mich.: Servant, 1992.

Martin, Grant L. Counseling for Family Violence and Abuse. Dallas: Word, 1987.

McDill, S. R., y Linda McDill. Shattered And Broken. Tarrytown, N. Y.: Fleming H. Revell, 1991.

National Women's Abuse Prevention Project. Helping the Battered Woman: A Guide for Family & Friends. Washington, D.C.: Office of Justice Programs, Office for Victims of Crime, U.S. Dept. of Justice, 1988.

Parker, Christina B. When Someone You Love Drinks Too Much: A Christian Guide to Addiction, Codependence & Recovery. New York: Harper & Row, 1990.

Rinck, Margaret. Christian Men Who Hate Women. Grand Rapids: Zondervan, 1990.

Spouse Abuse Awareness. Guidelines for Religious Workers. Nashville: Spouse Abuse Awareness, 1988.

Strom, Kay Marshall. In the Name of Submission. Portland, Ore.: Multnomah, 1986.

Task Force on Families in Crisis. The Violent Person and Abuse. Nashville: Family Violence Prevention Project, Office for Victims of Crime. Office of Justice Programs, 1986.

Texas Department of Human Services. Family Violence and Addiction: Implications For Treatment. Austin, Tex.: Texas Dept. of Human Services, 1989.

What Every Congregation Needs to Know About Domestic Violence. "Lo que toda iglesia debe saber acerca de la violencia doméstica", Seattle, Wash.: Center for the Prevention of Sexual and Domestic Violence, 1994.

Versículos bíblicos para memorizar

Salmos 11:5

Romanos 13:1

Proverbios 27:12

Gálatas 1:10

Romanos 8:15

Proverbios 19:19

Mateo 18:15-16

Isaías 43:18-19

Salmos 4:8

Isaías 54:5

la verdad de Dios para los problemas de hoy

Claves Bíblicas para Consejería . . .

Las *Claves Bíblicas para Consejería* son recursos valiosos basados en la verdad fundamental de la Palabra de Dios. Después de años de estudio bíblico, investigaciones y experiencia práctica en la consejería, la hermana June Hunt ha desarrollado este material práctico sobre distintos temas de la consejería.

Temas Disponibles

El aborto
El abuso espiritual
Abuso sexual infantil
Abuso verbal y emocional
Adicción sexual
Adicción al trabajo
La adolescencia
La adopción
Adulterio
Las aflicciones
Alcoholismo y drogadicción
La Amistad
Anorexia y Bulimia
Ateísmo y agnosticismo
La codependencia
Cómo resolver conflictos
La comunicación
Consejería
Consejería prematrimonial
La crianza de los hijos
La crítica
Cuidando a otros
La culpa
Decisiones
La depresión
El divorcio
Embarazos no planeados
El empleo
Enfermedades crónicas
Enfermedades fatales
La envidia y los celos
La esperanza
El Espíritu Santo
El estrés
Ética e integridad
La eutanasia
Evangelizción infantil
Exceso en el comer

Exito a través del fracaso
La familia disfuncional
Familias mixtas
Familias monoparentales
Fomentando la cercanía
La guerra espiritual
Hábitos
Homosexualidad
El hurto
La infertilidad
La ira
Libertad financiera
El luto
La maldad y el sufrimiento
La manipulación
El matrimonio
La mentira
Mormonismo
La Muerte
El noviazgo
El ocultismo
El perdón
El perfeccionismo
La preocupación
Prevención del suicidio
Propósito para vivir
La prosperidad
La rebeldía
El rechazo
La reconciliación
Satanás, los demonios y el satanismo
Las sectas
Seguridad en la salvación
La soledad
La soltería
El suicidio
Su identidad
El temor y las fobias
La tentación
Valor personal
La vejez
Las víctimas
Violación
Violencia doméstica
La viudez

Si deseas comunicarte con nosotros:

Esperanza para el Corazón
P.O. Box 7, Dallas, TX 75221 • USA
Estados Unidos
Oficina: 972-239-9999 • Fax: 972-239-0122
www.esperanzaparaelcorazon.org
esperanza@hopefortheheart.org

NOTAS

NOTAS

NOTAS

Volumen 1

Victoria sobre las emociones

Anorexia y bulimia
Control que se sale de control

La culpa
Cómo vivir libre del remordimiento

La depresión
Cómo salir del abismo de la desesperación

La envidia y los celos
Domando a los indomables

Exceso en el comer
Libertad de la obsesión de comer

La ira
Cómo actuar en vez de reaccionar

La preocupación
La ladrona del gozo

La soledad
Cómo estar solo sin sentir soledad

El suicidio
Cuando parece que no hay esperanza

El temor y las fobias
Del pánico a la paz

Volumen 2

Victoria sobre los problemas familiares

El aborto
No es una opción, es un hijo

La adolescencia
Cómo ayudar a los jóvenes a superar los tiempos difíciles

La adopción
Un hijo que nace en el corazón

La crianza de los hijos
Cómo ser buenos padres

El divorcio
Un nuevo comienzo después de la ruptura

Embarazos no deseados
Aprendiendo a amar a su hijo

La familia mixta
La receta de Dios para su éxito

Familias monoparentales
Al éxito con Dios como líder

La infertilidad
Esperanza para los sueños frustrados

La rebeldía
Encausando al rebelde

Volun 3

La violencia y sus víctin

Abuso sexual infantil
El torbellino interior

Abuso verbal y emocional
El lenguage del control

Alcoholismo y drogadicció
Cómo reconstruir su vida d tocado fondo

La codependencia
De la esclavitud al equilibr

La familia disfuncional
Haciendo las paces con el p

El rechazo
Sanando el corazón herido

Su valor personal
Una cuestión de visión

Las víctimas
Cómo vencer la mentalidad

Violación
Rescatada y restaurada

Violencia doméstica
Ataque contra la dignidad

Volumen 6

Respuestas bíblicas a cuestiones espirituales

Ateísmo y agnosticismo
El gran debate

La Biblia: ¿Es confiable?
La verdad puesta a prueba

Dios: ¿Quién es?
¿Qué piensa usted de Dios?

El Espíritu Santo
¿Quién controla su alma?

Evangelización infantil
Cómo compartir a Cristo con los niños

Jesús: ¿En verdad es Dios?
¿Se puede defender la divinidad de Cristo?

La maldad y el sufrimiento. ¿Por qué?
¿Es Dios justo?

La salvación
Compartiendo a Cristo con los incrédulos

La seguridad de la salvación
Salvos, sellados y seguros

Su identidad
¿Sabe quién es en realidad?

Cóm mue

La cri
Una e

Cuida
No es

Las en
Cómo

Enfer
¿Cóm

La es
El an

La eu
El mi

El lut
Cómo ser qu

La m
La en

La ve
Sabid

La vi
Sabid

Volumen 7

enfrentar la enfermedad y la te

is de la media edad
apa de transición

ndo a otros
risión, sino privilegio

fermedades crónicas
tener la paz de Dios en medio del dolor

nedades fatales
puedo resignarme?

eranza
la del alma

anasia
de matar por misericordia

recobrar la paz después de perder a un
rido

erte
rada a su destino eterno

z
ría para los últimos años

dez
ría para vivir solos

Volumen 8

Administración personal

Adicción al trabajo
El camino al colapso nervioso

La administración del tiempo
Aprovechando al máximo cada momento

Decisiones
Descubra la voluntad de Dios

El discipulado
¿Está pastoreando a otros?

El empleo
Usted puede ser extraordinario en lo ordinario

El estrés
Cómo impedir un colapso nervioso

Al éxito a través del fracaso
La escalera del éxito

Libertad financiera
Secretos para administrar el dinero sabiamente

Propósito para vivir
Cómo establecer sus prioridades

La prosperidad
Estrategias para alcanzar el éxito

Volumen 9

Lo que usted debe saber de las religiones y sectas

El abuso espiritual
Atrapados por la tradición

El cumplimiento de las promesas a los judíos
Cómo encontrar la paz prometida por Dios

La guerra espiritual
Estrategias para la batalla

El islamismo
Una mirada a través del velo

El mormonismo
Un evangelio y un Dios diferente

La Nueva Era
Un nuevo disfraz para un antiguo mensaje

El ocultismo
Desmitificando las obras de las tinieblas

Satanás, los demonios y el satanismo
Una siniestra realidad

Las sectas
Los que tuercen la verdad

Los Testigos de Jehová
Cautivos del reino

Volumen 10

Cómo mejorar sus relaciones

Las aflicciones
Las etapas del sufrimiento

La amistad
Hierro con hierro se aguza

Cómo resolver los conflictos
Solucionando los problemas con otros

Confrontación
Restaurando relaciones difíciles

Consejería
Esperanza bíblica con ayuda práctica

El noviazgo
Aprendiendo a esperar

El perdón
Cómo liberar a otros

La reconciliación
Restaurando las relaciones rotas

La soltería
Soltero pero contento

La tentación
Atraídos por la mentira